Der vorliegende Band dokumentiert die Ergebnisse eines Internationalen Kolloquiums, das vom 15. bis 17. Oktober 1993 in Wien stattfand und Fachleute (Sprach- und Literaturwissenschaft, Politologie, Soziologie) aus einigen Ex-Volksdemokratien (Rußland, Ungarn, Polen, Ostdeutschland) sowie aus Österreich und Westdeutschland versammelte. Im Mittelpunkt der Beiträge und Diskussionen dieser Tagung steht die Frage nach den diversen Aspekten der Normsprache des Kommunistischen Imperiums in der Zeit seines Niederganges und während bzw. nach der „Wende", wobei das traditionelle Bild der monolithischen *langue de bois*, so wie es das Standardwerk von Françoise Thom geprägt hat, im Sinne beträchtlicher Differenziertheit und Anpassungsfähigkeit an neue Gegebenheiten modifiziert wird. Besonderes Interesse finden auch die Parallelen und Übergänge zwischen der totalitären Sprache stalinistischer Ausrichtung und den sprachlichen Strategien, die im Rahmen der gegenwärtigen Renaissance von Nationalismen und Antisemitismen in den Ländern des „Ostens" (und nicht nur in diesen) an Bedeutung gewinnen.

Ruth Wodak, geboren 1950, ist Sprachsoziologin und Ordinaria für angewandte Sprachwissenschaft an der Universität Wien. Fritz Peter Kirsch, geboren 1941, ist Professor für Romanistik (Literaturwissenschaft) an der Universität Wien.

TOTALITÄRE SPRACHE – LANGUE DE BOIS –
LANGUAGE OF DICTATORSHIP

PASSAGEN DISKURSFORSCHUNG

Ruth Wodak, Fritz Peter Kirsch (Hg.)
Totalitäre Sprache – Langue de bois –
Language of Dictatorship

Passagen Verlag

Gedruckt mit freundlicher Unterstützung der
Österreichischen Forschungsgemeinschaft, des
Bundesministeriums für Wissenschaft und Forschung und
der Gewerkschaft der Privatangestellten.

Die Deutsche Bibliothek – CIP-Einheitsaufnahme

Totalitäre Sprachen = Langue de bois / Ruth Wodak ; Fritz
Peter Kirsch (Hg.). – Dt. Erstausg. – Wien : Passagen-Verl.,
1995
  (Passagen Diskursforschung)
  ISBN 3-85165-137-5
NE: Wodak, Ruth [Hrsg.]; Langue de bois

Alle Rechte vorbehalten
ISBN 3-85165-137-5
© 1995 by Passagen Verlag Ges. m. b. H., Wien
Graphisches Konzept: Ecke Bonk, 1989
Satz: BTZ, Korneuburg
Druck: MANZ, Wien

Inhalt

Vorwort	11
1. Perspektiven	19
Was bedeutet „Aufarbeitung der Vergangenheitsbewältigung"? Richard Mitten (Wien)	21
La Langue de bois: An Epistemological Metaphor about Past and Future Liviu Papadima (Wien–Bukarest)	41
2. Vor der Wende	57
The Slogan in Political Discourse Alexandr Altunjan (Moskau)	59
Texte mit doppeltem Boden? Diskursanalytische Untersuchung inklusiver und exklusiver personenbeurteilender Texte im Komunikationskontext der DDR Ulla Fix (Leipzig)	71
Kommunikativer Kontext und stilistische Frames Natalia Troschina (Moskau)	93
3. *Langue de bois* und Literatur	105
The Language of Dictatorship in Literature: A Semiotic Approach Yishai Tobin (Tel Aviv)	107
Totalitäre Sprache als Gegenstand und Konstrukt künstlerischen Gestaltens (am Beispiel der russischen Gegenwartsliteratur) Elisabeth Markstein (Wien)	123
Langue de bois et poésie Rodica Zafiu (Bukarest)	137

4. Im neuen Kontext   149

Zur allmählichen Verfertigung der Aneignung beim Sprechen. Der
deutsch-deutsche Diskurs in Publikumssendungen des Fernsehens zu
Zeiten der Wiedervereinigung
Reinhard Fiehler (Bielefeld)   151

Processus sémantiques et évolutions sociales dans la période (post)
totalitaire
Valeria Guțu Romalo (Bukarest)   173

Was blieb von der sowjetischen Politsprache?
Hans-Georg Heinrich (Wien)   181

Neue Elemente im russischen politischen Diskurs seit Gorbatschow
Renate Rathmayr (Wien)   195

Le Discours nationaliste: Langue de bois ou de fer-blanc?
Daniela Papadima (Wien–Bukarest)   215

Kategorisierung und Diskriminierung. Antisemitismus als
Gruppensprache
Monika Kovács (Budapest)   227

Streit über AIDS: Wer herrscht im moralischen Diskurs in Polen?
Marek Czyzewski, Andrzej Piotrowski (Warschau)   243

Danubegate: Strategic or Ignorant Use of Language in a Hungarian
Court?
Miklós Kontra (Budapest)   261

Vorwort

Die Schwierigkeit, wenn nicht Unmöglichkeit, eine schöne runde Definition des Terminus *langue de bois* zu erstellen, ist bekannt. Die dem Phänomen gewidmete Nummer der Zeitschrift *Mots/Les Langages du Politique*[1], die 1989 erschienen ist, setzt das Titeletikett mit gutem Grund in den Plural und versieht es mit einem Fragezeichen. In der einleitenden Präsentation zeigen sich die Herausgeber sehr darauf bedacht, sich und den Autoren der Beiträge alle Möglichkeiten offen zu halten: „Plutôt que de chercher à établir un tableau exhaustif, et irréel, de la Langue de bois, et pour éviter le débat stérile entre les tenants des définitions ontologiques, et ceux qui n'y voient qu'un lieu commun politicien à usage purement polémique, nous avons voulu montrer comment cette notion, sous ses diverses formes, travaillait et était travaillée dans différents types de discours politiques."[2]

Vier Jahre nach der genannten Publikation, im Oktober 1993, fand das Wiener Kolloquium über die *langue de bois* statt, also zeitlich jenseits der mehr oder weniger radikalen Revolutionen in den Ostblock-Staaten. Eines seiner wichtigsten Anliegen war die interdisziplinäre Begegnung von PolitologInnen, Geistes- und SozialwissenschafterInnen aus etlichen Ex-Volksdemokratien (Rußland, Ungarn, Polen, Ostdeutschland) mit ihren KollegInnen aus Österreich und dem deutschen Westen. Es kann nicht verwundern, daß zu diesem Zeitpunkt und an diesem Ort die Frage nach terminologischen Vorsichtsmaßnahmen beziehungsweise Abgrenzungen eine relativ geringe Rolle spielte. Das Thema „Sprache der Diktatur" machte von Anfang an klar, daß es nicht vorrangig um jene universelle Verflechtung von Sprache und Macht ging, die Eliten in allen Weltgegenden und Epochen dazu neigen läßt, sich durch sprachliche Konventionen abzusichern. Im Mittelpunkt stand vielmehr die Frage, was aus der *langue de bois* des kommunistischen Imperiums in der Phase seines Niedergangs und in den von mühsamen Selbstfindungsprozessen geprägten Perioden des „Danach" geworden war, ob und wie sie sich weiterentwickelte, nicht nur in der Optik einer Annäherung an westliche Normen und Werte, sondern auch – und ganz besonders – im Lichte jener Renaissance des Nationalismus, welche die österreichischen und deutschen Gesprächspartner daran hinderte, sich in die Rolle des „distanzierten" Beobachters zurückzuziehen. Was diesem Kolloquium sein besonderes Gepräge verliehen hat, war eine Atmosphäre der persönlichen Betroffenheit bei allen Beteiligten und, daraus resultierend, ein Solidaritätsbedürfnis, das bei Veranstaltungen dieser Art keineswegs von vornherein erwartet werden kann.

Ein solches Tagungsklima hatte wenig mit jenem Ethos (und Pathos) gemein, das den Leser von Françoise Thoms berühmtem Buch über die *langue de bois* frappiert.[3] Diese wegbereitende und einflußreiche Studie präsentiert ihren Gegenstand als ein Werkzeug des stalinistischen Machtsystems zur Korrumpierung des Denkens und Verkrüppelung des Humanen, dessen Auswirkungen umso verderblicher sind, als es auch bei dissidenten Intellektuellen den Durchbruch zu „normaler" Rationalität verhindert und dem orientierungslosen Bewußtsein nur die Ersatzbefriedigung durch parodistische Kapriolen und morbiden Wortrausch läßt. Eine solche gleichsam monolithische, vom Erbe des kalten Krieges geprägte Sicht der Dinge war im allgemeinen nicht Sache der Teilnehmer am Wiener Kolloquium. Zwar waren sie weit davon entfernt, den monströs-menschenfeindlichen Charakter der *langue de bois* zu bagatellisieren, hatten sie sie doch „am eigenen Leibe" erlebt, beziehungsweise brauchten sie sich doch nur die untote Lingua Tertii Imperii zu vergegenwärtigen, um den Schrecken des Ostens nachvollziehen zu können. Zugleich veranlaßte sie aber das Bewußtsein ihrer eigenen geschichtlichen Situation, das Phänomen konsequenter zu relativieren und zu entmythisieren, als dies für Françoise Thom möglich gewesen war.

Die Sprache der Autorität, vermerkt Pierre Bourdieu, „regiert immer nur dank der Kollaboration der Regierten, das heißt mit Hilfe sozialer Mechanismen zur Produktion jenes auf Verkennung gegründeten Einverständnisses, das der Ursprung jeder Autorität ist."[4] Auch unter den stalinistischen Diktaturen gibt es den Alltag, irgendwo im allzumenschlichen Niemandsland zwischen den hohlen Phrasen und dem inneren Exil, wo sich der Dissident arrangiert und der Apparatschik auch einmal ein wahres Wort sagt. Ein Problem, das sich durch die Diskussionen des Kolloquiums hindurch diskret aber beharrlich manifestierte, war der gar nicht so klare Wechselbezug zwischen *langue de bois* und „natürlicher" Sprache. Angesichts des permanenten Druckes, den die das Leben in der Öffentlichkeit bestimmenden Konventionen auf den privaten Bereich ausüben, angesichts der vielfältigen Abstufung des Widerstandes, von den „entspannten" Redeweisen, deren sich bekanntermaßen auch Bonzen im Kontext der Vertraulichkeit befleißigten, bis zur

Abfassung von Samisdat-Texten, ist die Polarität *langue de bois* vs. Naturalsprache durch ein komplexes Spiel von Anziehungen und Abstoßungen, nicht zuletzt im Hinblick auf ein Überleben (nicht nur im physischen, sondern auch im geistig-seelischen Sinn) zu ergänzen. Im übrigen darf vermutet werden, daß die in der *langue de bois* seit jeher angelegte Abwehrhaltung des Machtsystems gegenüber der „feindlichen Außenwelt" alte Ängste, Frustrationen und Ressentiments der „peripheren" Kulturen Europas gegenüber dem nicht immer zu Unrecht als überheblich empfundenen Westen kanalisieren und ein Gemeinschaftsbewußtsein fördern konnte, das sich seit der „Wende" nicht selten als hemmungsloser Chauvinismus manifestiert.

Seit dem (vielfach nur teilweisen und vielleicht nur provisorischen) Zusammenbruch des kommunistischen Systems in den Staaten des Ostens hat die *langue de bois* ihre Zwangsfunktionen verloren, ohne jedoch aus dem politischen und sozio-kulturellen Leben zu verschwinden. Im Moment des großen Aufbegehrens hat sie den Rebellen nicht selten Munition geliefert. Der Schrei „Wir sind das Volk!" kann als eine den Zwingherren entrissene Verbalwaffe gedeutet werden. Vor allem angesichts der letzten Beiträge dieses Bandes gewinnt man den Eindruck, sie sei heute so etwas wie ein Steinbruch, aus dem fundamental verstörte und verunsicherte Gesellschaften einen Teil des Materials entnehmen, mit dem sie Gleichgewichtszustände herbeizuführen und Identitätskonstruktionen abzusichern suchen.

Bei den in diesem Band abgedruckten Texten handelt es sich ausnahmslos um Originalbeiträge, die aus den Vorträgen entstanden sind und die daher auch die sehr lebhafte Diskussion im Rahmen der Tagung mitberücksichtigen und integrieren. Durch die von den Herausgebern vorgenommene Gliederung soll dem Leser der Zugang zu den wesentlichen Schwerpunkten der Beiträge und Diskussionen erleichtert werden.

Zu Beginn zwei Versuche, das Terrain des Tagungsthemas durch interdisziplinär orientierte Erwägungen theoretischer Art abzustecken. Der Historiker Richard Mitten widmet sich dem vielbemühten Begriff der „Vergangenheitsbewältigung", um ihn zu hinterfragen und im Sinne eines besseren Verständnisses von Geschichtsbildern und Geschichtsinterpretationen fruchtbar zu machen. Dabei wird hervorgehoben, daß es Geschichte als ein zu bearbeitendes Objekt nicht gibt, sondern viele „Vergangenheiten" im Spiel sind, deren Deutungen miteinander konkurrieren und jeweils aufgrund bestimmter Interessen und Machtverhältnisse gemäß den in einzelnen Epochen maßgeblichen Konstellationen ausgewählt werden und zum Einsatz gelangen. Für die neuen Demokratien im Osten ist diese Problemstellung von besonderer Aktualität, gilt es für sie doch, mit den Jahrzehnten vor der Wende auf eine Weise umzugehen, die sich nicht im Anprangern von Sündenböcken erschöpft.

Der Bukarester Literaturwissenschafter Liviu Papadima versucht, die in der *langue de bois* der ex-kommunistischen Staaten, aber auch in anderen totalitären Herrschaften angelegten Entwicklungsmöglichkeiten und Spielräume sozusagen als Varianten einer negativen Utopie abzustecken. Dabei stellt sich die Frage, ob es möglich ist, sich dem Druck der Norm durch ein Ausweichen ins innere Exil zu entziehen. Besteht Anpassungsbereitschaft der diesem Druck Ausgesetzten, die somit an der Errichtung und Absicherung des Zwangssystems mitwirken, so bleibt zu klären, welche Formen diese Mitarbeit annimmt, wie weit sie gehen kann. Schließlich wird auf den Anspruch der *langue de bois* verwiesen, die Wirklichkeit kraft der ihr inhärenten Ideologie zu verändern. Was sich hier als Gedankenspiel präsentiert, entspricht wohl einem durchaus realen Nebeneinander und Mischungsverhältnis von Einzelaspekten der drei genannten Varianten

Dieser komplexen Realität vor der sogenannten Wende versuchen drei unmittelbar Betroffene durch genaue empirische Analysen ihrer Erfahrungswelt auf den Grund zu gehen. Der Politologe und Literaturwissenschafter Alexandr Altunjan untersucht die perlokutive Kraft politischer Slogans in der ehemaligen Sowjetunion. Die Funktionen solcher Parolen, die Alltag und Straßenbild beherrschten, waren mannigfach: sie ordneten und erklärten die Welt, gaben ethische Richtlinien und lieferten Handlungsmuster für spezifische Situationen. Die Linguistin Ulla Fix behandelt die Textsorte der Beurteilungen von MitarbeiterInnen im öffentlichen Dienst der ehemaligen DDR. Derlei Gutachten mußten regelmäßig von dazu Bevollmächtigten zur Evaluation des „richtigen", institutionsangemessenen Verhaltens angefertigt werden. In einem eigens dafür entwickelten Modell werden einschlägige Texte diskursanalytisch auf mehreren Ebenen untersucht. Natalia Troschina (Linguistin) widmet sich dem alten sprachwissenschaftlichen Problem des Zusammenhanges zwischen Sprache und Denken, um es im Lichte der *langue de bois*-Forschung von einer wenig bekannten Seite zu zeigen. Anhand eines analytisch-kognitiven Ansatzes kann hier deutlich gemacht werden, wie Ideologien und Weltbilder das Sprachverhalten beeinflussen, beziehungsweise Assoziations- und Konzeptketten hervorrufen, die zum Beispiel durch Schlagworte ausgelöst werden.

Den Auswirkungen der *langue de bois* auf dem Gebiet der Literatur haben sich drei Beiträge mit detaillierten Analysen gewidmet. Der Linguist Yishai Tobin vertritt einen zeichentheoretischen Ansatz, mit dessen Hilfe er den

Roman *Animal Farm* von George Orwell nach Wortfeldern analysiert, wobei er nachweist, wie *langue de bois* bis in die Struktur des Textes hinein wirksam ist. Aus literaturwissenschaftlicher Sicht beleuchtet Rodica Zafiu den vorgeordneten Spielraum regimetreuer Autoren. Hingegen untersucht die Slawistin Elisabeth Markstein Texte von SchriftstellerInnen, die nach der „Wende" Anspielungen auf die totalitäre Sprache als Restbestand einer gescheiterten Ideologie in verschiedenen Funktionen (Ironisierung, Etymologie) verwenden.

Die folgende und letzte Gruppe von Beiträgen kreist um die Frage nach der Tragweite der postrevolutionären Veränderungen auf sprachlichem Gebiet. Die fachlich-methodologischen Voraussetzungen, von denen aus an diese Problematik herangegangen wird, sind unterschiedlich: neben sprachgeschichtlichen Perspektiven (Guţu Romalo) finden sich diskursanalytische und politologische Ansätze (Fiehler, Czyzewski/Piotrowski, beziehungsweise Heinrich). In einem Punkt aber sind die AutorInnen sicherlich einig: Vieles hat sich geändert, was den Status und die Funktionen der *langue de bois* anlangt, neue Ideologeme haben sich eingenistet, neue Sprachregelungen sind durchgedrungen, aber zu einem klaren Bruch ist es nirgends gekommen (vgl. Rathmayr). Die Neuerungen westlicher Herkunft haben sich auf vielfältige Weise mit der alten *langue de bois* verbunden, zugleich findet dieselbe durch das Umsichgreifen eines durch ideologisch-politische Normen der kommunistischen Regimes lange überdeckten Chauvinismus und Antisemitismus neuerdings günstige Entfaltungsmöglichkeiten vor (vgl. D. Papadima).

Der Beitrag des Linguisten Reinhard Fiehler behandelt einen Problemkreis, der nur scheinbar das zentrale Thema der Tagung verläßt, nämlich die Herausbildung diverser Diskursformen im Rahmen der deutschen Wiedervereinigung die der Autor auf der Folie von Gregory Batesons Theorien als Kontakt zwischen verschiedenen Kulturen deutet. Eine dieser Formen hat das Gepräge eines Lehr- und Lerndiskurses zwischen ExpertInnen und Laien und degeneriert nicht selten zum Bevormundungsdiskurs, der die ostdeutschen Partner in eine inferiore Rolle drängt (so in einer eingehend analysierten Fernsehdiskussion).

Georg Heinrich, Politologe und Berater des neuen russischen Regimes, untersucht nach eingehender Analyse der politischen Verhältnisse im postkommunistischen Staat die Integration von alter und neuer Politsprache. Hier zeigt sich deutlich, daß angesichts der Herausforderungen, die von einer Periode des Umbruchs und des Übergangs ausgeht, Vielfalt und Flexibilität an die Stelle der früheren Starrheit getreten sind. Die neue russische Politsprache wird von der Slawistin Renate Rathmayr auf der Basis eines sehr umfangreichen Textmaterials analysiert. Eine eingehende Wortschatzanalyse ergibt, daß sich in einer Zeit des politischen Pluralismus ein facettenreicher politischer Diskurs mit neuen Inhalten und vielfach variierten Gebrauchsweisen entwickeln konnte. Der Beitrag von Valeria Guţu Romalo (Linguistin) hebt demgegenüber eher das kontinuierliche Nachwirken der *langue de bois* hervor.

Wie die Analyse eines Zeitungstextes durch die Linguistin Daniela Papadima deutlich macht, hat dieser Diskurs der Gegenwart insofern seine Gefahren und Schattenseiten als er in den Dienst chauvinistischer Hetze treten kann, wobei nicht nur Elemente der *langue de bois* im neuen Kontext eingesetzt werden, sondern auch die Rhetorik der Nazi-Vergangenheit eine Patenrolle spielt.

Marek Czyzewski und Andrzej Piotrowski, als Soziologen auf dem Gebiet der Konversationsanalyse tätig, untersuchen eine Fernsehdiskussion über AIDS im heutigen Polen. In einer sehr genauen sequentiellen Analyse arbeiten sie die im moralischen Diskurs angelegten Herrschaftsstrukturen heraus, wobei einer konservativen, religiös gefärbten Ideologie besondere Bedeutung zukommt. Deutliche Divergenzen zwischen den Ergebnissen dieses Beitrages und jenen der beiden vorangehenden erinnern daran, daß die Verschiedenartigkeit der Länder des „Ostens" in Geschichte und Gegenwart einer Verallgemeinerung des *langue de bois*-Problems entgegensteht.

Dieses Divergieren wird durch die letzten Beiträge, die sich mit den besonderen Verhältnissen in Ungarn befassen, noch zusätzlich hervorgehoben. Während judenfeindliche Tendenzen in den 30 Jahren nach 1945 einem Verdrängungsprozeß unterlagen, tauchten nach dem Ende des kommunistischen Regimes Diskurse auf, die an den expliziten Antisemitismus weiter zurückliegender Perioden erinnern. Die Psychologin Monika Kovács verweist auf derlei Tabubrüche, betont aber auch das Vorhandensein von Gegendiskursen: durch den neuen Meinungspluralismus ist erstmalig ein Überdenken der Ideologien und Erscheinungsformen des Antisemitismus in seinen diversen Erscheinungsformen möglich geworden. Dies erinnert an die Verhältnisse im Österreich der Waldheim-Affäre, wo das Auftreten eines neuen Antisemitismus das Startsignal für kritische Diskurse lieferte und dazu führte, daß die österreichische Beteiligung am NS-Regime mit ungewöhnlicher Konsequenz reflektiert und diskutiert wurde. Schließlich bringt der Beitrag des Linguisten Miklos Kontra eine Fallstudie aus dem postkommunistischen Ungarn. Während es vor der „Wende" bei politisch sensiblen Themen nur Gerichtsverfahren unter Ausschluß der Öffentlichkeit gab, gelingt die Geheimhaltung heute nicht mehr. Die Analyse der sogenannten Danubegate-Affäre, in der der Prozeß gegen einen Geheimdienstoffizier durch einen

Schachzug der Verteidigung vor der Öffentlichkeit abrollte, machte eine tiefe Verunsicherung der Akteure deutlich, die sich ganz besonders auf sprachlichem Gebiet manifestiert.

Die Anregung zu diesem Kolloquium stammt von Liviu Papadima, Lektor für rumänische Sprache und Literatur am Institut für Romanistik der Universität Wien. Als einsatzfreudiger und erfolgreicher Organisator war auch Bernd Matouschek, Assistent am Institut für Sprachwissenschaft der Universität Wien, ein wertvoller Partner. Dank schulden wir ferner Herrn Dr. Erich Fröschl, der Räumlichkeiten des Dr. Karl Renner-Instituts für die Abhaltung des Kolloquiums und die Unterbringung mehrerer Teilnehmer zur Verfügung stellte.

Seitens der folgenden Stellen, denen wir hiemit unseren Dank bekunden wollen, wurde uns finanzielle Unterstützung zuteil: Universität Wien (Geisteswissenschaftliche Fakultät), Kulturabteilung der Stadt Wien und Forschungsgemeinschaft.

Ruth Wodak, Fritz Peter Kirsch
Wien, im Sommer 1994

Anmerkungen

1 *Langues de bois?*, in: *Mots/Les Langages du politique*, 21, décembre 1989.
2 Ebenda, 3.
3 Vgl. Françoise THOM, *La Langue de bois*, Paris 1987.
4 Pierre BOURDIEU, Was heißt sprechen?, in: Die Ökonomie des sprachlichen Tausches, Wien 1990 (Paris 1982), 79.

1. Perspektiven

Was bedeutet „Aufarbeitung der Vergangenheitsbewältigung"?
Richard Mitten[1]

I.

Vor über 30 Jahren hielt Theodor W. Adorno einen Vortrag mit dem Titel, „Was bedeutet: Aufarbeitung der Vergangenheit?"[2]. Ich lehne mich in diesem Aufsatz deshalb an Adornos damalige Ausführungen an, weil es mir scheint, daß wir einer befriedigenden Antwort auf seine Frage nicht wesentlich nähergekommen sind. Nicht etwa, weil es an der Verwendung der Termini Aufarbeitung – oder Bewältigung der Vergangenheit mangelt. (In Adornos Aufsatz waren die zwei Begriffe mehr oder weniger austauschbar.) Im Gegenteil, im deutschen Sprachraum, aber vor allem in Österreich, angesichts der Waldheim-Affäre und einer Reihe von Gedenkveranstaltungen, die im Jahr 1988 der Waldheim-Affäre in peinlich zeitlicher Nähe folgten, klingt Adornos damalige Klage, wonach die Formulierung „Aufarbeitung der Vergangenheit" „sich während der letzten Jahre als Schlagwort höchst verdächtig gemacht" hätte, noch viel aktueller. (125)

Aufgrund der Auseinandersetzung 1986 über Kurt Waldheim wurde zum Beispiel die vermutlich fehlende „Vergangenheitsbewältigung" in Österreich von vielen Seiten kommentiert.[3] Während des „Gedenkjahrs" 1988 (50. Jahrestag des „Anschlusses" Österreichs an Nazi-Deutschland und des Novemberpogroms) ist der Begriff ein viel verwendetes Schlagwort geworden. (Vgl. Wodak, u. a. 1994.) Im Jahre 1987 brach bekanntlich in der damaligen BRD der sogenannte „Historikerstreit" aus, in dem zwar der Begriff „Vergangenheitsbewältigung" selbst selten vorkam, bei dem es sich aber sehr wohl um einige versuchte „Bewältigungen" der nationalsozialistischen Vergangenheit handelte. (Historikerstreit 1987 und Wehler 1988) Nach einer kurzen Zwischenpause scheint der Begriff „Vergangenheitsbewältigung" erneut die Runde zu machen, diesmal allerdings eher östlich als westlich der Oder-Neisse-Grenze. Obwohl für die Bearbeitung der Stasi-Akten im heutigen Deutschland oder die sogenannte „Lustrations"-Kampagne in der Tschechischen Republik das Wort Abrechnung manchmal naheliegender wäre, stellt trotzdem die Öffnung lang gesperrter Archive in den Ländern des ehemaligen Warschauer Paktes eine Möglichkeit dar, mit der „Last" der jüngeren Vergangenheit fertig zu werden, also diese Vergangenheit zu bewältigen. Die Häufigkeit der Verwendung dieses Begriffes erregt allerdings zumindest den Hauch des von Adorno erwähnten Verdachts, und das aus guten Gründen. Denn sowohl der vielseitige Gebrauch als auch die ebenso vielseitige Ablehnung des Begriffs „Vergangenheitsbewältigung" legen nahe, daß es sich bei diesem Streit tatsächlich um etwas Wichtiges handelt, daß aber bei ebendiesem Streit mit sprachlichen Mitteln gekämpft wird, die ihrerseits von Verwirrung geprägt sind und ebensoviel Verwirrung stiften.

Diese Verwirrung ist jedoch nicht zufällig, sondern sie wohnt dem Begriff Vergangenheitsbewältigung notwendigerweise inne. Das Problem liegt aber weniger bei der Bewältigung der Vergangenheit – obwohl dies oft genug kritisiert wird –, als bei dem Begriff Vergangenheit selbst. Auf Grund einer begrifflichen Auseinandersetzung möchte ich zu klären versuchen, warum bei dieser Diskussion eine solche Verwirrung herrscht und möchte gleichzeitig die Gründe nahelegen, warum der Streit um „Vergangenheitsbewältigung" immer noch so heftig geführt wird.

II.

In seinen von ihm selbst als „düster" bezeichneten Überlegungen wandte sich Adorno gegen jenen klischeehaft gewordenen Sprachgebrauch „Aufarbeitung der Vergangenheit," der besagte, „es solle alles vergessen und vergeben sein." (125) Durch einen solchen billigen „Gestus" – wie er es nannte – sollten die Ermordeten „um das einzige betrogen werden, was unsere Ohnmacht ihnen schenken kann, das Gedächtnis." (128) Tatsächlich tauchte das Thema Vergessen in seiner Rede immer wieder auf, aber er versuchte, die gesellschaftlichen und psychosozialen Umstände zu durchleuchten, die dieses Vergessen bedingten. „Das Vergessen des Nationalsozialismus", meinte er, sei „[a]us der allgemeinen gesellschaftlichen Situation weit eher als aus der Psychopathologie" zu begreifen. Denn: „Die Tilgung der Erinnerung ist eher eine Leistung des allzu wachen Bewußtseins als dessen Schwäche gegenüber der Übermacht unbewußter Prozesse." (129) „Das Nachleben des Nationalsozialismus in der Demokratie" (126) stellte, laut Adorno, damals eine objektive Gefahr in Deutschland dar und setzte gleichzeitig die gesellschaftlichen Rahmenbedingungen, innerhalb derer die Vergangenheit aufgearbeitet werden könnte. Einerseits „steigerte der Nationalsozialismus den kollektiven Narzißmus, schlicht gesagt: die nationale Eitelkeit ins Ungemessene"; dieser kollektive Narzißmus war andererseits, meinte er, „durch den Zusammenbruch des Hitlerregimes aufs schwerste geschädigt worden." (135) Es habe jedoch keine Möglichkeit in der demokratischen BRD gegeben, diesen Zusammenbruch erfolgreich aufzuarbeiten. Zumal verberge sich in der Demokratie als Staatsform die große Gefahr selbst, und zwar, weil diese persönliche Autonomie verspricht, ja sogar verlangt, diese Autonomie aber nicht realisieren kann: „Wenn sie [Menschen in der damaligen BRD; Anmerkung des Verfassers] leben wollen, bleibt ihnen nichts übrig, als dem Gegebenen sich anzupassen, sich zu fügen; sie müssen eben jene autonome Subjektivität durchstreichen, an welche die Idee von Demokratie appelliert, können sich selbst erhalten nur, wenn sie auf ihr Selbst verzichten." Und später: „Weil die Realität jene Autonomie, schließlich jenes mögliche Glück nicht einlöst, das der Begriff von Demokratie eigentlich verspricht, sind sie indifferent gegen diese, wofern sie sie nicht insgeheim hassen." (139) Diejenigen, meinte Adorno weiter, „deren reale Ohnmacht andauert, können das Bessere nicht einmal als Schein ertragen; lieber möchten sie die Verpflichtung zu einer Autonomie loswerden, von der sie argwöhnen, daß sie ihr doch nicht nachleben können, und sich in den Schmelztiegel des Kollektiv-Ichs werfen." (140)

Obwohl Adorno eine Aufarbeitung dieser schweren psychosozialen Last in der BRD nicht für unmöglich hielt, betrachtete er die gesellschaftlichen strukturellen Gegebenheiten als ein schwer zu überwindendes Hindernis: „[D]aß die vielzitierte Aufarbeitung der Vergangenheit bis heute nicht gelang und zu ihrem Zerrbild, dem leeren und kalten Vergessen, ausartete, rührt daher, daß die objektiven gesellschaftlichen Voraussetzungen fortbestehen, die den Faschismus zeitigen. Er kann nicht wesentlich aus subjektiven Dispositionen abgeleitet werden." (139) Daraus ergab sich die zunehmende Skepsis, mit der er vermeintlich aufklärenden Tätigkeiten begegnete: „Nimmt man jedoch das objektive Potential eines Nachlebens des Nationalsozialismus so schwer, wie ich es glaube, nehmen zu müssen", behauptete er, „dann setzt das auch der aufklärenden Pädagogik ihre Grenzen." (141) Denn was auch immer eine solche Arbeit leisten könnte, schien es ihm eher, wie er schrieb, daß „das Bewußte ... niemals so viel Verhängnis mit sich führen [könne] wie das Unbewußte, das Halb- und Vorbewußte." (142) Trotz dieses eher deprimierenden Bildes schloß Adorno die Möglichkeit einer Aufarbeitung der Vergangenheit nicht völlig aus. „Aufgearbeitet wäre die Vergangenheit erst dann", stellte er am Ende seiner Rede fest, „wenn die Ursachen des Vergangenen beseitigt wären." Er fügte aber gleich hinzu: „Nur weil die Ursachen fortbestehen, ward sein Bann bis heute nicht gebrochen." (146)

Seitdem Adorno diese Worte verfaßt hat, hat sich die Welt und Deutschland selbst geändert. Seine 1959 aufgestellte These, wonach ein „Nachleben" des Nationalsozialismus eine ernsthafte Gefahr für die Bundesrepublik darstelle, gilt trotz Hoyerswerda, trotz Mölln, trotz Rostock und trotz Solingen in dem von ihm gemeinten Sinn meines Erachtens nicht mehr, weil eben jene „objektiven gesellschaftlichen Voraussetzungen", die „den Faschismus zeitigen", fehlen. Adornos Betonung der sozialpsychologischen Dimension entbehrt allerdings heuristisch nicht eines Wertes, um die potentielle Gefahr richtig einschätzen zu können. Was aber gegen Adorno zu halten gilt, ist seine eher niedrige Bewertung der Bedeutung von aufklärender pädagogischer Arbeit. Denn selbst wenn wir mit Adorno erkennen, daß eine Aufklärung – wie auch immer sie verstanden wird – als Phänomen des bewußten Lebens eine weniger bedeutsame kausale Rolle in gesellschaftlichen Prozessen spielt, kann es uns doch nicht gleichgültig sein, aus welchen Inhalten dieses bewußte Leben besteht. Wir müssen uns dem bewußten Prozeß der Aufklärungsarbeit stellen, und darunter ist zu verstehen, wie man mit Geschichte umgeht. Und wenn wir diesen Umgang genau analysieren, können wir nicht umhin, uns mit dem Begriff Vergangenheitsbewältigung zu beschäftigen.

III.

Das Unbehagen am Begriff Vergangenheitsbewältigung wird von vielen geteilt. Es wird meistens diskutiert, ob die Vergangenheit bewältigt werden kann oder soll. Für den österreichischen Publizisten Viktor Reimann sei zum Beispiel Vergangenheitsbewältigung „ein sprachliches Unikum. Was vergangen ist, kann man nicht mehr bewältigen, sondern lediglich aufarbeiten oder bereuen, bewältigen kann man nur die Gegenwart." (Neue Kronen Zeitung, 13. April 1986.) Ähnlich äußerte sich die österreichische Zeithistorikerin Erika Weinzierl: „Ich hatte immer schon einen gewissen Widerwillen gegen diese Terminologie. Heute [1986] weiß ich, daß sie nicht möglich ist. Erinnerung, Vergangenheit, Geschichte, können nicht bewältigt werden, was Sieger mit der Geschichte Unterlegener ja immer wieder getan haben und tun." (Weinzierl 1986, 79.) Diesem Zögern, den Begriff zu verwenden, weil eben die Vergangenheit nicht zu bewältigen sei, liegt manchmal eine Ungewißheit zugrunde, worin eine etwaige Bewältigung bestehen soll. (Siehe aber Pulzer

1986) Es hängt vermutlich aber auch mit dem Widerstand gegen das zusammen, was in der Vergangenheit zu „bewältigen" wäre. „[D]ie Tendenz der unbewußten und gar nicht so unbewußten Abwehr von Schuld", um auf Adorno zurückzukommen, verbinde sich stark „mit dem Gedanken der Aufarbeitung der Vergangenheit." Denn:

> Man will von der Vergangenheit loskommen: mit Recht, weil unter ihrem Schatten gar nicht sich leben läßt und weil des Schattens kein Ende ist, wenn immer nur wieder Schuld und Gewalt mit Schuld und Gewalt bezahlt werden soll; mit Unrecht, weil die Vergangenheit, der man entrinnen möchte, noch höchst lebendig ist. (Adorno 1966, 125.)

Über die Idee, daß die Vergangenheit „höchst lebendig ist," werden wir später etwas zu sagen haben. Gleichzeitig würde ich aber meinen, anders als Adorno, daß Widerstand oder Abwehr und „Vergangenheitsbewältigung" nicht unbedingt einander ausschließen müßten. Denn jener Widerstand, von dem Adorno sprach, insofern er nicht unbewußt ist, führt meines Erachtens nicht zu einer Abwehr gegen eine „Aufarbeitung" oder „Bewältigung" der Vergangenheit. Es ist eher umgekehrt: er führt doch gerade zu einer „Bewältigung" der Vergangenheit, aber nur in einem bestimmen Sinn. Denn es gibt nicht „die" Vergangenheit, die man einfach nicht zu leugnen braucht, um sie (wie auch immer) aufzuarbeiten, sondern es gibt mehrere mögliche Vergangenheiten, von denen nur eine „bewältigt" werden kann und auch wird. Das muß betont werden: es stellt sich nicht die Frage: will ich oder will ich nicht die Vergangenheit bewältigen, sondern es geht darum, zu erkennen, daß die Vergangenheit immer wieder in bestimmter Weise bewältigt wird.

Und dies so: „Die" Vergangenheit, wie immer sie verstanden wird, wird ständig bewältigt, verarbeitet oder überwunden, indem sie offenkundigen politischen Zielen zur Bestätigung dient, durch eine bestimmte genealogische Darstellung die Entstehung von politischen Gesellschaften erklärt, oder einfach die gemeinsamen Voraussetzungen einer herrschenden politischen Kultur verstärkt. Jede Bewältigung der Vergangenheit ist darüber hinaus gleichzeitig eine Bewältigung der Gegenwart. Genauso wie jeder Versuch, etwas in der gegenwärtigen Politik zu bewältigen, gleichzeitig einen Versuch voraussetzt, mit einer bestimmten Vergangenheit fertig zu werden. Daß dies so sein muß, ergibt sich aus erkenntnistheoretischen Überlegungen, aus der Praxis der Geschichtswissenschaft selbst, und auch aus den strukturellen Barrieren, die die Bildung eines historischen Bewußtseins beeinträchtigen und auch die gemeinsam geteilten Geschichtsbilder prägen beziehungsweise bedingen.

IV.

Die hier vertretenen Ausführungen zum Begriff Vergangenheitsbewältigung sind unentwirrbar mit einem Argument über die Begründbarkeit historischen Wissens verbunden, das explizit gemacht werden soll. Die erkenntnistheoretischen Überlegungen zur Geschichtswissenschaft beruhen nämlich auf dem pragmatischen Ansatz Richard Rortys, wonach jegliches Wissen als eine Meinung anzusehen ist, die vertretbar begründet werden kann. (Siehe Rorty 1980, 1989 und 1991. Vgl. aber Davidson 1991 sowie Skinner 1978, 1988a, b, und c; Tully 1988a und b; und Dunn 1978) Die eigenen Ansprüche auf historisches Wissen bedeuten demgemäß lediglich, daß dieser bestimmte Erkenntnisanspruch im Einklang mit den intersubjektiven Anschauungen eines bestimmten Publikums steht, welches zum Zeitpunkt, als der Anspruch aufgestellt wurde, keinen Grund hatte, an diesen Anschauungen zu zweifeln. Es ist allerdings unmöglich, diese intersubjektiven Anschauungen „objektiv" – das heißt unabhängig von jenen oder anderen solchen intersubjektiven Anschauungen – gleichsam „letztinstanzlich" zu überprüfen, da es keine logisch vorgängige Menge von objektiven Hintergrundsannahmen gibt, aufgrund derer wir unseren eigenen Wissensanspruch beurteilen könnten. Die Kriterien für die Bestimmung der Qualität und der Kohärenz einer logischen Erklärung (auch einer historischen) können also nur Konventionen sein, die nicht unabhängig von jenen (oder anderen) Konventionen selbst überprüfbar sind. Denn keine Sprache rationalen Erklärens beruht auf Konventionen, die nicht ihrerseits ihre Grundlage in ebendiesen (oder anderen) Konventionen haben. Auf das Problem der Geschichte bezogen heißt dies, daß jeglicher Anspruch auf letztlich rationale Grundlagen für die Geschichte deswegen prekär wäre, weil es keine unabhängige Sprache rationalen Erklärens gibt, mittels derer wir die Konventionen bewerten könnten, die für historische Erklärungen erforderlich sind.

Obschon in dieser Betrachtung ein wahrlich archimedischer Punkt notwendigerweise fehlen muß, arbeiten HistorkerInnen in der Regel so, als wären ihre Konventionen tatsächlich rational begründet. Die Kohärenz ihrer Erklärungen sowie die wissenschaftliche Stichhaltigkeit ihrer Ergebnisse erfahren daher Ablehnung oder Zustimmung den Konventionen entsprechend, die die BehüterInnen der geschichtswissenschaftlichen Normen (also eines der oben erwähnten „Publiken") als gültig akzeptieren, völlig unabhängig davon, ob diese BehüterInnen den hier vorgestellten erkenntnistheoretischen Überlegungen Gültigkeit beimessen oder nicht. Was aber die BehüterInnen behüten, ist die Praxis dieser Geschichtswissenschaft.

V.

Der Begriff Geschichte, der in dem hier relevanten Sinn als synonym mit Vergangenheit gelten darf, umfaßt zwei analytisch voneinander unabhängige Momente. Im herkömmlichen Sprachgebrauch bedeutet Geschichte das, was in der Vergangenheit schon passiert ist: die Geschehnisse eines bestimmten geographischen oder kulturellen Bereichs innerhalb eines begrenzten Zeitraums. Geschichte bedeutet aber auch das, was über die Vergangenheit geschrieben oder gesagt wird. Diese zwei Bedeutungen sind deshalb miteinander verflochten, weil wir über die Vergangenheit oder die Geschichte im ersten Sinn nur das überhaupt „wissen" können, was über sie geschrieben oder gesagt wurde, das heißt das, was uns als Geschichte in dem zweiten Sinn vermittelt wird.

Genau betrachtet besteht die Praxis der Geschichtswissenshaft wiederum aus zwei unabhängigen Verfahren. Das erste betrifft die Entdeckung und Beglaubigung der historischen Quellen. Ohne Dokumente gibt es ohnehin keine Geschichte. Aber die Aktenstücke – seien es Tagebücher, Geldmünzen, Briefwechsel, Polizeiberichte, Photos, Inquisitionsprotokolle, wie auch immer – müssen authentisch sein. Die Technik der Verifizierung solcher Quellen hat sich in den vergangenen hundert Jahren weit entwickelt, so daß die Gefahr einer erfolgreichen Dokumentenfälschung auch unter ungünstigen Umständen ziemlich gering ist. (Der berüchtigte „Plenca-Brief," der Kurt Waldheims Verwicklung in Kriegsverbrechen während des Zweiten Weltkrieges beweisen hätte sollen, der aber binnen einer Woche als Fälschung entlarvt wurde, zeigt dies eindeutig. [Der Spiegel, Nr. 5, 42. Jahrgang, 1. Februar 1988, 115–118; Profil, Nr. 6, 19. Jahrgang, 8. Februar 1988, 12–16; Kurz, Collins, Vanwelkenheuzen, Fleming, Fleischer, Wallach und Messerschmidt 1988, 35f.]) HistorikerInnen wollen also die vorhandenen verifizierten Quellen wissenschaftlich vertretbar untersuchen. Wie sie das tun, bildet das zweite und heikelste Verfahren der Praxis der Geschichtswissenschaft. Ihre historische Arbeit besteht aus einer Auseinandersetzung mit ihrem „Beweismaterial," infolgedessen sie aus bloßen Tatsachen historische Tatsachen machen. (Siehe Collingwood 1977, 9f., 231–49; Thompson 1978)

Nur die allereinfachsten Tatsachen sind unproblematisch als „historische Tatsachen" anzunehmen. Alle anderen haben nur dann Bedeutung, wenn sie einen Teil einer kausalen Erklärung bilden. (Becker 1959) Eine solche Erklärung kann aber nur aus einer Auswahl als echt geltender Tatsachen bestehen. In dieser Hinsicht drückt Voltaires zynischer Aphorismus – „Geschichte ist nur eine Menge Tricks, mit denen wir den Toten einen Streich spielen" – eine tiefe Wahrheit aus. (Zitiert nach Becker 1932, 88) Unabhängig von der Ehrlichkeit der einzelnen Person ist es unwahrscheinlich, daß jede historische Erklärung, die selbst auf den gleichen Quellen basiert, die aber eine jeweils spezifische Auswahl von Tatsachen darstellt, mit allen anderen Erklärungen identisch sein könnte. Nicht nur werden immer neue Aktenstücke gefunden, die eine neue Perspektive auf die bisherige Geschichte werfen. Die Auffassung darüber, was dann überhaupt als „Aktenstück", das heißt als potentieller Beweis für eine historische Tatsache gelten darf, bleibt darüber hinaus nicht statisch. Gesellschaften und Kulturen entwickeln, vermischen und ändern sich; diese sozialen und kulturellen Änderungen rufen einen Wandel oder eine Veränderung unserer Weltanschauungen und/oder unserer Deutungen der Welt, sogar unserer erkenntnistheoretischen Ansätze, hervor, gegen welche auch die Geschichtswissenschaft nicht gefeit ist. Aus all diesen Gründen ergibt sich, daß es nie eine definitive Darstellung der Geschichte geben kann. In einem bestimmten Sinn spielt also jede/r HistorikerIn mit Tricks den Toten einen Streich. Aber nur in einem bestimmten Sinn.

VI.

So weit sind wir in unserer Argumentation bis jetzt gekommen: Wir dürfen also keine endgültige historische Erklärung akzeptieren, wollen uns aber einer unbegrenzten Willkür der Geschichtsdarstellung nicht aussetzen. Wenn wir auch keine letztendlich begründbare rationale Sprache besitzen, die unsere historischen Erklärungen dessen absichern könnte, was die Vergangenheit ist, warum reden wir überhaupt, sogar häufig, von der Vergangenheit?

Kurz gefaßt, geht es um Barrieren zum Wissen und bei denen geht es wiederum vor allem um Macht. Jene Darstellung von Geschichte, die wohl oder übel als „die Vergangenheit" Gültigkeit erlangt, wird dominant, weil sie absichtlich oder unabsichtlich dazu dient, Voraussetzungen oder bevorzugte Werte einer bestimmten politischen Kultur zu verstärken. Oder, und dies ist damit nicht unvereinbar, sie unterstützt oder rechtfertigt eine bestimmte Politik und/oder Ideologie.

Keine politische Gesellschaft kann ohne eine entsprechende politische Kultur überdauern. Die Voraussetzungen dieser Kultur bestehen unter anderen sowohl aus einer bestimmten genealogischen Version der Geschichte, die die Ursprünge und Entwicklung jener Gesellschaft erklären soll, als auch aus einer Reihe von gesellschaftlichen und politischen Werten, die die Handlungsweisen unter den Einwohnern regulieren und die äußersten Grenzen normativen Verhaltens innerhalb der Gesellschaft setzen sollen. Jede Gesellschaft, die keine Diktatur ist, basiert auf einem Konsens ihrer Bürger. Dieser Konsens ist bestenfalls nicht erzwungen oder, präziser, wird von den Bürgern nicht als Zwang empfunden. Der Staat errichtet zudem Institutionen, die die Werte der politischen Kultur ausbauen und reproduzieren. Diese Institutionen und verschiedene politische Rituale prägen die Werte für die StaatsbürgerInnen und sogar die ideologischen Auffassungen der politischen Kultur ein. Es ist besonders wichtig, diese Zusammenhänge zu betonen, angesichts der heutigen Versuche, sich von Diktaturen abzuwenden und eine neue demokratisch legitimierte politische Kultur zu errichten. Vorsicht ist allerdings angesagt, will man diesen Prozeß – und sei es nur propagandistisch gemeint – als „Wiederkehr der Geschichte" bezeichnen. (Glenny 1991) Die Geschichte fehlte eigentlich nie.

Politische Entscheidungen setzen eine bestimmte genetische Darstellung der Geschichte voraus. Arthur Schlesinger, amerikanischer Historiker und seinerzeit Berater des Präsidenten John Kennedy, beschrieb diesen Aspekt der Verflechtung der Vergangenheit mit der Gegenwart für eine lang etablierte demokratische politische Kultur. „Alles Denken, das zu Regierungsentscheidungen führt, [ist] im wesentlichen historisch", meinte Schlesinger. „Im Rahmen einer rationalen Politik schließt eine Regierungsentscheidung zwangsläufig eine aus der Erfahrung der Vergangenheit abgeleitete Mutmaßung über die Zukunft ein. Sie beruht auf der Erwartung oder zumindest Hoffnung, daß bestimmte Schritte morgen die gleiche Art von Ergebnissen zeitigen wie gestern." (Schlesinger 1967, 98.) Diese Art wechselseitiger Auslese zwischen Politik und Geschichte, die Schlesinger beschreibt, beeinflußt nicht nur die Sprache, in der politische, wirtschaftliche oder kulturelle Themen diskutiert werden, sondern auch den Umfang des möglichen Denkens selbst. Daher ist nicht nur die Frage angebracht, wie wir zwischen einer legitimen und einer nicht legitimen Darstellung der Vergangenheit unterscheiden können, sondern viel eher, wie zwischen einer legitimen und einer nicht legitimen Darstellung der Vergangenheit überhaupt unterschieden wird. Diese Umformulierung soll unterstreichen, daß die wichtigsten Entscheidungen, in diesem Zusammenhang, also nicht durch uns, sondern für uns getroffen werden.

Mir scheint die Mozartkugel eine besonders geeignete Metapher zu sein, um diese Macht- und Informationskonstellation in der Gesellschaft im allgemeinen graphisch darzustellen, die gewisse Interpretationen der Politik und der Geschichte begünstigt und die auch wohl oder übel Barrieren gegen eine diesem Macht- und Wertsystem gegenüber subversive Kritik errichten. (Mitten 1992, 251–56) Die innerste Schicht einer Mozartkugel, die aus einer Mischung von Pistaziencreme und Marzipan besteht, stellt in dieser Metapher die historischen Quellen und ihre BearbeiterInnen dar.[4] Aus solchen dokumentarischen Beweismaterialien, die nicht unbedingt vollständig und deren Bedeutungen nicht selbstverständlich sind, kann nie eine unumstrittene Darstellung der Geschichte, „wie es eigentlich gewesen" war (Leopold von Ranke) hervorgehen. Die Fachleute, das heißt HistorikerInnen, die diese historischen Quellen untersuchen, besitzen eine Vielfalt von Interessen, ideologischen Standpunkten, persönlichen Erfahrungen, verschiedene Grade intellektueller Ehrlichkeit und wissenschaflicher Begabungen, die die eigene Auswahl von Tatsachen – das heißt ihre Darstellung der Vergangenheit – beeinflussen. Wenn wir uns aber an die Institutionen erinnern, die die Verbreitung einer Historiographie bestimmen, wie auch an die politischen und informellen Beziehungen, die diese institutionalisierten Mächte an den Staat oder zumindest an die Voraussetzungen der allgemeinen politischen Kultur binden, dann ist es nicht schwierig nachzuvollziehen, daß am ehesten eine Historiographie, die den von den institutionalisierten Mächten bevorzugten gesellschaftlichen Werten entspricht oder diese zumindest nicht in Frage stellt, sich durchsetzen kann, selbst wenn andere Ansätze dadurch explizit unterdrückt werden.[5] HistorikerInnen, die solche Ansätze, Erklärungsmuster oder Forschungsgegenstände verwenden, können gegebenfalls akademisch ghettoisiert werden, während diese Historiographie selbst an den Rand gedrängt und daher – zumindest vorübergehend – von anerkannten mächtigen WissenschafterInnen kaum ernst genommen wird. Es gibt also Macht- und Ideologiefragen, die stark beeinflussen, wenn nicht bestimmen, welche wissenschaftlichen Geschichtsdarstellungen als legitim gelten und welche als gemeinsames Geschichtsbild verbreitet werden. (Vgl. Wodak u. a. 1994)

Die Verbreitung eines Geschichtsbildes erfolgt wiederum durch die nichtspezialisierte Intelligenz, die in dieser Metapher die Nougatcreme, die die erste Schicht konzentrisch umfaßt, darstellt. Es ist also hauptsächlich jene Intelligenz, von der die breite Bevölkerung ihre Geschichte lernt. Und woher haben diese Intellektuellen ihre Geschichtsbilder? Wenn sie sich mit Geschichte als solcher beschäftigen, müssen diese LehrerInnen, JournalistInnen, SchriftstellerInnen und WissenschafterInnen, insofern sie selbst keine HistorikerInnen sind, eigentlich auf die Bücher zurückgreifen, die diese SpezialistInnen schreiben. Wir haben schon nahegelegt, wie weit entfernt ausgerechnet die professionellen HistorikerInnen von „Objektivität" sind. Diese Intelligenz ist auch derselben Vielfalt an Ideologien, Interessen, Machtkonstellation und den Werten der politischen Kultur unterworfen. Es ist daher nicht schwierig einzusehen, wie sich das historische Verständnis dieser Intelligenz an die Voraussetzungen einer staatsfreundlichen Historiographie anzupassen beginnt. Die mögliche Unzuverlässigkeit der Geschichte, die dieser Schichte entspringt, ist nicht gering, und die möglichen Einflüsse der vorherrschenden sozialen und politischen Auffassungen sind entsprechend groß.

Zuletzt treffen wir auf die Bevölkerung im allgemeinen, in unserer Metapher die Schokoladeschicht. Ihre Begriffe und ihr Wissen von Geschichte bezieht sie fast ausschließlich aus Erzählungen über die Vergangenheit von Verwandten oder Bekannten, aus der Schule, aus den Zeitungen und elektronischen Medien und aus Büchern, die sie gelegentlich über Geschichte lesen mag. Erinnert man sich daran, wie alle anderen Schichten der Mozartkugel in irgendeiner Form den herrschenden politischen und kulturellen Voraussetzungen unterworfen sind; wie abhängig die Intelligenz von den HistorikerInnen bezüglich ihrer detaillierten Kenntnisse über Geschichte ist; und wie wenig HistorikerInnen selbst „objektive" Darstellungen beanspruchen können; und nimmt man an, daß die Schokoladeschicht eher weniger ausgebildet ist und nicht die Zeit oder die Gelegenheit hat, sich mit philosophischen Streitereien über die erkenntnistheoretischen Grundlagen unseres historischen Verständnisses zu beschäftigen; wenn wir all dem Rechnung tragen, sollten wir dann noch überrascht sein, daß es uns nur mit massiven Bemühungen gelingt, eine kritische Distanz zu jener Darstellung der Geschichte zu gewinnen, die mit den staatspolitischen und kulturellen Voraussetzungen der Gesellschaft stark im Einklang steht? Oder, anders formuliert, muß man nicht sogar erwarten, daß sehr wohl eine bestimmte Version der Geschichte unter breiteren Schichten der Bevölkerung als „die Vergangenheit" gelten muß?

Das Bild ist nicht ganz so düster, denn auf jeder Ebene vermag sich ein kritischer Geist mit seiner intellektuellen Umwelt auseinanderzusetzen. Jeder kann sozusagen die ganze Mozartkugel essen und verdauen. Die Möglichkeit, Erfahrungen zu haben, die uns für alternative Darstellungen empfänglich machen, besteht immer. Dazu kommen noch die unterschiedlichen Auffassungen, die von Parteiorganen vertreten und verbreitet werden. (Wodak u. a. 1994, Kap. 3.) Aber die Allgegenwart gerade der Institutionen und allerlei kultureller Rituale, die diese Möglichkeiten blockieren, verringert nicht nur die Wahrscheinlichkeit, daß wir intellektuell die Voraussetzungen unserer Sozialisation durchbrechen können, sondern sie begrenzt sowohl das Reservoir von Begriffen und Auffassungen, mit denen wir ein alternatives Wertsystem bilden, als auch das Idiom, in dem wir ein solches System ausdrücken können. Es ist auch nicht selbstverständlich, daß eine gegenwärtige politische Kritik automatisch das herrschende Geschichtsbild in Frage stellt oder, auch wenn dies aus logischen Gründen so zu erwarten wäre, daß wir es so sehen oder wahrnehmen. Allerdings war die Darstellung, die hier gegeben wurde, indem sie die Macht der vorherrschenden politischen Kultur betont, absichtlich überzeichnet. Die eingeschränkten Möglichkeiten, außerhalb dieser Voraussetzungen ein anderes Geschichtsbild überhaupt nachvollziehen und sehen zu können, setzen ohne zweckrationale Planung gleichsam dem historisch Denkbaren enge Grenzen.

VII.

Die „Waldheim-Affäre" bietet viele solche Beispiele dafür, wie strukturelle Barrieren zum Wissen die Wahrnehmung bestimmter Geschichtsbilder begünstigen, indem die verminderte Zugänglichkeit zu alternativen Interpretationen eine medial wirksame Darstellung „der Vergangenheit" aufzwingt. Die Geschichte eines einzelnen Dokuments über Waldheims Kriegsdienst zeigt deutlich, welche Fallgruben einen auf dem Wege zu historischen Kenntnissen erwarten.

Fangen wir im Zentrum, das heißt, mit den Dokumenten an. Das diesbezügliche Aktenstück ist ein Feindlagebericht vom 25. 5. 1944 von der Abteilung Ic der Heeresgruppe E, in der Waldheim diente. Dieser Bericht, der von Waldheim, dem dritten Ordonnanzoffizier, paraphiert wurde, befaßte sich mit der Nützlichkeit von „Sühnemaßnahmen" und enthält folgende Passage:

Die bisher für Sabotage und Überfälle verhängten Sühnemaßnahmen haben trotz ihrer Härte keinen nennenswerten Erfolg gehabt, da die eigenen Maßnahmen jeweils nur vorübergehend sind und die mit Strafen belegten Orte oder Gebiete alsbald den Banden wieder überlassen werden müssen. Dagegen haben übertriebene Sühnemaßnahmen ohne genauere Prüfung des Sachverhaltes nur verbitternd und für die Banden nutzbringend gewirkt. (Zitiert nach Born 1987, 117)

Allein zeigt dieses Dokument natürlich nichts: es gewinnt seine Bedeutung nur in einem spezifischen Kontext. Darüber sind sich aber Historiker und Journalisten, die die Kriegsvergangenheit untersucht haben, nicht einig. Robert Herzstein schrieb zum Beispiel in seinem Buch *Waldheim. The Missing Years*: „... der angenehme junge Leutnant, der sich so redlich bemüht hat, seinen Vorgesetzten seine politische Zuverlässigkeit zu beweisen, wurde einer der ersten, ja einer der einzigen Wehrmachtsoffiziere, die seine Zweifel [über die Nützlichkeit von Sühnemaßnahmen; Anm. des Verfassers] festgelegt haben." (Herzstein 1988, 121.) Herzstein habe „Tausende ähnlicher Dokumente" untersucht und „wenige stärkere Proteste dieser Art gefunden und selbst dann [solche] nur von den Federn viel mächtigerer Männer." Dieser einmalige Protest sei laut Herzstein „moralisch motiviert", wenn auch „nicht in moralischen Begriffen ausgedrückt," und fügte hinzu, daß es keine Beweise dafür gibt, daß Waldheim je irgendwann sonst gegen Nazi-Brutalität offen oder sonstwie protestiert habe. Die Interpretation Herzsteins macht aber klar, daß es sich um einen Protest von Seite Waldheims handelte. (Ebenda, 122)

Derselbe Bericht wurde auch von Hanspeter Born, Autor eines Buches über Waldheims Kriegsdienst, unter die Lupe genommen. Born meinte, das Dokument zeige, daß Waldheim seine Betrachtung der Nützlichkeit von Sühnemaßnahmen „revidiert" habe. (Born 1987, 117.) Er scheint aber die Bedeutung dieser offenbaren Kritik der Wehrmacht-Vergeltungspolitik bagatellisieren zu wollen und betont, es gebe „keinen dokumentarischen Hinweis und auch nicht irgendwelche Zeugenaussagen, wonach ein Mitglied der Führungsabteilung je moralische Skrupel über die Anwendung von ‚Sühnemaßnahmen' gehabt hätte." (Ebenda, 118)

Es ist auch möglich, die Bedeutung dieses Berichtes für Waldheims persönliche Rolle bei der Heeresgruppe E noch anders zu interpretieren. Gegen Ende des Jahres 1943 haben unter anderen sowohl der deutsche Gesandte Hermann Neubacher als auch der Bevollmächtigte General in Kroatien, Glaise von Horstenau, Bedenken über die Nützlichkeit von Sühnemaßnahmen geäußert. (Siehe Kurz u. a. 1988, 26f.; vgl. Neubacher 1957, 138–140) Auch der Generalstab der Heeresgruppe E ist sich bis Ende des Jahres 1943 über die Fragwürdigkeit von „Sühnemaßnahmen" klar geworden. Solche Überlegungen lagen einer Chefbesprechung von Generalstabschef August Winter am 9. 12. 43 zugrunde, schon bevor der diesbezügliche Erlaß vom Oberbefehlshaber Südost Heeresgruppe F, der die Heeresgruppe E untergeordnet war, am 22. 12. 1943 die neue Orientierung ankündigte. (Kurz u. a. 1988, 26) Bei dieser Chefbesprechung trug Winter unter anderem folgendes vor: „Es geht leider nicht an, alle Leute zu köpfen. Wenn man aber Sühne Maßnahmen durchführt, muß man sich an die wahrhaft Schuldigen und Geiseln halten, aber nicht völlig unbeteiligte Ortschaften dem Erdboden gleichmachen. Dies führt nur zu Vermehrung des Bandenwesens." (Ebenda, 26)

In diesem Kontext also, vor dem Hintergrund der Reserviertheit der höchsten Stellen der Wehrmacht am Balkan gegenüber der Nützlichkeit von Sühnemaßnahmen gegen Partisanen, sehen die Bemerkungen, die im von Waldheim paraphierten Bericht stehen, etwas anders aus. Als Waldheim diesen Bericht schrieb, konnte er sicher sein, nicht nur, daß solche Inhalte ihm keine Schwierigkeiten zukommen ließen, sondern auch, daß diese Meinung die Meinung seiner Vorgesetzten auf höchster Ebene darstellte. Eine Haltung, die wahrscheinlich sehr wenig mit Moral in irgendeiner Form gemein hat. (Siehe auch Mitten 1988, 1120)

Wir stehen also drei unterschiedlichen Interpretationen des gleichen Dokuments gegenüber. Meines Erachtens stellt die letztere Analyse die kohärenteste Erklärung der vorliegenden Beweisstücke dar. Hier aber geht es darum, die Frage zu beantworten, wie ein Bild darüber geschaffen werden kann, was Waldheims Schreibweise in diesem Bericht bedeutet hat. Diese drei Darstellungen, die sich zum Teil überlappen, bieten dazu keine schlüssige Antwort. Die Rezeption dieses Dokuments in den Zeitungen, in unserer Metapher die Nougatcreme, gibt dagegen über den Filterungsprozeß zwischen den Fachleuten und einem breiteren Publikum durch die nichtspezialisierte Intelligenz Auskunft.

Der Abgabetermin des Berichts der internationalen Historikerkommission war der 8. Februar 1988. Drei Tage vorher veröffentlichte die *New York Times* einen Artikel über Herzstein und dieses Dokument, das der Journalist Ralph Blumenthal als einen „von einem U. S. Historiker gefundenen, neu entdeckten Bericht [*dispatch*]" bezeichnete. (*New York Times*, 5. Februar 1988) Das Datum der Veröffentlichung legt nahe, daß entweder Herzstein oder Blumenthal oder beide hofften, eine etwaige Erwähnung dieses Dokuments durch die Historikerkommission vorwegzunehmen. Dieser *New York Times*-Bericht bestätigte, daß Waldheim die Vergeltungspolitik der Wehrmacht kritisiert hätte, und zitierte auch Herzsteins Meinung, wonach solches bei jungen Offizieren sehr selten vorkam. Herzstein hatte aber auch Blumenthal gegenüber gemeint, daß Waldheim Mitschuld an der „Beihilfe zum Begehen eines Verbrechens gegen die Menschheit" vorgeworfen werden könne. Was den wesentlichen Punkt betrifft, hätte man allerdings nur aus dem Artikel schließen können, daß Waldheim zumindest einmal gegen eine kriminelle Politik protestiert hatte.

Zwei Tage bevor die Historikerkommission ihre Arbeit abgeschlossen hatte, brachte die österreichische Tageszeitung *Neue Kronen Zeitung* (NKZ) eine Schlagzeile: „Knalleffekt in USA: Kriegs-Dokument entlastet jetzt Kurt Waldheim!" (NKZ, 6. Februar 1988.) Die Rubrik über der Schlagzeile lautete: „Er kritisierte 1944 deutsche Greuel auf dem Balkan." Der angekündigte Artikel auf Seite zwei, der die Schlagzeile „Waldheim übt Kritik an Balkangreuel" trug, war eine Zusammenfassung des New York Times-Artikels vom 5. Februar. Im fettgedruckten Lead war von einer „Überraschung aus den USA" die Rede: „Die New York Times veröffentlichte gestern in großer Aufmachung ein Kriegsdokument, in welchem Waldheim entlastet wird!" „In dem Dokument," schrieb NKZ-Journalist Kurt Seinitz, „einer Lagebeurteilung des Oberleutnants Waldheim, übt Waldheim Kritik an den Vergeltungs- und Greuelmaßnahmen gegen die einheimischen Widerstandskämpfer und weist darauf hin, daß diese Maßnahmen nur den gegenteiligen Effekt erzielen, nämlich die Bevölkerung den Partisanen zuzutreiben..." Die größte Überraschung war aber offenbar die Quelle: „Der Entdecker und Beurteiler dieses Dokuments ist der bisherige Waldheim-Jäger des Jüdischen Weltkongresses, Professor Herzstein, der in München nachgeforscht hatte." Herzstein wurde aus der New York Times zitiert: „... Es ist sicherlich ungewöhnlich, daß ein Offizier dieses niederen Ranges Hitlers Vergeltungspolitik kritisierte". Andere Zitate Herzsteins aus der New York Times (zum Beispiel über Waldheims Mitschuld) wurden nicht berichtet, und die klare Botschaft war, daß Waldheim von einem entlastet wurde, dessen Glaubwürdigkeit um so höher war, weil er vorher der wichtigste „Waldheim-Jäger" war.

Seitdem dieser Artikel erschienen war, hat weder die NKZ ihre Meinung revidiert, noch hat sie berichtet, daß andere Interpretationen dieses Dokuments existieren. Theoretisch ist es natürlich möglich, daß alle ÖsterreicherInnen alle diesbezügliche Publikationen bekommen könnten, die sich mit diesem Dokument befassen, und sogar das Archiv in München besuchen könnten. Von dieser Möglichkeit abgesehen aber stellt die zumindest umstrittene Interpretation in der New York Times, wie sie von der NKZ zusammengefaßt wurde, die einzige, relativ leicht zugängliche Quelle dar, aufgrund derer man sich in Österreich (metaphorisch die Schokoladeschicht der Mozartkugel) eine Meinung über dieses Dokument hätte bilden können. Und selbst wenn interessierte LeserInnen die NKZ-Version mit dem New York Times- Artikel vergleichen sollten, was könnte sie dazu veranlassen, das Buch von Hanspeter Born, den Bericht der internationalen Historikerkommission, oder die Times Literary Supplement überhaupt anzuschauen? Wenn also eine/r über dieses Thema der Vergangenheit gefragt werden sollte, würden die meisten eine Antwort geben, die sie sich aufgrund der einzigen ihnen zugänglichen und von ihnen gelesenen Quellen darüber gebildet hätten. Dies wäre also dann die einzige „Vergangenheit," die solche Menschen (und Tausende andere) überhaupt verstehen könnten.

VIII.

Wenn meine Argumentation stimmt, haben wir folgendes festgestellt: das, was man als „die Vergangenheit" versteht, kann es als solche einfach nicht geben. Daß wir aber noch immer an „die Vergangenheit" glauben können, hängt davon ab, welche bestimmte Geschichte ausgewählt, hochgespielt, unterstützt und verstärkt wird. Nicht irgendeine Geschichte gilt als „die Geschichte", sondern es gibt eine Menge von institutionalisierten Machtverhältnissen, die sowohl die Qualität der Geschichtsschreibung als auch die Richtung bestimmen, in die diese führt.

Daraus folgt, daß die Vergangenheit tagtäglich bewältigt wird, indem jene Version der Vergangenheit, die sich durchgesetzt hat, Widerhall findet oder unter immer breiteren Schichten als die Geschichte schlechthin hingenommen wird. Daher sind meines Erachtens zwei Komponenten unentbehrlich, wenn man Vergangenheitsbewältigung richtig verstehen will. Erstens müssen wir die Werte identifizieren, die sowohl eine bestimmte Geschichtsdarstellung voraussetzen als auch einer historischen Arbeit innewohnen. Zweitens müssen wir danach fragen, wie eine ausgewählte historische Erklärung diesen Werten dient und unter welchen konkreten Bedingungen diese Erklärung als „die Vergangenheit" geltend gemacht wurde. Kurz gesagt, müssen wir ständig die Frage stellen, wozu gerade diese Art der Vergangenheitsbewältigung dient?

Die hier vorgeschlagene Auseinandersetzung müßte deswegen auch mit der Gegenwart und ihren politischen und daher historischen Prioritäten stattfinden. Der deutsche Historiker Michael Stürmer erkannte diesen Zusammenhang eindeutig, als er infolge des deutschen „Historikerstreits" schrieb: „Wer aber meint, daß alles dies [er meinte den Historikerstreit] auf Politik und Zukunft keine Wirkung habe, der ignoriert, daß in geschichtslosem Land die Zukunft gewinnt, wer die Erinnerung füllt, die Begriffe prägt und die Vergangenheit deutet." (Stürmer 1987, 36) Als Adorno schrieb, „[a]ufgearbeitet wäre die Vergangenheit erst dann, wenn die Ursachen des Vergangenen beseitigt wären," setzte er freilich voraus, daß „die Ursachen des Vergangenen" im Prinzip zu wissen sind. Angesichts der hier dargelegten Betrachtungen über die Geschichtswissenschaft scheint Adornos Wissensanspruch allerdings erkenntnistheoretisch etwas zu anspruchsvoll zu sein. Daß „die Vergangenheit" nicht irgendwo draußen auf ihre Entdeckung wartet, bietet aber keinen Anlaß zu Verzweiflung. Im Gegenteil: Die Erkenntnis also, daß die Fülle der Erinnerungen, die Prägung der Begriffe und die Deutung dieser Vergangenheit letztendlich auch normativ-politische Handlungen sind, entmystifiziert den Begriff „die Vergangenheit," verleiht dem Begriff „Vergangenheitsbewältigung" eine nachvollziehbare Bedeutung und fordert gleichzeitig einen praktisch umsetzbaren, kritischen und selbstkritischen Imperativ. So gerüstet sind wir vielleicht in der Lage, den von Adorno bedauerten Mangel, daß des Vergangenen „Bann bis heute nicht gebrochen" geworden sei, zu beseitigen. Aber darum müssen wir uns bemühen und kämpfen.

Anmerkungen

1 Für ihre unersetzbare Hilfe bei der sprachlichen Verbesserung dieses Aufsatzes möchte ich Ruth WODAK und Walter MANOSCHEK herzlichst danken.
2 ADORNO 1966. Den Vortrag hielt ADORNO im Jahr 1959. Im folgenden werden die Seitenangaben von ADORNOS Aufsatz in Klammern gesetzt.
3 Zum Diskurs über Vergangenheitsthemen im Bundespräsidentschaftswahlkampf 1986 siehe WODAK, NOWAK, PELIKAN, GRUBER, DE CILLIA und MITTEN 1990.
4 Man muß in diesem Zusammenhang davon ausgehen, daß es nicht um bewußte Dokumentenfälschungen und schon gar nicht um die gezielte Unterdrückung unangenehmer Tatsachen handelt. Die Probleme, die hier angesprochen werden, sind eher die einer „Vergangenheitsbewältigung" angesichts einer *ceteris paribus* ehrlichen Praxis der Geschichte.
5 In diesem Zusammenhang soll nur auf das erste Kapitel im zweibändigen Werk *Österreich. Die Zweite Republik*, hg. von Erika WEINZIERL und Kurt SKALNIK verwiesen werden. Im ersten Kapitel, geschrieben von Robert A. KANN, wurden die „Leitsätz[e], die als gemeinsames Maß der Übereinstimmung ihrer Auffassung" gelten, aufgelistet. Kein einziger dieser Leitsätze betrifft geschichtswissenschaftliche Kompetenz, sondern sie betreffen ausschließlich politische Meinungen, die man als einige Grundwerte der Zweiten Republik betrachten kann. Was könnten solche ausgesprochen politische Auswahlkriterien für Mitarbeit an einem Geschichtsbuch sonst bedeuten, außer die Geschichtsschreibung mit den gegebenen Werten der österreichischen Republik in Einklang zu bringen und dadurch diesem Buch einen quasi-offiziellen Status als die Geschichte der Zweiten Republik zu verleihen? (KANN 1972, 19)

Literatur

Theodor W. ADORNO 1966, Was bedeutet: Aufarbeitung der Vergangenheit?, in: Eingriffe. Neun kritische Modelle, Frankfurt/Main, 125–146.
Carl BECKER 1959, What are Historical Facts?, in: Hans MEYERHOFF (Hg.), The Philosophy of History in our Time, New York.
ders. 1932, The Heavenly City of the Eighteenth Century Philosophers, New Haven.
Hanspeter BORN 1987, Für die Richtigkeit. Kurt Waldheim, München.
R. G. COLLINGWOOD 1977, The Idea of History, Oxford [1946].
Donald DAVIDSON 1991, Inquiries into Truth & Interpretation, Oxford,
John DUNN 1978, Practicing History and Social Science on „Realist" Assumptions, in: Christopher KOOKWAY and Philip PETTIT (Hg), Action and Interpretation: Studies in the Philosophy of the Social Sciences Cambridge, 145–175.
Misha GLENNY 1991, The Return of History, London.
Robert HERZSTEIN 1988, Waldheim. The Missing Years, London.
HISTORIKERSTREIT 1987. Die Dokumentation der Kontroverse und die Einzigartigkeit der nationalsozialistischen Judenvernichtung, München–Zürich,
Robert A. KANN 1972, Das geschichtliche Erbe – Gemeinsamer Nenner und rechtes Maß, in: Erika WEINZIERL und Kurt SKALNIK, Österreich. Die Zweite Republik, Graz, Wien, Köln, Verlag Styria, Bd. 1, 19–50.
Hans KURZ, James COLLINS, Jean VANWELKENHEUZEN, Gerald FLEMING, Hagen FLEISCHER, Jehuda WALLACH und Manfred MESSERSCHMIDT 1988, Der Bericht der internationalen Historikerkommission, Beilage zu Profil, Nr. 7, 19. Jahrgang, 15. Februar 1988.
Richard MITTEN 1988, L'affaire Waldheim, in: Times Literary Supplement, Nr. 4462, 7–13. Oktober, 1119f.
ders. 1992, The Politics of Antisemitic Prejudice. The Waldheim Phenomenon in Austria, Boulder, Colorado.
Hermann NEUBACHER ²1957, Sonderauftrag Südost 1940–1945. Bericht eines fliegenden Diplomaten, Göttingen.
Peter PULZER 1986, Vergangenheitsbewältigung, in: Vereinigung Jüdischer Hochschüler Österreichs und Jüdischer Akademiker Österreichs 5747/1986, 114–117.
Richard RORTY 1980, Philosophy and the Mirror of Nature, Oxford.
derselbe 1989, Contingency, irony and solidarity, Cambridge.
ders. 1991, Objectivity, Relativism and Truth. Philosophical Papers, Bd. 1, Cambridge.
Arthur SCHLESINGER 1967, Das bittere Erbe, aus dem Amerikanischen von Wolfgang und Christa Helbich, Bern, München, Wien.
Quentin SKINNER 1978, The Foundations of Modern Political Thought, 2 Bde., Cambridge.
ders. 1988a, Some problems in the analysis of political thought and action, in: TULLY 1988, 97–118.
ders. 1988b, A reply to my critics, in: TULLY 1988, 231–288.
Michael STÜRMER 1987, Geschichte im geschichtslosen Land, in: Piper Verlag (Hg), Historikerstreit, München und Zürich, 36–38.
Edward THOMPSON 1978, The Poverty of Theory and Other Essays, New York.
James TULLY 1988a, (Hg) Meaning and Context. Quentin Skinner and his Critics, Cambridge.

James TULLY 1988b, The Pen is a mighty sword: Quentin Skinner's analysis of politics, in: TULLY 1988, 7–25.
VEREINIGUNG JÜDISCHER HOCHSCHÜLER ÖSTERREICHS UND JÜDISCHER AKADEMIKER ÖSTERREICHS (Hg.), Das Jüdische Echo, Nummer I, Vol. XXXV, Elul-Tischri 5747/Oktober 1986.
Hans-Ulrich WEHLER 1988, Entsorgung der deutschen Vergangenheit? Ein polemischer Essay zum „Historikerstreit", München.
Erika WEINZIERL 1986, Kann man die Vergangenheit „bewältigen"?, in: Vereinigung Jüdischer Hochschüler Österreichs und Jüdischer Akademiker Österreichs 5747/1986, 75–79.
Ruth WODAK, Peter NOWAK, Johanna PELIKAN, Helmut GRUBER, Rudolf DE CILLIA und Richard MITTEN 1990, „Wir sind alle unschuldige Täter!" Diskurshistorische Studien zum Nachkriegsantisemitismus, Frankfurt/M.
Ruth WODAK, Florian MENZ, Richard MITTEN und Frank STERN 1994, Die Sprachen der Vergangenheiten. Öffentliches Gedenken in österreichischen und deutschen Medien, Frankfurt/M 1994.

La Langue de bois: An Epistemological Metaphor about Past and Future
Liviu Papadima

1. La Langue de bois – A Controversial Notion

"Wooden Language" is a well-known and widely spread term in present day Romania. It seems to have been borrowed from French, where it started to be used in the "70ies and became more and more popular in the "80ies. It made its way into the Romanian language mainly due to Alain Besançon's book *Les Origines intellectuelles du léninisme* (Paris 1977) and especially to Françoise Thom's book *La Langue de bois* (Paris 1987), both published in a Romanian translation by *Humanitas* Publishing House in 1992/93, while excerpts of these books had already been printed in various Romanian periodicals. At the congress organized jointly by the *Romanian Academy* and the *American Romanian Academy* in Bucharest in June 1991, the division on "Wooden Language" was led by Mrs. Françoise Thom.

Being very suggestive, the term "Wooden Language" (Limba de lemn) has been taken over in no time by the mass media and even by current speech. The term is used as a central concept in research and scientific debates about the linguistic changes which occurred in Romania under the pressure of the communist dictatorship. I will use this term myself, in spite of itsobvious shortcomings, viz. its rare occurrence in the Anglo-Saxon and German academic communities and its ambiguity.

The phrase "Wooden Language" did not meet resistance in entering the everyday language, though experts, especially linguists, partly objected to its adoption in academic language. Objections were made regarding both the formal aspect and content.

1. 1. Objections to the Formal Aspect

The unquestionable suggestive power of the phrase "Wooden language" is not in accordance with the rigour of scientific terminology. As the phrase is a metaphor, its meaning could be derived through figurative interpretation.

Therefore the overlap of the "motivated", figurative meaning with the conventional one, on which the experts try to reach an agreement, represents a permanent source of confusions. And yet the "baptising" of a research object through an epistemological metaphor, before the object has been clearly defined, is a current procedure in science. In the case of the "Wooden Language" the terminological problems originate from its recent history, as a phrase coined and mainly used by writers and journalists, as well as from the pressure exerced by the extremly flexible use of the phrase in non-scientific contexts. Another source of confusion is the tendency to use similar metaphorical constructions such as "Iron Language", "Leaden Language", "Felt Language" or "Tin Language" which add to older constructions like "Oak Language" and "Cloth Language".

The most convenient equivalent of the phrase "Wooden Language" is Orwell's "Newspeak", which is widely accepted, both in its original English form and in loan translations (e. g. Polish "Nowo Mowa", French "Novlangue"). Even though this term seems more adequate, due to its rather neutral expressiveness, the pressure of its recent history cannot be ignored. This time the origin of the term can be clearly established, namely George Orwell's *Nineteen Eighty-Four*. No matter how perceptive this novel may be, it is still a fictional and not a scientific work. The reproach was made that this term, as well as the phrase "Wooden Language" causes "un inversement de la démarche scientifique": "le phénomène est nommé avant d'être décrit et sa dénomination oriente la description" (ZAREMBA in LANGUES 1989, 112). Besides, in Orwell's view the tendency to elaborate and use a political language of the "Newspeak" type by far exceeds the limits of totalitarian regimes – be they real or imaginary. Orwell thought that, from a political point of view, "totalitarianism, *if not fought against*, could triumph anywhere" (YOUNG 1991, 32). Thus, in Orwell's essay *Politics and the English Language* (1968) the analysis of the political language of the British democracy at that time shows striking similarities with both "Newspeak" and the "Wooden Language". On the other hand, certain traits attributed by Orwell to the imaginary "Newspeak" cannot be found in the history of real totalitarian languages like the communist or national-socialist ones.

For the reasons stated above, many researchers prefer to use the term "Totalitarian Language".

1. 2. Objections to the Content of the Term "Wooden Language"

Of higher importance are objections which concern the justification of stating the existence of a language specific to totalitarian regimes, no matter if it is called "Wooden Language", "Newspeak", or simply "Totalitarian Language". The notion's validity depends on the possibilities of defining it satisfactorily.

Even if it is supposed that "Wooden Language" designates a linguistic variety (such as dialects, jargons, socio-professional languages), still the lack of appropriate criteria for an exact delimitation is felt.

1. 2. 1. Extensional Meaning

In the first place it is unclear whether such a linguistic variety would belong *exlusively* or just *especially* to totalitarian regimes. From this point of view the adopted terminology can have a considerable influence on the delimitation of the referential field: "Wooden Language" and "Newspeak" can be more easily extended to non-totalitarian regimes.

Especially Western researchers tend to question or to obscure the boundaries between totalitarian and non-totalitarian languages, either by identifying in the political discourse of Western democracies linguistic phenomena which are considered relevant to totalitarian regimes, or by regarding the latter as reducible to mere politico-ideological divergencies. Thus, they challenge on the one hand the idea of *totalitarian* language and of totalitarian *language* on the other. Often the standpoints have themselves a political touch.

An accurate definition is still to be formulated. The researcher is faced with two possibilities: to take up the historical perspective, namely to trace the sources and the formation of totalitarian languages, or to take up the typological perspective, namely to identify the fundamental traits of totalitarian languages and to follow their presence on various political coordinates. In both perspectives, the present level of information is quite poor and very atomized: the origins of the Nazi language and those of the Soviet "wooden language", the influence of the latter on the "wooden languages" of the Eastern Europe countries, the relation between the communist language and the nationalist post-totalitarian languages; or, in the other perspective, the similarities between the languages of the communist regimes and the *lingua tertii imperii* of the Nazi regimes, similar linguistic phenomena in dictatorships and Western democracies (political discourse, mass-media manipulation, "official" discourse, etc.).

While accepting, even temporarily, the limitation of the term "Wooden Language" to totalitarian regimes, there still remains the need to specify its area of manifestation *within* these regimes. The socio-professional and situational delimitation is difficult. In the case of communist dictatorships there usually is an initial phase in which such a delimitation is easy to identify: the phase in which the new power establishes itself. During this period, the "wooden language" is identified with the jargon used by the party activists in their political discourse. This delimitation represents just a "matrix" of "wooden language", probably its most strictly codified form, the one with the strongest impact.

"Wooden language" tends to cover gradually various aspects of life, not only political but also social and professional: it deeply penetrates mass-media discourse, institutional activities (together with party control over institutions, especially meetings, work plans and reports), education, art and culture, including literature, even private life. I believe that from here follow essential differences between what could be considered manifestations of "wooden language" in totalitarian regimes and what they would be in democratic ones. These differences concern its forms and degree of institutionalization and penetration. This penetration will be as deep as the intentions and possibilities of a dictatorship are to reform not only the society but also the individual himself – which in Romania, as well as in other communist countries, was called "the moulding of the new man". Even the border between the public domain of existence, to which official discourse belongs, and the private sphere becomes unstable. The prototype of official discourse spreads itself over a multitude of situational contexts. "Wooden language" is implied in the tendency to modify the forms of social and even inter-personal interactions, and finally human thought and behaviour.

1. 2. 2. The Relation to Ideology

The link between political action with its consequences for social and individual life on the one hand, and the corresponding language on the other hand, has been identified by Alain Besançon and Françoise Thom as lying in ideology. "The strange thing about the wooden language is the fact that, unlike all other languages, it has one function only: to serve as a vehicle to ideology" (THOM 1993, 34–35; my translation, L. P.). Defining "Wooden Language" exclusively through its dependence on ideology is problematic too, for at least three reasons. "Ideology" is a term with a very wide meaning. The presence of "ideologies" could hardly be reduced to totalitarian regimes. In defining the term, leaning on Besançon's works, Françoise Thom tries to prevent such a referential dispersion. To her, ideology is "a way of thinking of gnostic type which grounds a salvation doctrine on scientific pretensions. Marxism-leninism and nazism are the most accomplished forms of ideology" (1993, 35). Obviously the term "Ideology" is defined by Thom in a very personal manner. Trying to clarify "Wooden Language" through "Ideology" would mean to shift the controversy to another domain – which actually has happened.

Another problem lies in the fact that if we regard "Wooden Language" as directly dependent on ideology, it becomes very difficult to separate the "thematic" level of discourse analysis from the linguistic level. Françoise Thom's comments and excerpts of "wooden language" often confound the two levels, viz. the one of verbal "messages" which are typical for communist dictatorships and the one of language structuring.

Thirdly, the communist ideology was not altogether uniform. Differences arose between the countries as well as betweeen different periods in each country; this concerned the adaptation of the ideology to the external and internal political interests and the importance conveyed to it in socio-political practice. In the communist regimes (as well as in others) there is an obvious relationship between the changes in ideology and those in language. But it is much less obvious that we are faced with a uniform causal relationship. For example, it is still uncertain if the weakening of the ideological dogmas, which occurred in the "80ies against the background of either a policy of compromise or the arbitrariness of personal dictatorships, has determined an analoguous loosening on the level of the official language. In the case of personal dictatorships, the "wooden language" seems on the contrary to have been strengthened in order to cover the gaps or even the contradictions which emerged within the ideology.

1. 2. 3. Structural Characteristics

The strictly linguistic analysis, which should clarify these uncertainties, comes across other difficulties. The distinction *langue/parole* becomes inoperative in the case of the "wooden language" which covers, more or less, both levels, proving once more the relativity of the distinction.

Let us consider some structural traits of the "wooden language", deducted from the analysis of dictionaries or of samples of totalitarian discourse.

On the lexical level: impoverishment of the vocabulary in terms of frequency (otherwise the elimination of certain words is surpassed by the introduction of new lexical formations), the ideological interpretation of notions, their axiologisation and the stressing of their emotional connotations, the emphasizing of their "scientific" pretense, the bipolar distribution within lexical repertoires ("eitheror" terminology according to a Manichaean principle, which excludes intermediary values) or the splitting of the meaning of separate terms, according to the same principle, depending on the referential field (communist versus capitalist countries), the tendency to define terms of political interest in a rigid, restrictive way (definitions which are synchronically rigid but diachronically fluid, as they are modified depending on the political situation), the restructuring of semantic fields around central notions of the ideology or around ideological metaphors into a closed, circular semantic system, leading to a narrowing of the conceptual universe.

On the syntactic level: the increasing weight of attributes, of nominal constructions, the absence or rarity of deictics, the abundance of superlatives and comparatives of the type "even more", of verbs with hortatory meaning.

On the stylistic/rhetoric level: referential non-transparency, inadequacy, dissimulation, going so far as to interrupt the connection between language and reality, the prefabricated style, used irrespective of the nature and object of the discourse (the overuse of compound words, many of them stump compounds, neologisms, periphrases, ready-made metaphors), the preeminence of hyperboles ("gigantomania") and of euphemisms, the frequent transfer of terms from other lexical fields (mostly from the military or religious ones, the latter in spite of the atheistic doctrine in communism), techniques of discrediting the alternative views and languages, referential extension of terms ("catch-all" expressions), the very high redundancy, the accumulation of clichés and ritualistic stereotypes.

The above account, which has been taken from various sources (Thom 1993, Young 1991, Pineira and Tournier in Langues 1989, Bergsdorf 1979, Reich 1968, Bartholmes 1970), is quite eclectic (rather than a coherent whole), diffuse (the subcategorisation is flexible and relative) and rather unspecific (most of its traits can be found, when taken one by one, in numerous compartments of European languages, be they under totalitarian regimes or not). In spite of all this, taken as a whole, this cluster of traits can serve to specify a political jargon which represents the prototype and the core of "wooden language".

Each perspective (political history, pragmatics and sociology, ideology, linguistic analysis) finally proves to be vulnerable when one attempts to define "Wooden Language". Probably the great difficulty in providing an accurate definition of "Wooden Language" does not lie with the research object itself but with its position within a field segmented by so many disciplines.

2. Three Hypotheses

Would all this mean that we should better abandon the notion of "Wooden Language" for the time being? Definitely not. A great number of speakers who went through the experience of totalitarian regimes can easily identify, even in post-totalitarian times, linguistic samples (words, phrases, whole clauses and even texts) as belonging to the language of dictatorship. This may even happen irrespective of the meaning of such samples. The term "Wooden Language", as ambiguous as it may be, is an acknowledgement of this intuition, which linguistics cannot ignore. I consider two things of utmost importance for the future clarification of the dilemmas connected with "Wooden Language": the extension and systematisation of the available information and the theoretical modeling of the notion itself. The present essay chooses the latter alternative. I do not analyse "wooden language" as an "object", seen from the point of view of its structural traits, but as a "phenomenon", seen from the point of view of its manifestation potential. The method applied to a certain extent comes close to the phenomenological one. I tried to view this "wooden language" phenomenon as an inherent potentiality in any natural language, which can come true both on a real, historical level and on a hypothetical one.

It is quite difficult to determine the origins of the wooden language. But we can indicate quite precisely the moment when it began to be institutionalised in Romania: shortly after World War II. From this point of view, the wooden language may be seen as an imported product, which was brought in various forms from the USSR together with most of the basic institutions of communist politics. From the very beginning it proved to be aggressive and stubborn, nourishing an increasing ambition to cover and command the whole Romanian linguistic space. This "linguistic imperialism" stands obviously for the counterpart of the communist "internal imperialism", i. e. the tendency to subordinate the whole social and economic life to a single power, the political one. In which way and in how many directions was the wooden language going to spread?

3. Social Divorce and Voluntary Exile. The First Hypothesis

The first hypothesis, which is the simplest, implies the social divorce theory. It is similar to the image of the future in H. G. Well's *The Time Machine*. The distance between the leaders and their subjects becomes wider and wider. Contempt on one side and fear and mistrust along with a helpless hate on the other side make communication between these two categories increasingly difficult. Those being ruled react to the aggressive propaganda of the rulers – a sham of social homogenization – by retreating hastily in the deepest corners of their private existence, by taking refuge in what sociologists have called the "niche civilization". In their turn, the leaders seclude themselves in a sort of mandarins' elite. They are not only the owners of the villas tightly surrounded by trees but also the owners of the radio and TV stations, of the printing and publishing houses, of the newspapers, the owners of the entire public communication system. It is through these means that they endlessly transmit ideological messages. The subjects would first stop trusting these messages any longer, then they would ignore them and as time passes they would cease to understand their meaning. Eventually they would even lose the ability to make out the language in which these messages are delivered. The final result would be the emergence of two "dialects", even of two totally different languages.

In spite of its gloominess, this utopia remains yet the most "beautiful" one. The first hypothesis basically corresponds to the both strained and euphoric state of mind felt in Romania from the 21st to the 22nd of December 1989, the days when the uprising against Ceausescu's dictatorship took place. These where the moments when the break between the leaders and their subjects could be perceived in a concrete and evident form. The chain of military, police and security (securitate) forces which surrounded the bastions of power settled the boundaries between two social worlds, between the "insiders" and the "outsiders". But the clearness of such an extreme situation is ephemeral and delusive. Often segregation is counterbalanced by phenomena of social osmosis – which the communists manipulated with a great skill. By saying that the first hypothesis is "more beautiful" than the others, I meant that it somehow offers a loop-hole, in the same way as *Fahrenheit 451* by Ray Bradbury: some people finally manage to escape the pression of the political power in a sort of voluntary exile, which may stand for a solution for the oppressed people on the whole. The gesture of the voluntary exile confers upon the subjects an identity which cannot be annihilated. The first hypothesis includes a possible soteriology which could fit Hemingway's heroic words: "Man can be destroyed but not defeated".

4. Homo Duplex. The Second Hypothesis

The wooden language gives birth to complementary forces within the society: rejection and attraction. The individual rejects the wooden language as long as he feels the power's instruments of aggression behind this type of speech while he adopts it when he intends to improve or to maintain his status. In this way a whole system of linguistic relations emerges, the main landmark of which is the choice between the natural language and the wooden language, a choice to be made in a multitude of given situations. One learns to switch from one of these speech types to the other at a very early age. I remember the experiment made by a friend who asked his pupils, during Romanian language classes, to write down what they could see through the classroom's windows, which were facing a dirty wasteground behind a factory. Most of the children – aged between 11 and 12 – managed to write a flattering essay about the new buildings of their town and the diligent working people of their country. We should add that this perverted mentality was encouraged also by the principle – which ruled in Romanian schools at that time – that an essay should be "nice" – that is, it should not deal with negative things, unless this was somehow specified in the task. The chances to adopt the above mentioned linguistic duplicity are even higher when it aims at covering – on the level of verbal behaviour – a fundamental dichotomy: let us say the one between the sacred and the profane. Any individual, even the least educated one, wishes to be able to handle at least one special language besides the everyday language. In this case we come across three kinds of opposition which tend to overlap: Everyday Language/Special Language; Private Language/Social Language; Proper Language/Wooden Language. The terms of these oppositions are not at all clearly defined. The mutual relation within each pair of terms is influenced by the vertical relations within each paradigm. One may notice that the terms of the second paradigm become more and more specified. The most striking linguistic phenomenon is the tendency of each restricted term to hypostatize a larger one: the wooden language would stand for the social language on the whole, the latter would in ist turn stand for the only accepted social language. That is why samples of the wooden language could be heard even in compliments of a birthday party. The situation is both restrictive and stiffening. It imposes a pragmatic overcoding which evolves into an increased stiffness. The choices that lie before the speaker, who has to cope with a varying range of situations of communication, are obviously decreasing. More than this, the very gesture of adopting or rejecting one of the already limited range of choices has a strictly codified significance. This pragmatic overcodification inverts the relation between connotation and denotation.

On one side there are pragmatic narrowing and stiffening, and on the other side there is the concretization of this restrictive, primitive system into a complex network of inter-personal and social relations which involve the individual's language behaviour. As the two opposed languages move apart, the individual's ability to switch quickly to the one he needs develops accordingly. Such a skill deepens the break between the individual ego and the social one. The second hypothesis also implies a schizoid development, only that in this case the break occurs in the individual and no longer within the society. *Homo duplex* has in this case little chances to be saved. A part of his identity has already surrendered. Though this is bad enough, the real problem lies with the fact that the surrendered territory remains an integral part of his self.

4. 1. Traduttore, traditore

Between the spheres of individual life and social life there are obviously differences, but there are also certain correlations and interferences – or at least there should be.
Theoretically, the switching between the individual language and the wooden language might be viewed as a translation procedure, in as far as it concerns the transfer of the message from one linguistic code into another. This virtual act is implied by the situational prerequisites. On the one hand, the speaker is expected to show his "involvement", he is supposed "to speak for himself", to a much higher degree than in everyday communication. His personal engagement in what he is saying may be altogether fake: it is not the psychological truth that matters, but the communicational convention. On the other hand, the speaker is demanded to deliver a public (i. e. depersonalized) discourse, which should suit the officially prescribed expectations. The official standards of communication ignore the contradiction between these two prerequisites, by assuming the complete overlapping – if not the complete amalgamation – of the spheres of individual and social life (of course, to the detriment of the former). Disregarding the hypocrisy of such conventions, one may nevertheless ask the naive and frank question: What does the speaker really mean? It is necessary in this case to assume some translation procedure, in order to bridge the gap between the individual level and the collective one. Translatability becomes involved in the encoding of the message on the part of the speaker and in its decoding on the part of the receiver.

But actually it would be rather hard to achieve the equivalence of meaning of some message to be expressed in two totally asymmetric languages.

The linguistic transfer occurs between two linguistic paradigms of which one is neutral (everyday language, private and proper language) while the other one represents the strongly marked member of the opposition (special language, social language, wooden language). In practice the transfer from the neutral paradigm to the marked one is attainable, but the other way round often proves to be a failure. This is what happens in the case of "ironical" overbidding. The speaker is deliberately widening the break between the two languages, adopting the most evident clichés of the wooden language in order to point out his rejecting attitude toward his own words. The speaker does not mock the things he is referring to but his own act of speaking. In fact he only says that "he doesn't say what he is saying". If one presupposes a possible act of translation on the part of the speaker while he is shaping his discourse in such a manner, the retroversion on the part of the hearer becomes impossible. The pragmatic strategies overwhelm the discourse and devoid it of all meaning. The speaker is intentionally destroying the potential message he is transmitting. This type of translation means not only betrayal but also annihilation.

The second hypothesis implies several consequences which are almost paradoxical. In this case pragmatics cooperates no longer with semantics, on the contrary, pragmatics tends to rule out semantics. The result is: maximum of performance with minimum of competence. Translatability has often been considered an essential premise for the existence of meaning in the communication. The semantic load of the message becomes problematic the moment the individual's linguistic competence is dominated – and even taken in – by two totally different and mutually almost untranslatable languages. One cannot be schizoid and normal at the same time, even when each of the two sides of the speaker's personality is able to function separately in ist own domain.

4. 2. About Pyramids, Ziggurats and Chinese Boxes

Even the first hypothesis, the "beautiful" one, raises the problem of translatability. This time it seems that we are dealing with a kind of language which belongs to no one: somebody can produce it but nobody can translate it. The wooden language builds a wall around the citadel of power. The question is: how do the "builders" speak, those who barricade themselves behind the walls? People who could enter the leaders' entourage had the opportunity to observe an interesting characteristic of their language behaviour, viz. a tendency to use a "secondary language" of an extremely primitive familiarity which sometimes reaches the verge of vulgarity. This is due to their lack of culture and education, which, especially during the first years of communist dictatorship, had been considered a political asset. Moreover this descent to a vulgar level of language stands for a psychological decompression. The vulgar words break the social taboos, call forth a feeling of power and, at the same time, of being placed "on a firm ground" – a compensation for the fears and doubts of those fighting for power. Besides, this means an opportunity to establish hierarchical relations. Power is equated with force – in current speech this might take the form of a curse or of a menace. Sometimes violent action-ranging from a slap in the face to sadistic murder – consolidates the linguistic hierarchy. Here we come across a binary repertoire. Domination is associated with vulgar language while subordination calls for wooden language. The result is a linguistic distribution in the shape of a ziggurat. Within the power structure, this conflict between the wooden language and the common language – the latter in a degraded form – builds up inner walls, one after the other, like Chinese boxes.

One could ask who produces the wooden language which is publicly and officially directed from the top of the power structure towards its ground level. The question is by no means absurd. Is it the task of the ordinary civil servants, like some military garrisons forgotten at the borders of the great empires, to reproduce this type of wooden language? Will there develop two distinct variants of the wooden language, the ascending one – useful for the protocol – and the descending one (routinely used in everyday life)? To give an answer is difficult due to the ambivalence of the power's relationships. The dictatorial regime encourages the individual to identify himself with the hierarchical position he holds. The higher the position is, the stronger the identification. We do not deal with a temporarily occupied position but with a paradoxical case in which position and individual become a single entity that has both personal and impersonal character: personal up to the biological level, impersonal up to the theological one. There is the vulgar language which comes from one side and decrees, platforms and political speeches from the other side. In this second compartment one may find only a dictaphone from which a complicated pyramidal network spreads. In the political clash the splitting up is balanced by cohesive elements. The wooden language in its descending variant stands for one of the main factors which maintain cohesion. From the outside the ziggurat must look like a pyramid with smooth walls.

5. The Chair on Which Lenin Sat. The Third Hypothesis

Gabriel Garcia Marques tells about the insomnia which haunted the inhabitants of Macondo – the small village in *A Hundred Years of Solitude*. People started to forget the names of things. In order to put an end to this infectious amnesia they began to stick on every object a label with the name of the object. It may happen the other way round, too: people might forget where to stick the labels which fill their pockets, their memory, as well as communication and life.

Françoise Thom, in the above mentioned book (1993), states that one of the main characteristics of wooden language is that of being a vehicle for ideology. In the case of communist regimes, ideology aquires a very special status. It turns out to be the product of a gnostic way of thinking which sustains a salvation doctrine with scientific arguments.

In medieval times, the world was often compared to a book in which the spirit of divinity unfolds itself. Being less speculative, the totalitarian ideology considers the world as a confirmation of its creed. Medieval people did not equate the universe with the dogma. Totalitarian adepts consider reality a closed system of signs in which one can produce and read one and the same sentence everafter: the promised wellbeing.

Everyone knows what a chair is: "A piece of furniture with or without a back-rest, on which only one person can sit" (*General Dictionary of Romanian Language*, 1987). Why couldn't it read: "That very piece of furniture on which Lenin sat when writing his philosphical works"? It is hard to believe that Lenin wrote his more than 40 volumes standing.

For further explanation we may look up in the imaginary Wooden Language Dictionary: "*Furniture*. The working people put this object in their houses in order to ensure the family's welfare; another proof of the party's concern for the wellbeing of our society". Or: "*To sit*: a passive attitude which reveals a pessimistic view of life and consists in running away from work – the right and the duty of every citizen. A typically bourgeois and reactionary behaviour. In communist countries, this activity may help the creation of values for mankind. Example: Comrade Lenin would sit night and day at the writing table". Such invented definitions seem completely absurd, yet they are only exaggerated. Lexicologists have produced a great deal of evidence regarding the transformations which occurred in the meaning of words during communist dictatorships (especially for German and Russian).

The wooden language has contributed to a great extent to the substitution of semantics for ideology. In the third variant, the "paranoid" one, "comrade chair" would have probably broken any link between the world of words and thoughts and that of objects and facts. The assimilation of reality by means of language would have been deprived of any accomodation feed-back. "Real" is only what suits the scheme: the bigger the illusion, more real it turns out to be.

The third hypothesis is the "gloomiest". There is no half measure here. There is no "sick part" here, In this case, the imperialism of the wooden language would have to reach perfection. Communication shakes off its operational ballast and reaches the state of utopian plenitude. Losing any contact to the real world, isolating oneself in fiction, these are the ideals of the Elysian fields intended for a helpless, stupefied humanity.

It seems that the "paranoid" alternative has been declining during the last years of communism. It has been repeatedly noticed that after the first aggressive phase – the phase of the new power's consolidation – the wooden language dropped its persuasive function and became a mere ritual or rather a "ceremonial", because the ritual efficiency cannot be considered in the absence of faith. By giving up the persuasive function of its manipulating instruments, the power admits that it also gives up ideology. Being made up only of clichés, the ideology remains a mere strategic, defensive weapon: it defends the taboo topics which might stir an uprise of the subjects.

6. Final Remarks

It is very difficult to provide an accurate definition of the "Wooden Language". Besides formal factors, concerning the metaphorical nature and the recent history of the phrase itself, as well as the pressure exerced by its very flexible use in non-scientific contexts, the very meaning of the notion "Wooden Language" is questionable. It is not obvious whether "Wooden Language" or the almost equivalent term "Newspeak" designate a clear-cut linguistic variety, or rather a cluster of linguistic phenomena which emerge as a result of totalitarian politics. Nevertheless, "Wooden Language" correspond to the basic and undeniable intuition that during totalitarian regimes people are determined to speak "otherwise" than they used to. The main landmark of this change in language is the preeminence of political discourse, a sort of discourse which bears some peculiar structural traits. It is a fact of utmost importance that totalitarian regimes tolerate only one type of political discourse, which is grounded in a uniquely accepted ideology, tends to rule out any counter-alternative and expands over "official" and social communication, even over inner-personal communication. The wooden language thus comes to aquire various functions, from establishing, legitimating or defending the political power, up to improving or maintaining one's social status. This diversity of functions can be explained by means of theoretical models of the notion "Wooden Language".

What is the use of asking "What would have happened"? There are three reasons for such an attempt at outlining hypothetical models. One can put in order and explain better the phenomena which were taken as premises. One can find those landmarks which help us to analyse what is happening with post-totalitarian languages. One can find solutions for surpassing the borders of the local and historical analysis of the various "wooden language" forms.

Bibliography

Herbert BARTHOLMES, Bruder, Bürger, Freund, Genosse und andere Wörter der sozialistischen Terminologie, Wuppertal–Barmen 1970.
Wolfgang BERGSDORF, Zur Technik totalitärer Sprachlenkung, in: W. BERGSDORF (Hg.), Wörter als Waffen, Stuttgart 1979, 102–127.
LANGUES de bois, Mots/Les Langues du politique 21, décembre 1989, especially the following essays:
Carmen PINEIRA/Maurice TOURNIER, De quel bois se chauffe-t-on? Origines et contextes de l'expression "langue de bois", 5–19; Charles ZAREMBA, Le Diable a une langue de bois. A propos des travaux récents en Pologne, 109–118.
George ORWELL, Politics and the English Language, in: The Collected Essays, Journalism and Letters of George Orwell, ed. by Sonia ORWELL and Jan ANGUS, vol. IV, New York 1968.
Hans R. REICH, Sprache und Politik. Untersuchungen zu Wortschatz und Wortwahl des offiziellen Sprachgebrauchs in der DDR, München 1968.
Françoise THOM, La Langue de bois, Paris 1987; Romanian translation by Mona Antohi, Limba de lemn, Bucharest 1993.
John Wesley YOUNG, Totalitarian Languages, Charlottesville and London 1991.

2. Vor der Wende

The Slogan in Political Discourse
Alexandr Altunjan

Introduction

Political slogans are usually regarded as organic elements of some ideology (communist, fascist . . .), elements which are independent of other ideologies and of their [target] audience (people, nation, proletariate . . .). In accordance with the logic of this view the purpose of slogans is: to elucidate to people the tasks and intentions of the ideology. The audience, the people, – keep silent. Ideology thus becomes a monologue and a political slogan – an element of the monologue.

We propose another approach. The slogan may be understood as an answer to a specific problem (political, social, . . .) of political life, in a specific time and place. A slogan is not an element of a political monologue, but an element of a political debate (also in totalitarian regimes). The addressee of slogans is not only a silent audience (people, nation, . . .) but political opponents too. A slogan is not only a declaration but a cue, a rejoinder in a political or ideological debate.

The methods used in our analysis are original ones. They are similar to methods of the "History of Ideas" school, though our methods are analytical, not descriptive. Our methods are a set of modes of analysis (ideological, rhetorical, semantic, logical) of political texts. We have worked them out on the basis of analyses of nineteenth century texts and modern Russian political discourses.[1]

This article in its initial form was a theoretical introduction to the investigation of the famous slogan-triad "Autocracy. Orthodoxy. Nationality", formulated by Sergey Uvaroff, Russian Minister for People's Education under Nicholas the First. We can see a connection between the main thesis of the article (a political slogan is a cue, a reply in a political debate) and a well-known thesis, proposed by Russian philosopher M. Bahtin: every expression has an ideological intent.

1. We have chosen two Soviet slogans for our analysis: "Slava sovetskomu narodu!" (Glory to the Soviet people!) and "SSSR – oplot mira vo vs'om mire" (The USSR is the strong-hold of peace in the world).

We have chosen them because these two slogans had been examined in an article by Juri Levin, the Russian structural linguist and student of semiotics. His article is one of the few dedicated to the theory of slogan.[2] We cannot agree with some of Levin's assertions. We shall take notice of the pragmatic and semantic aspects of slogan.

1. 1. Let us begin with some images these slogans form in the perceiving consciousness. The first slogan creates the image of a "Soviet people" which is worthy of the "glory". The second one creates the image of a peace-loving yet at the same time strong power, able to be "the strong-hold of peace". And this power is the Soviet Union. Both images are positive. According to Juri Levin, the slogans contain no other information. And at the same time he notes that the slogans seem chauvinistic to some foreigners. Levin asserts that these slogans cannot be chauvinistic. Here are his arguments: chauvinism presupposes the existence of the opposition "we – the others", which is connected with the opposition "good – bad". "We" is identified with "good", and "others" with "bad". According to Levin the universe created by the slogan is restricted to "good", it does not include the opposite.[3]

So according to Levin, these and the other Soviet political slogans are nothing but exclusively positive statements. "Glorification . . . of the Soviet people doesn't mean belittling of other peoples", just because "other peoples do not exist in the universe of the slogan". Therefore these slogans are not chauvinistic.[4]

He considers the semantic significance of the slogan but takes only formal indicators (the affirmative grammatical construction, for example) and historical context, i. e. the political situation (the monopoly of the communist party and so on) into account: the formal indicators that turn the saying into a statement, an appeal. But there is a context of ideas, ideological constructions, political images, that are similarly relevant for the perceiving consciousness. It is precisely in this context that perception and creation of the slogans take place. Without taking into consideration the actual ideological context, neither the meaning of the slogan nor the formal indicators can be understood.

1. 2. In this connection it is helpful to analyse the expression "Soviet people". Any denomination of a community carries the complex of ideas in itself. This complex of ideas can change when the prevalent ideology changes. Let's try to understand why that particular expression was used, not something

like "the great Russian people", for instance – which would be a habitual subject of a slogan in Russia in the late forties.

1. 2. 1. The expression came into the political lexicon in the thirties. At that time it meant the community united on the grounds of the political indication – "Soviet". It had kept the same meaning till the seventies. So it may seem that there had been no changes during that period of time. But is that really true?

Any community is created as opposition to "them" (through the process of alienation). Which of the elements of alienation was significant for an ideologist who used this expression in the thirties? First of all, it was the class character of the society. You remember the socalled "class struggle" and "class contradictions". The "Soviet people" was the community without "class contradictions" – simply because the class of the bourgeoisie had been eliminated, as the officials reported.

1. 2. 2. The ideological situation changed in the sixties and seventies. For example, we can refer to the discussions about the fates of nations. At that time the discussion was held in the official magazine *The Problems of History* (*Voprosy istorii*)[5]. As the result of the discussion, the thesis of "increasing similarity, convergence of the nations in the socialist society" and the emergence of the new historical community – "the Soviet people" – was elaborated.[6] (Essentially, the discussion repeated and reaffirmed the main theses of Stalin's doctrine of nations.[7] One of his theses was about the increasing similarity and "dying off, the disappearance of nations" after the victory of the dictatorship of the proletariat and the building of socialism in the socialist countries).[8]

In 1971, the twenty-fourth Congress of the CPSU confirmed the reality of the existence of the "Soviet people" as the "highest community of people", even higher than nation. "It is necessary . . . to secure the subsequent development ('flourishing') and gradually increasing similarity of all the socialist nations".[9]

1. 2. 3. So the complex of the ideas contained in the concept of "Soviet people" had to be changed, too. The meaning of the political community of the "Soviet people" became the opposition to all separate nations in the Soviet Union. This opposition determined the norms and values carried by the concept. We may say that in the sixties a new direction was identified in Soviet ideology: striving for the political unification of society. The task of political unification was to be carried out through the unification of language and culture.

The Russian language, the Russian culture and history, were chosen as the unifying principle. We must say that this meant not the nation, but the state and the complex of political ideas and values. (Certainly, it was only the mainstream of the ideological process in the era of self-identification. There were other tendencies, for instance, the state policy of antisemitism). It is important that the expression "Soviet people" used in the slogan we analyse was connected with the attempt by the Soviet ideologists to influence the self-identification of people, so that they would give up the notion of national membership in favour of a community at the state political level.

1. 3. It may seem that there is no opposition in the slogan. But the knowledge of the ideological context permits us to state with a considerable degree of confidence that while the slogan affirms the positive declaration (Glory), it at the same time leaves the space open for a negative interpretation. The separate nations played the role of that opposition in this slogan in the sixties and seventies.

Objectively, there was a tendency toward the russification of all the nations, but without the opposition "the great Russian people – the other peoples". It was a rejection of the very concept of nation (because nations were dying off). The fact that the Russian people turned out to be a common denominator is certainly connected both with the empire tradition and the numerical predominance of the Russian inhabitants.

1. 4. The term "chauvinistic" serves to designate the national ideology which declares the nation a superior value and the interests of the nation the most prevalent in all spheres of the state policy: ideological, political, social, and so on. Some values and orientations, connected with the concept "Soviet people", are similar to the values and orientations connected with the chauvinistic and national-socialist ideas. (Glorification and the formal properties together form a community where personal belonging does not depend on the will of an individual). Thus it is not surprising that the slogan seems chauvinistic to some foreigners.

2. Let us now examine the slogan "The USSR is the strong-hold of peace in the world".

2. 1. Here, as in the first slogan, one sees only a positive statement. If in the case of the first slogan the positive appraisal is explicitly declared ("Glory"), then in the second one it is connected with the image created by the concept of "peace". "Peace" in the official ideology and in its system of values was opposed to "war", and undoubtedly carried a positive meaning. So the role of the "stronghold of peace" was a positive function ascribed to the USSR.

The "strong-hold of peace" is a metaphor based on the substantiation of the image. In the Russian language the words "strong-hold" (oplot) and "dike" (plotina) have the same root.[10] And the function of the "strong-hold" is similar to that of the "dike" – to serve as protection, to take the pressure of water, of mud etc. upon itself. In the slogan, "the strong-hold" protects the "peace".

Any image has a logic of its own. There is a logic in the image of the "strong-hold", too. If there is a "strong-hold" defending the "peace", then there is also the danger of the destruction of the "strong-hold", of the dike breaking. If somebody performs the role of a defender, then there should be some aggressor, capable of destroying the "strong-hold", to threaten the "peace". As we can see, the slogan is open to a negative interpretation. The slogan forms the image of the aggressor, the enemy of "peace".

The slogan ascribes to the USSR an exeptional function to be the defender of "peace", so the USSR becomes the symbol of Peace. Thus an opportunity arises to interpret the enemy of the USSR as the enemy of Peace.

2. 2. In the political discourse of modern Russian history (from the early nineteenth century) the image of the "dam", the "strong-hold" has been used very often. In 1810 a statesman – an obscurantist and mystic – wrote to the Minister for People's Education that the works of a famous author, Nic. Karamzin, "were filled with liberal and Jacobinic poison". The Government must "build a dam, a stronghold against this pernicious water threatening to drown Piety".[11]

Sergey Uvaroff, the Minister for People's Education under Nicholas the First, used this image to explain the purpose of his famous triad: "Autocracy. Orthodoxy. Nationality (national roots)". He believed ideas contained in his formula would be a "stronghold", "intellectual dikes" against the influences of the so-called "European ideas".[12]

2. 3. The so-called "European ideas" in Uvarov's text are constitution, parliament and so on. In our slogan the logic of the image necessarily demands the existence of an aggressor and of the war with the aggressor as the means of conflict resolution.

The logic of the image can help us understand a very curious phenomenon: the high level of militarization of the ideology as well as of life as a whole, combined with the creation of the ideological image of the peaceable Power. This contradiction has shown up many times, in folklore and authored texts, for instance in the "chastoushka", a fourline humorous folk verse:

> A star fell from the sky
> Right into the trousers of my boy-friend.
> Let it tear everything off there,
> If only there is no war.
> (S n'eba zv'ozdochka upala

Prjamo milomu v shtany.
Pust' by vs'o tam otorvalo,
Lish by n'e bylo vojny!)

Other example:

We stand for peace,
We prepare ourselves for war, . . .
(My stoim za d'elo mira,
My gotovimsja k vojn'e . . .)

2. 4. It may be said with confidence that the audience perceived the slogan in strict accordance with the logic of its imagery i. e. not only as a positive affirmation, but also as a presence of the image of the enemy. Let us give an example of such a perception of the propaganda of Soviet peaceful policy, which was based on political declarations such as our slogan. In the very beginning of the eighties a five year old boy, who had regulary watched the TV news program "The time", proposed: "We should drop a bomb on the USA, so that they won't struggle against peace!" Soviet propaganda sought such an unconscious perception. Realization of the existence of an inherent contradiction between declaration and logic of the image resulted in the mockery of chastoushkas, illustrated above.

As we can see, the two slogans we have examined are not mere declarations. The slogan has an inherent logic, in accordance with which the opposition to the positive statement is achieved. The task of the investigator is to understand the logic of the image, to penetrate into the ideological meaning of the slogan. The logic of a slogan is not just the function of its structure. Only the knowledge of the historical and ideological context allows us to realize the opposition with sufficient conviction.

3. This would be true of any slogan, also beyond the Soviet reality.

3. 1. Many people still remember the slogan with the help of which the bolsheviks gained the victory in 1917. "Land to peasants, factories to workers, peace to peoples". We shall analyse the first part of the slogan.

The "land" is supposed to be turned over to the "peasants". If we proceed from the structure and contents of the slogan, then we can distinguish the only property of the object to which the land had to be turned over. This property is its belonging to a certain stratum of the population. We can suppose that there should be at least one more stratum which could be seen as another pretender to "the land". The answer seems evident: the opposition to the "peasants" were landlords. We know they were a real social force that intended to retain the ownership of the land, too.

But besides the social reality and the political situation there is a reality of ideas.[13] There was a set of ideas that determined the different approaches to the solution of the problem of ownership of the land, with all ist diversity of points of view.

In 1917 there were some ideas to transfer the land into the possession of the state or the municipalities; there was an idea to renovate the institute of common land.

3. 2. The question "Whose land?" is an eternal question. In Russia there have been public, open discussions about it held since the middle of nineteenth century. The destruction of the community intensified the peasants' ideological seeking and striving: whose land? Is it men's, or is it God's property? The slogan can be understood only in this context. It came as the answer to the question tormenting Russia. And it was only one of the many answers.

Not only the social reality (the interests of the class, of the stratum) and the political situation, but also the ideas that occurred in the society of that time stood behind the answer. For example, the idea arose that those who cultivate the land must possess it not those who ever recieved land as a gift or as a payment from a monarch, nor municipalities, nor communities, nor the State, nor the Lord, the Creator of this Land. It is especially important that the idea cannot be called specifically peasant. There were different answers to the question about land ownership among the peasantry.

3. 3. We have pronounced an important word in the course of reasoning: "argument". The slogan is not a statement, a self-sufficient affirmation. It is an answer to other suggestions by the opponents in the process of resolving a problem that troubles a society. It was a cue, a replica, a rejoinder in the "argument", the argument of ideas, social forces, political parties. It was the cue, not the final decision and it is still in progress. As we can see, there may be more than one opponent, and the argument may be not a dialogue, but manyvoiced. The number of opponents is restricted to the set of actual alternatives of the solution.

3. 4. But was there an "argument" in the Soviet slogans? Did Suslov, the chief of Soviet ideology in the 60's and 70's, have opponents? We can say: Yes, he did. Their voices could be heard in folk-songs, songs of bards, Galitch, Vysotski, Kim and others, from dissidents, on the waves of Radio Liberty. There were other opinions about the role of the USSR in the mainte-

nance of peace on the planet. They were the voices the slogan argued with. Only in this context can slogans be understood.

4. Developing our thesis about the historical context we have introduced into the reasoning a complex of concepts that were necessary for the analysis of a slogan: argument, opponent, cue.

At the moment of its creation the slogan is full of polemics, its affirmation is negation of other ideas and principles. In the course of time, in the absence of the evident opposition of other viewpoints (as in a Soviet slogan), due to profanation, the slogan loses its polemical strain. Then the affirmative form begins to determine perception, the actuality of the set of alternative ideas is lost.

5. We have spoken till now about Soviet and Bolshevic slogans. Let us try to examine the slogans of another political discourse. Take two slogans of the same period: France, second half of the eighteenth century.

5. 1. The first one: "Liberté, Egalité, Fraternité!" The slogan concerns social and political relations between people. The subjects of relations the slogan proclaimed were neither strata, nor classes, nor professional groups, but people, everybody, anyone, irrespective of their national, religious, social belonging.

5. 1. 1. The values and norms declared in the slogan seem evident now, though the slogan for some reasons does not seem polemical. In our society, for instance, the idea of "Egalite" for a long time was given in such a way that the opposite idea of "Inequality" began to be identified with the most negative images. The idea of "Inequality" was so discredited that argument of "equality" and "inequality" was perceived as outdated. Of course, "Equality"!

But it was not so evident two hundred years ago. The task of the slogan was to give the very answer to an eternal problem of just social relations. In the middle of the eighteenth century the idea of Equality (an eternal idea, too) was realized into an idea of "social equality". The social equality made relevant such ideas as equality before the law, civil and political rights and others. These ideas were realized in the First French Constitution in 1791. The idea of *full* social, economic equality became relevant, too, though its adherents could not fulfill it.

5. 1. 2. There were opponents to these ideas. As a matter of fact, distribution of them depended not only on class affiliation. Remember the uprising in peasant, Catholic Vendee, remember a Republican Philippe-Egalite, the Duke of Orléans.

The idea of Equality denied, destroyed all ideas about The World ("world" as ideological construction) as a hierarchy. But the idea of hierarchy was the basis of peasant consciousness. The world was unequal in principle for them. Inequality was the norm the church supported. Their world collapsed when all these so-called medieval norms and values were discredited, were recognized as incorrect. Today the ideas that the slogan proclaims seem evident, but at the moment of relevance of the slogan they seemed arguable.

5. 2. A very important moment in the transformation of perception of a slogan, from polemical to evident, is any form of approval, of sanctions. In our case there was a legislative approval of the set of ideas by the Constitution of 1791, ideas that filled the slogan with its content.

A slogan's ideas have a potential to be principles, organizing social and interpersonal relations. When these ideas receive sanction of Power, of Constitution, their norms and values become legal. Their authority is confirmed in the society. Accordingly, the polemical ideas and principles are discredited.

6. All slogans we examined were political slogans. The expression "Laissez faire, laissez passer" (Allow to do, allow to go) may be called an economic slogan. How much does our reasoning concern such slogans?

This expression was a slogan of the so called "Physiocrats" in the middle of the eighteenth century. The slogan contains the idea of free enterprise, "freedom" in the economic sense, the idea of "economical liberalism" – of which the slogan became the symbol. "Allow" is an imperative, an appeal to the power to pursue a certain economical policy.

6. 1. We can see behind this slogan a polemic with the ideas of paternalism and a mercantile system. These ideas determined the economic policy of France from the second half of the seventeenth century. They were traditionally connected with the name of a French statesman and financier, J.-B. Colbert.

According to Soviet social scientists, the appearance of the slogan was closely associated with the ideology of the young French bourgeoisie, i. d. the slogan was a class phenomenon. But this was not quite true. Those whom we call "young bourgeoisie"– manufacturers, financiers, lawyers – in the middle and end of the eighteenth century preferred to model their behaviour on the paternalistic traditions. French bourgeoisie sought government support. This position of the bourgeoisie became clear enough during the Great Revolution of 1789.

There is not no strict relationship between the class interests of the bourgeoisie and the ideas contained in the slogan. (Though after some time, the slogan became the symbol of free enterprise). The development of this set of ideas as an authoritative point of view went on in conflict with other ideas, other standpoints. This development was connected with social reality: class struggle, etc., by many links, but there was no one-to-one relationship.

7. The slogan: "Liberté, Egalité, Fraternité" answered a concrete question of the time: "What social, political relations are ideal?" The Russian slogan of 1917 answered the main problem of Russian society: "Whose land?" The slogan "The USSR is the strong-hold of peace" was an attempt to resolve the problem of "maintaining peace in the World". (We know "Peace" has been of great importance to mankind since World War II.)

Some questions a society faces are eternal. These are problems of ideal relations in society, of property, the question as to what is the highest value. These problems require exact wording and defence. Each time, each society gives its own answers to these questions. These answers have never been universal. In any society there are several answers to every question. To answer the question means to articulate a version of a solution, for instance in the form of a slogan, or a call, a political program.

Any such answer fills the "eternal question" with a concrete content (a set of ideas, social, the political situation) relevant at the moment. These sets of ideas, political programs, hidden behind a slogan must be interpreted by linguists.

8. Let us sum up. In the slogan we can pick up:
– a general idea, an "eternal" question which the slogan tries to answer;
– a set of ideas, topical for the author of the slogan. With the help of this set of ideas the eternal question obtains its solution, its specific historical interpretation;
– sets of ideas, relevant for other ideologists; (in a society there are always several "answers" to an "eternal" question). A clash of these answers gives birth to a political argument, and a slogan is a cue in this argument.

Notes

1 A. ALTUNJAN: "Vlast' i obščestvo. Spor literatora i ministra. (Opyt analiza politočeskogo texta)", in: *Voprosy literatury* (1993), 1, 173–215;
– "Sila i pravo. Stanovlenie principov rossijskoj vnežnej politiki", in: *Mezdunarodnaja economica i mezdunarodnyje otnoženija*, 3, 54–55;
– "Delo naroda, ščastje ego . . ." (Razbor političeskogo texta), in: *Novoje vremja*, (1993), 35, 13–15;

- "Janov i Prohanov. Analiz polemiki", in: *Voprosy literatury*, (1993), 5;
- "Idei i politika. K istorii russkoj političeskoj mysli 20-h gg. XIX v.", *Russia-Rossija*, ed. V. Strada, 1993 (Italy).
2 J. LEVIN, "Zametki o semiotike lozungov", in: *Wiener Slawistischer Almanach* (1988), 22, 69-85.
  – See also: SELISCHEV A. M., "Vyrazitel'nost' i obraznost' jazyka revolucionnoj epohi", in: SELISCHEV A. M., Izbrannyje trudy, M., 1968;
  – MIRTOV A. B., Ispravlenije rechi učaščihsja, Izd 2 . M.-L., 1929.
3 J. LEVIN, 84-85.
4 J. LEVIN, 85.
5 27 articles concerned the topic were published during 1966-1968. See review article: "Voprosy istorii" ("The problems of history"), 1968, 6.
6 "Voprosy istorii", 1968, (6, 111; 7, 99). See also: ib., 1971, 2, .27.
7 See his works: Marksizm i nacional'nyj vopros (1912), Nacional'nyj vopros i leninizm (1929), Marksizm i voprosy jazykoznanija (1950).
8 Quote from: "Kratkij filosofskij slovar'", *GIPL*, 1952, 328.
9 KPSS v rezol'ucijah i reženijah sjezdov, konferencij, . . . Izd.9, M., 1986, 12, 30.
10 FASMER M., Etimologičeskij slovar' russkogo jazyka, M., 1987, 3, 285.
11 POGODIN M., N. M. KARAMZIN, po jego sočineniejam, pismam i ocyvam, Part 2. M., 1866, 62, 63.
12 BARSUKOV N. P., Žizn' i trudy M. P. Pogodina, SPb., IV, 85.
13 The idea to transfer the land to the "peasants" was taken by Bolshevic ideologists from the political program of the Social-Revolutioners Party (eserov). In their own program Bolshevics intended to nationalise the land, i. e. to turn the land over to one owner, the state. See: The April theses, by V. LENIN (Soch., 4 izd., v.24 (*Pravda* N 26, 7, 20. 4. 1917); "The decrees of the Soviet power", v. I (*Dekrety sovetskoj vlasti*. T.1. M., 1957).

Texte mit doppeltem Boden?
Diskursanalytische Untersuchung inklusiver und exklusiver personenbeurteilender Texte im Kommunikationskontext der DDR
Ulla Fix

1. Ebenen des kommunikativen Handelns

Die linguistische Tradition der Betrachtung institutioneller, vor allem politischer Sprache im Deutschen, wie sie sich in beiden deutschen Staaten längst vor 1989 herausgebildet hatte, bestand in der Sammlung, Beschreibung und Analyse des Wortschatzes, wobei sich die Sprachwissenschaft der DDR vorzugsweise dem Sprachgebrauch der „anderen Seite" zuwandte. Mit der „kommunikativen Wende" hätte man darüber hinaus auch die Betrachtung kommunikativer Gegebenheiten des sprachlichen Handelns erwarten können. Das war aber kaum der Fall. In der DDR sicher vor allem deshalb nicht, weil die Beschreibung von Kommunikationsverhältnissen, wenn sie realistisch gewesen wäre, schon eine Tabuverletzung bedeutet hätte. Die Lücke gilt es zu füllen: Sprachbeschreibung ist in Kommunikationsbeschreibung einzubetten. Vor allem ist es an der Zeit, das Phänomen „Kommunikationswirklichkeit der DDR" zu strukturieren, den Raster zu finden, mit dem man Kommunikation in der DDR in der Komplexität ihrer Elemente und Strukturen erfassen kann. Dabei hat man es auch, wie noch zu sehen sein wird, mit spezifischen Textsorten oder Textsortenausprägungen zu tun. Personenbeurteilende Texte bieten eine gute Gelegenheit, den Raster zu erproben. Dieser Erprobung und dem Vorführen dieser spezifischen Textklasse will ich mich in dem Beitrag zuwenden. Kommunikation läßt sich strukturieren nach den von mir so genannten „Ebenen" des kommunikativen Handelns, eine Vorgehensweise, die sich mit dem diskursanalytischen Modell, wie es Burger, Wodak u. a. vertreten, trifft. Ich nenne die Ebenen und beschreibe sie kurz im Hinblick auf den Bereich der institutionellen Kommunikation.

1) *Gesellschaftlich-politische Ebene*
Damit sind die *Möglichkeiten kommunikativen Handelns*, ist der Grad an Freiheit im Bereich der Kommunikation gemeint. Gab es in der DDR Freiräume, sowohl was die Wahl der Inhalte als auch was die Wahl der Formen betrifft?

2) *Soziale Ebene*
Die *Situation des kommunikativen Handelns* ist zu beschreiben. Es ist zu fragen, in welcher Art von Beziehung die Kommunikationsteilnehmer generell in dieser Gesellschaft und speziell in der jeweils zu untersuchenden Kommunikationssituation zueinander standen.
3) *Normativ-ethische Ebene*
Die allgemein geltenden *Maximen kommunikativen Handelns* müssen aus der Beobachtung des stattgehabten Sprachgebrauchs abgeleitet werden. Was galt offiziell als ethische Norm kommunikativen Handelns? Wurden offizielle Maximen auch hintergangen? Wurde mit dem Hintergehen (Cassirer 1981, Klein 1983) gerechnet?
4) *Handlungsebene*
Auf dieser Ebene liegt die Beschreibung der möglichen beziehungsweise vorzugsweise verwendeten Sprachspiele (Wittgenstein 1984, Grünert 1984)
5) *Wissensebene*
Den Wissensmustern für kommunikatives Handeln, vor allem *Textmustern* als Schnittpunkten von Wissensmustern (Fix 1991), muß nachgegangen werden. Es gilt ferner, die spezifische Art von *Intertextualität* zu erfassen, mit der es ein in eine bestimmte Kommunikationsgemeinschaft, die DDR, hineingewachsener Sprachteilnehmer zu tun hatte.
6) *Sprachebene*
Der *Gebrauch von Mitteln*, das heißt bevorzugte Verwendungsweisen, Gebrauchshäufigkeiten, typische Mittel sind zu beschreiben.
7) *Kommunikationswandelebene*
Kontinuitäten und Diskontinuitäten im kommunikativen Handeln von Sprachgemeinschaften sollten über längere Zeiträume hin betrachtet werden, zumal wenn sich politische und soziale Bedingungen ändern.

Angewendet auf die Kommunikationssituation in der DDR, ergibt sich folgendes: Ein totalitäres System mit verordneten Wertgefügen und Normsystemen, die jeden einzelnen betreffen, muß darauf ausgerichtet sein, die Einhaltung der verordneten Normen und die Respektierung der gesetzten Werte zu kontrollieren sowie die Nichteinhaltung beziehungsweise Ablehnung der Normen und Werte zu sanktionieren (Ebene 1).

Das hat zur Folge, daß es Anordnende, Kontrollierende und Ausführende, Kontrollierte gab. Unter diesem Blickwinkel findet man ein deutlich asymmetrisches Adressatenverhältnis vor (Ebene 2).

Maximen kommunikativen Handelns (Ebene 3) entsprechen in einem solchen Staat der Griceschen Vorstellung von Kooperativität insofern, als Kooperativität exklusiv aufgefaßt wird. In keinem Fall aber, so auch nicht in der

DDR, gehen die Herrschenden realiter von einer anzustrebenden idealen Kommunikationssituation und -gemeinschaft im Sinne der Diskursethik aus, obwohl das verlautbarte Selbstverständnis der angestrebten oder gar schon als erreicht proklamierten sozialistischen Gesellschaft genau dies nahegelegt hätte.

Die Sprachspiele im offiziellen institutionellen Handeln der DDR waren reduziert auf regulative, integrative und wenig geglückte persuasive (Grünert (1984)). Das instrumentale Sprachspiel, das heißt der öffentliche Widerspruch, fiel weg (Ebene 4). Es existierte allenfalls in (rudimentären) halboffiziellen Formen, zum Beispiel in Bürgerrechte- und Kirchengruppen.

Wissensmuster, speziell Textmuster, wie sie in der DDR gebraucht wurden (Ebene 5), lassen einige Besonderheiten erkennen. Drei wichtige, die mir bei Gelegenheit anderer Textanalysen aufgefallen sind (Fix 1992a), sollen genannt werden:

1. Es existierten Textsorten, die man anderswo nicht kennt und aufgrund anderer Gegebenheiten auch nicht braucht, zum Beispiel *Kampfprogramme* (FDJ, SED), *Wettbewerbsprogramme* (FDGB), *Wettbewerbspläne* (FDGB), der Diskurs der *Verteidigung* von Wettbewerbsleistungen mit *Rechenschaftsbericht, Diskussion, Zuerkennung des Titels „Kollektiv der Sozialistischen Arbeit" und Willensbekundungen* in öffentlichen Veranstaltungen (Fix 1992a, b).

2. Textsorten, von denen man es ihrer Funktion nach nicht erwartet hätte, erscheinen in ritueller Verwendung (Fix 1992a), so zum Beispiel *Leserbriefe* (Fix 1993), *Referate, Vorträge, Diskussionsbeiträge, Rechenschaftsberichte, Schul- und Hausordnungen* (Fix 1992b).

3. Geläufige Textsortenklassen (Heinemann, Viehweger 1991,122), die für die Stabilität des totalitären Systems besonders nützlich sind, verfügen über ein differenziertes System von Textsorten, die sehr häufig verwendet werden. Eine den autoritären Zwecken der Wertsetzung und Normgebung sowie der Normkontrolle besonders entsprechende Textsortenklasse ist die, die ich *personenbeurteilende Texte/Beurteilungstexte* nennen möchte. Gemeint sind damit alle institutionellen Textsorten, deren Hauptfunktion die Beurteilung von Personen in irgendeiner offiziellen Funktion auf der Grundlage offiziell anerkannter Werte und Normen ist.

2. Personenbeurteilende Texte

Meine Beschäftigung mit dieser Textsortenklasse, u. a. in einem zweisemestrigen Oberseminar, zielte auf dreierlei: Die Textsorten sollten in ihrer kommunikativen Einbettung erfaßt werden.

Sie sollten ferner nach Exklusivität (Presch, Gloy 1976) oder Inklusivität und nach ihrer Doppel- oder Einbödigkeit überprüft werden. Und schließlich sollte eine Liste aller in Texten vorfindlichen Mittel des Bewertens zusammengestellt werden. Eine solche Liste liegt vor. Die Skala reicht von der Zeichensetzung über alle Ebenen des Sprachsystems bis zu Gebrauchsbesonderheiten und psycholinguistisch beschreibbaren Kategorien wie Einstellungs- und Erwartungsbekundungen (Ebene 6).

Während hier Vielfalt von vornherein erwartet wurde, überraschte die Vielzahl von *Textsorten* der Textsortenklasse personenbeurteilende Texte, sowohl inklusiver als auch exklusiver Art, die es in der DDR gab. Einen besonderen Stellenwert hatten in quantitativer und qualitativer Hinsicht personenbeurteilende exklusive Texte des Ministeriums für Staatssicherheit (MfS), auf deren Spezifikum, die besondere Art wertender Fachsprachlichkeit, ich später noch eingehe. Beim Umgang mit diesen Texten läge eine Einbeziehung des Sprachgebrauchwandels (Ebene 7) nahe, zum Beispiel ein Rückblick auf Gestapo-Texte. Dies ebenso wie eine Typologisierung der Textsortenklassen ist im Rahmen dieses Beitrags nicht zu leisten. Daher gehe ich von einem alltagsweltlich bestimmten Ansatz aus, indem ich frage, auf wieviel verschiedene Arten, mit wieviel differenzierten Zielstellungen ein Mensch in der DDR im Laufe seiner Ausbildung und Berufstätigkeit beurteilt werden konnte. Ein „Bürger der DDR" konnte Gegenstand der im folgenden genannten und nach Lebensalter des Beurteilten geordneten Beurteilungen sein: Er bekam eine *Kindergartenbeurteilung*, die exklusiv war und an die Schule weitergereicht wurde. In der Schule gab es am Ende eines jeden Schuljahres eine *Jahresabschlußbeurteilung* (Text 1), die inklusiv angelegt und an Eltern, Schüler und eventuelle neue Lehrer adressiert war. Exklusive *Entwicklungsbeurteilungen* konnten in Problemsituationen auch während des Schuljahres an Institutionen gerichtet werden. Am Ende der Schulzeit erhielt der Schüler eine inklusive *Abschlußbeurteilung*, geschrieben für Schüler, Eltern und vor allem für die Ausbildungsinstitution. Wollte der Schüler studieren, ging eine *Delegierungsbeurteilung* an die Universität, geschrieben vom Klassenlehrer. Sie konnte exklusiv oder inklusiv angelegt sein. Bestandteil der Schülerakte konnte auch eine exklusive *politische Beurteilung* sein, die zum Beispiel politische „Vergehen" festhielt und den Schüler über seine gesamte Ausbildungszeit begleitete, ohne daß er davon wußte.

Der Student wurde während des Studiums jährlich mit einer inklusiven *FDJ-Beurteilung* (Text 2a) versehen von der FDJ-Leitung geschrieben, in der Regel mit dem Beurteilten besprochen. Sie war zum Beispiel wichtig für die Beantragung eines sogenannten Leistungsstipendiums. Gerichtet war sie an den zuständigen „Direktor für Erziehung und Ausbildung". Exklusive *Studentenbeurteilungen im Falle politischen „Versagens"* wurden von einer Autorität mit politischer oder fachlicher Befugnis (Professor, Parteisekretär, „Studienjahresbetreuer") geschrieben. Sie lagen der Studentenakte bei (Text 2b).

Später erhielt dieselbe Person *Beurteilungen durch die Arbeitsstelle*, vom Vorgesetzten geschrieben, bei Betriebswechsel, Beförderung, Lohnerhöhung, Antrag auf einen Kuraufenthalt. Sie wurden dem Beurteilten vorgelegt. Es konnte neben diesen inklusiven Varianten aber durchaus noch eine exklusive geben (vgl. Texte 3a, b). Beantragte die Person, die wir jetzt im Blick haben, eine private oder eine dienstliche Reise in das „westliche Ausland", wollte sie sogar „Reisekader" für dieses Gebiet werden, das heißt eine ständige Reiseerlaubnis bekommen, wurde sie auch beurteilt. Ich nenne diese Texte zusammenfassend *„Reisebeurteilungen"*. Vorgesetzte leiteten dieselben an eine Dienststelle, von der, wie wir jetzt mit Sicherheit wissen, die Texte zum MfS gelangten. Die Beurteilungen wurden häufig als inklusive Texte gehandhabt, der Beurteilte durfte sie lesen, ja sogar manchmal selbst Formulierungsvorschläge machen. Vermutlich geschah dies zur Absicherung des Vorgesetzten, der sich, falls die Reise nicht zustandekam, auf seine gute Absicht berufen konnte.

Eine besondere Gruppe bilden die Beurteilungen des MfS. Unsere fiktive Person konnte von Mitarbeitern des MfS ohne ihr Wissen in einem „Vorlauf" auf ihre Tauglichkeit zur Mitarbeit mit dem MfS beobachtet und beurteilt worden sein. Es handelt sich um eine sogenannte *Vorlauf-Beurteilung*, die von der Sache her nur exklusiv sein konnte. Bei Versetzungen, Umbesetzungen zum Beispiel wurde über Mitarbeiter des MfS eine Art Arbeitszeugnis exklusiver Natur an die neue Dienststelle gegeben (Text 4a). Inoffizielle Mitarbeiter wurden durch andere inoffizielle Mitarbeiter ohne ihr Wissen beurteilt: *IM-Beurteilung für IM*. Ebenso gab es für IM exklusive Reisekaderbeurteilungen. Bei Beendigung der Tätigkeit des IM wurde eine *exklusive Abschlußbeurteilung* verfaßt, die der Akte beigelegt wurde (Texte 5a, b). Schließlich erhielt der IM bei Beendigung seiner Tätigkeit aber auch eine inklusive Abschlußbeurteilung, die Teil seiner Legende war und in der Regel vom Ministerium des Innern ausgestellt wurde (Text 4b). Die Beendigung der Aufzählung von personenbewertenden Textsorten bedeutet nicht, daß es nicht noch andere gäbe, zum Beispiel Beurteilungen der Nationalen Volksarmee (Text 8). Die genannten sind mir bei meinen Untersuchungen in größerer Zahl begegnet. Ich lege im Textanhang eine Sammlung typischer personenbeurteilender Texte vor, auf die ich mich im folgenden beziehe. Die Texte 3a, b und 4a, b,c heben sich von den anderen Texten dadurch ab, daß die jeweils einer Person gelten. Im Fall von 3a, b wurden sie von der Arbeitsstelle und der Gewerkschaftsleitung geschrieben. Im Fall 4a, b,c sind zwei Texte (a, b) Beurteilungen des MfS – eine exklusive und eine inklusive Abschlußbeurteilung – geschrieben zur selben Zeit, und eine „Leistungseinschätzung" (Text 4c) durch die spätere Arbeitsstelle, die Karl-Marx-Universität Leipzig.

Die Texte wurden von mir anonymisiert, indem alle Elemente, die eine Identifikation ermöglichen können, Namen, Daten, spezifische Fakten, entfernt wurden. Außerdem wurden die Personen, soweit erkennbar und erreichbar, um ihre Zustimmung zur Verwendung der anonymisierten Texte gebeten.

3. Diskursanalytische Untersuchung personenbeurteilender Texte

(1) Wie stand es mit der *Freiheit im Handeln* beim Herstellen solcher an sich als normativ bekannter Texte in der DDR? Da Beurteilung immer Bewertung voraussetzt, kann Fiehlers Modell des Bewertens (1990, 46) als Grundlage der Analyse dienen. Freilich muß das Schema erweitert werden um Gesichtspunkte, die speziell für Texte gelten. Fiehlers Schema, auf Texte angewendet, lautet: Der Text A ist eine bewertende Stellungnahme auf der Grundlage eines bestimmten Wertesystems Y zur Person X als einer Person, die den Werten entspricht, nur graduell entspricht oder ihnen gar nicht entspricht. Erweitert werden muß das Schema in der folgenden Weise: Text A ist eine bewertende Stellungnahme zur Person X auf der Grundlage des Wertesystems Y mit einer bestimmten *Intention* I (Informieren, Erziehen, Warnen und so weiter) für einen bestimmten *Empfänger* E (mehrfachadressiert) vor dem Hintergrund einer bestimmten *Sender-Empfänger-Beziehung* S-E (autoritär, offiziell, distanziert), mit einer bestimmten *Einstellung EI zur Intention des Textes* (Überzeugung von der Notwendigkeit der Beurteilung, formale Erfüllung einer Aufgabe, Unbehagen bei der Erfüllung der Aufgabe u. a.) und mit einer bestimmten *Einstellung zur Bewertungsgrundlage EB* (Zustimmung zu den Normen, Unsicherheit in der Kenntnis der Normen, Zweifel an ihrer Begründetheit und so weiter). Beurteilungssituationen und Be-

urteilungstexte waren in der DDR durch einen hohen Grad an Verordnetheit bestimmt. Allgemeine gesellschaftliche Normen wie Verbundenheit mit der Arbeiterklasse, Ergebenheit gegenüber der Partei (SED), Liebe zur DDR galten generell für alle Beurteilungssituationen und wurden als Normen auch benannt. Das allem übergeordnete Prinzip war: Gut ist, was dem Arbeiter- und Bauernstaat dient.

In diesem Zusammenhang wird die Umkehrung von Werten nachvollziehbar. ‚Ehrlich' und ‚offen' als Eigenschaft eines Spitzels (vgl. Text 5a) sind nicht etwa ironisierend gemeint, sondern mit Blick auf die Institution des MfS verwendet, demgegenüber der Spitzel mit seinen Informationen offen und ehrlich war.

(2) Zur Art der *Adressatenbeziehungen*: Eindeutig war in jedem Fall das Ziel inklusiver Beurteilungstexte. Sie sollten den Beurteilten, wenn er es nicht schon war, zu einem nützlichen Mitglied der Gesellschaft erziehen, sowohl durch Lob als auch durch Kritik. Im Vordergrund stand die autoritäre asymmetrische Adressatenbeziehung. Sie wurde als didaktische Beziehung verstanden. *Feststellen* von Eigenschaften, *Beschreiben* von Handlungen der gemeinten Person, *Begründen* von die Person betreffenden Entscheidungen (Verweigern einer Gehaltserhöhung zum Beispiel), *Mahnen* (Warnen vor Fehlverhalten zum Beispiel), *Empfehlen* (Verhaltensweisen, die gewünscht sind zum Beispiel) sind Sprachhandlungen, die dem didaktischen Anliegen entsprechen.

Beispiele für Didaktisieren:

Sie müßte im Kollektiv noch aktiver werden, wozu sie ohne Zweifel die nötigen Fähigkeiten hat ...
Die Prüfungsleistungen zeigen aber auch, daß sie sich noch verbessern kann und sollte. Sie sollte versuchen, noch mehr als Persönlichkeit auf die Seminargruppe einzuwirken. Eine kontinuierlichere Arbeitsweise wäre ratsam. Sie muß sich aber bemühen, ihre Reserven in anderen Lehrgebieten durch eine intensivere und kontinuierlichere Arbeitsweise auszuschöpfen.

In exklusiven Beurteilungstexten, von Institution an Institution gerichtet, fiel die didaktische Intention naturgemäß weg. Es handelte sich vorrangig um eine symmetrische Adressatenbeziehung, und es ging in der Regel um die Vorbereitung beziehungsweise Begründung von Entscheidungen unter ideologischem Aspekt (Zulassen zum Studium zum Beispiel), indem die Sprachhandlungen des *Feststellens* und *Beschreibens*, des *Begründens* und *Argumentierens* vollzogen wurden. An die Stelle von *Mahnen* und *Empfehlen* tritt das *Argumentieren* gegenüber dem Entscheidungsträger.

Beispiele für Argumentieren:

Die Kaderabteilung . . . kann die Teilnahme von Y an einer Austauschexkursion nicht befürworten, da zu erwarten ist, daß Y nicht positiv als Wissenschaftler auftreten wird. Es sind die gegnerischen Wirkungsmöglichkeiten bei Y einzuschränken, um somit einen Mißbrauch des Y durch den Gegner zu unterbinden. Damit soll erreicht werden, daß der Y nicht wieder straffällig wird und er von seinem rechtswidrigen Ersuchen zur Übersiedlung zurücktritt.

Daß Beurteilungstexte immer eine Asymmetrie ausdrücken, wenn es um den Beurteilten geht, ob er den Text kennt oder nicht, daß sie aber zugleich symmetrisch sind, wenn es um den Adressaten der Beurteilung, die Institution geht, liegt auf der Hand. Das Verhältnis ist aber, was Beurteilungstexte in der DDR angeht, noch komplizierter. Man muß von drei Gruppen ausgehen:
(a) Texte in inklusiver Kommunikation (Text 2a zum Beispiel)
In inklusiver Kommunikation äußert sich eine Institution gegenüber einer anderen Institution über eine Person, die von dieser Beurteilung weiß, ja sie sogar durch Unterschrift bestätigt. Zwischen Beurteilendem und Beurteilten herrscht Offenheit. Dennoch haben wir Texte mit doppeltem Boden vor uns; denn sie sind in einem Verschlüsselungskode geschrieben, der zwar für den Beurteilten nichts Fremdes ist, aber Außenstehenden unbekannt sein muß. Gemeint ist der Kode des Beschönigens. Sachverhalte wurden, das galt für offizielle Texte der DDR generell, nicht in ihrer vollen Tragweite ausgedrückt. Was negativ gemeint war, wurde doch positiv formuliert (Fix 1992c).
Text 2a: An gesellschaftlichen Veranstaltungen nahm XY regelmäßig teil.
Klartext: XY ist im gesellschaftlichen Leben zu wenig aktiv. Er müßte Eigenes unternehmen.
Text 2a: Er muß sich aber bemühen, seine Reserven in anderen Lehrgebieten durch eine intensivere und kontinuierlichere Arbeitsweise auszuschöpfen.
Klartext: Er ist faul und müßte endlich arbeiten.

Sender und Empfänger kannten den Kode, der sich wohl von der Maxime herleitete: In der DDR darf gegenüber einem (imaginären) Dritten, dem „Klassenfeind", beschönigt werden, denn der „Klassenfeind" darf keinen Einblick in Schwierigkeiten und Probleme der DDR bekommen. Diese Maxime wurde allmählich verdünnt zu einer Maxime des allgemeinen Schonens. So gerieten – wie viele andere Textsorten auch – Beurteilungstexte zu Ritualen des Lobens mit verdecktem kritischen Anspruch und regulativer Funktion.

(b) Texte in exklusiver Kommunikation (Texte 2b, 3a zum Beispiel)
In exklusiver Kommunikation äußert sich eine Gruppe, die sich als Elite versteht (SED, FDJ, „staatliche Leitung") gegenüber einer anderen Elitegruppe zu einer Person, die von der Beurteilung nichts weiß, obwohl sie selbst durchaus zu der Elite (zum Beispiel zur SED) gehören kann. Exklusivität entsteht durch Geheimhaltung der Tatsache, daß diese Kommunikation stattfindet, also durch das Interne dieses Vorgangs. Beschönigungen gibt es hier nicht. Weder muß dem Dritten etwas vorgespiegelt werden, noch müssen der Beurteiler und der Beurteilte geschont werden. Die Texte sind immer regulativ gedacht.

(c) Texte in exklusiver hermetischer Kommunikation (Texte 5a, 6a)
Interne Beurteilungen des MfS waren von exklusiver, hermetischer Natur (Presch, Gloy 1976, 175ff.). Im Unterschied zu inklusiven Texten haben sie keinen doppelten Boden, und anders als in exklusiven nichthermetischen Texten bedienen sie sich eines ausgearbeiteten Kodes, der die Texte für Außenstehende schwer verständlich, teilweise unverständlich macht.

(3) Zur *normativ-ethischen Ebene*: Für alle Beurteilungstexte galt, was wohl überall gilt, daß nämlich das Gesagte die Ausnahme, das Hervorhebenswerte und das Nichtgesagte das Normale ist. Wenn zum Beispiel Tätigkeiten und Eigenschaften von Personen genannt werden, dann eben, weil sie für die Intention dieses Beurteilungstextes von Belang, hervorhebenswert sind (Cassirer 1981).

Andere Maximen gelten nur eingeschränkt. Inklusive Kommunikation mit Beurteilungstexten, die von Institutionen über Angehörige der Institution als Einzelperson geschrieben werden (vgl. Text 2a), richtete sich in der DDR nach der schon beschriebenen Maxime des Beschönigens beziehungsweise des Schonens (Polenz 1985) und nach dem, was Klein (1983, 135) „die Lüge als Bedingung der Möglichkeit der Freiheit" nennt.

In exklusiver Kommunikation mithilfe von Beurteilungstexten, ob hermetisch oder nicht, kann man mit der Einhaltung des Kooperationsprinzips, wie Grice (1979) es nennt, rechnen. Innerhalb der Eliten ist, wie zum Beispiel die Texte 2b und 3a zeigen, kooperatives kommunikatives Handeln durchaus möglich und nötig. Sachverhalte müssen in der Kommunikation der Eliten wenigstens von Zeit zu Zeit unverstellt ausgesprochen werden. Wenn auch das wegfällt, wie es zum Beispiel in der Kommunikation zwischen dem ZK der SED und den Wirtschaftsexperten der DDR der Fall war, ist das System gefährdet.

(4) Zur *Handlungsebene*: Beurteilungstexte, dies sei vorangestellt, gehören in der Regel zum regulativen Sprachspiel (Grünert 1984), das heißt Personen sollen erzogen, Institutionen in ihren Handlungen beeinflußt werden. Dies gilt in starkem Maße für Beurteilungstexte der DDR, die Entscheidungen immer im Sinne übergeordneter ideologischer Werte beeinflussen wollten und sollten. Exklusive Texte sind einzig an diesem Sprachspiel beteiligt. Inklusive Texte können zudem die Funktion haben, den Beurteilten durch Lob und auch durch Kritik in das System stärker einzubinden, sind also auch Element des integrativen Sprachspiels, indem sie dem Beurteilten nahelegen, sich den gesellschaftlichen Normen und Werten zu fügen. Hochwertausdrücke wie zum Beispiel in Text 4c: *vorbildliche Einsatzbereitschaft, voll unter Beweis stellen* können möglicherweise als Elemente des persuasiven Sprachspiels wirken. Beurteilungstexte im Sinne des instrumentalen Sprachspiels hat es nicht gegeben. Ein Ausnahmefall liegt vor mit Text 2c, der als eine alternative Beurteilung vom Beurteilten, dem die institutionelle Beurteilung verwehrt wurde, geschrieben und der Universität zugesandt worden ist. Die DDR-Maxime des Beschönigens wird hier bewußt verletzt.

(5) Das *Textmuster personenbeurteilender Texte* ist durch das bisher Gesagte, wenn man von zwei Leerstellen absieht, schon erfaßt: Situation, Normen, Sprachspiele, Intentionen sind beschrieben. Nachzutragen ist zum einen eine Bemerkung zur Intertextualität, zum anderen, was unter (6) erwartet werden kann, die Beschreibung der sprachlichen Ausprägung dieses Textmusters in seinen Spielarten.

Das intertextuelle Wissen des Kommunikationsteilnehmers bestand zum einen in der Kenntnis der Vielfalt von Textsorten der inklusiven Personenbeurteilung, ihrer Strategien und Intentionen, und der Erfahrungen, die man mit diesen Texten persönlich gemacht hatte. Zum anderen spielte hier die intertextuelle Erfahrung eine Rolle, daß Beschönigen und gegenseitiges Schonen Maximen des öffentlichen Redens waren und daß man den wahren Sinn einer Mitteilung zu entschlüsseln hatte. Die Bedeutung des gemeinsamen Kodes des Beschönigens war jedem Sprachteilnehmer bekannt. Ebenso war man sich, wenn auch in der Regel nur intuitiv, der Tatsache bewußt, daß man bei inklusiven Beurteilungen an einer rituellen Handlung zum Zwecke der Integration in die Gemeinschaft und der Bestätigung von Werten teilnahm.

(6) Die *Sprachebene*: Bei der Beschreibung sprachlicher Muster des Textmusters der Personenbeurteilung konzentriere ich mich auf drei Phänomene:

erstens auf die Formelhaftigkeit der Texte, zweitens auf ihre Fachsprachlichkeit und schließlich auf ihren besonderen wertenden Charakter.

Beurteilungstexte inklusiven Charakters haben eine deskriptive Funktion zu erfüllen, weiter wirken sie instruktiv gegenüber dem Adressaten, direktiv gegenüber dem Beurteilten und zu Erziehenden und expressiv, da sie Bewertungen ausdrücken. Eine isolative Funktion haben sie lediglich gegenüber dem schon genannten „Dritten". Daraus ergibt sich, wie die Texte 2a, 3b und 8 zeigen, daß sprachliche Mittel, vor allem Formeln verwendet wurden, deren Wortbestand zum Allgemeingut gehört, deren formelhafter Sinn jedoch nur den Mitgliedern der Kommunikationsgemeinschaft der DDR völlig verständlich war. Sie wußten, daß *nimmt regelmäßig teil* eigentlich bedeutet *müßte aktiver sein*. Formeln werden außerdem auch verwendet, um den Beurteilungstext indirekt und vage zu halten und um als beurteilende Person zurücktreten zu können. Der Schreiber äußert sich, wenn er Formeln gebraucht, nicht selbst, sondern verbirgt sich gleichsam hinter der Formel, gibt damit die Verantwortung, die in der eigenen Formulierung bestünde, ab. Text 8 besteht fast durchgehend aus festen Wendungen. Freie Formulierungen sind lediglich *noch ohne Berufsabschluß* und *ist Leistungssportler*. Die Wendungen sind feste Kollokationen aus Adjektiv und Substantiv wie zum Beispiel *persönliche Weiterqualifizierung*, Doppelformen wie *auf Grund seiner Kameradschaftlichkeit und Hilfsbereitschaft, einen offenen und ehrlichen Charakter, gegenüber Unzulänglichkeiten und Versäumnissen* und Kollokationen mit Hochwertausdrücken wie *jede Möglichkeit nutzen, sehr aktiv . . ., sehr offen die Politik unserer Partei vertreten*.

Beurteilungstexte exklusiven Charakters unterscheiden sich von den inklusiven darin, daß die direktive und isolative Funktion fehlen. Die Folge ist (Text 2b), daß viel weniger Formeln als freie Formen auftreten, da nichts verhüllt werden soll. Individualstil wird möglich. Wenn Formeln auftreten, dann haben sie eher fachsprachlichen Charakter, wie zum Beispiel in Text 3a: *fachliche Leistungen, die Kaderabteilung in Verbindung mit den gesellschaftlichen Organisationen*. Frei und eindeutig formuliert sind die Stellungnahmen: *Seine fachlichen Leistungen liegen über dem Durchschnitt . . . kann die Teilnahme nicht befürworten*.

Beurteilungstexte exklusiven hermetischen Charakters, also Texte des MfS, haben wie die anderen Textgruppen auch deskriptive, instruktive und expressive (bewertende) Funktion. Ihre isolative Funktion ist zweifach. Sie folgen den anderen exklusiven Texten darin, daß der Beurteilte aus der Kommunikation ausgeschlossen wird. Sie sind isolativ aber auch durch ihren spezifischen Kode, der die Gruppe der Mitarbeiter des MfS innerhalb der

Kommunikationsgemeinschaft von anderen Gruppen abschirmt. Das MfS verfügte über einen spezifischen Bestand an Wörtern und Wendungen, der fachsprachlichen, also auch exklusiven Charakter hatte. Die Terminologie des MfS wurde eigens in einem Wörterbuch erfaßt. So zum Beispiel: Quelle, *IM/inoffizieller Mitarbeiter, IM-Vorgang, inoffiziell tätig sein, operative Bearbeitung einer Person, operative Nutzung, operatives Interesse, operative Notwendigkeit.* Zugleich sind diese fachsprachlichen Ausdrücke jedoch auch Elemente einer Ideologiesprache, wenn man deren Charakter mit Möhn/Pelka (1984, 12) darin sieht, daß sie Werte setzen und durchsetzen und über den Gebrauch sprachlicher Elemente Gruppengefühl schaffen.

Dies ist bei der Sprache des MfS um so eher möglich, als ihre Termini nicht wertneutral sind, sondern wie viele von Ideologien gestiftete Termini ideologiebildende oder -bestätigende Wertungen ausdrücken. (Fleischer 1987, Klaus 1971, 32f.). Termini wie *IM, ein operativer Kontakt, die inoffizielle Mitarbeit* transportieren a priori eine positive Wertung, da die Institution MfS in ihrer staats- und ideologiesichernden Funktion offiziell grundsätzlich positiv bewertet wurde. Die Exklusivität der Sprache des MfS wird dadurch gesteigert, daß sie im Sinne einer Sondersprache (Möhn/Pelka 1984, 25) der sprachlichen Absonderung einer Gruppe dient. Es ist sogar zu überlegen, ob nicht von einer Geheimsprache geredet werden müßte angesichts der Tatsache, daß ein bewußt aufgestelltes System von Fachausdrücken zum Zwecke der Verständigung innerhalb einer Gruppe, die sich als Kontrollinstanz für die gesamte Gesellschaft versteht, unter dem Aspekt der Geheimhaltung geschaffen wurde.

Beziehen wir abschließend alle Beobachtungen auf die Textvariante des Fiehlerschen Bewertungsmodells, so zeigt sich folgendes: Die Bewertung/ Beurteilung fand stets auf der Basis desselben, gesellschaftlich verordneten Wertesystems statt. Die Intentionen unterschieden sich, je nachdem ob der Beurteilungstext Element exklusiver oder inklusiver Kommunikation war. Im ersten Fall dominierte das Informieren und Regulieren, im zweiten Fall trat das Didaktisieren hinzu. Die Texte sind in exklusiver Kommunikation symmetrisch adressiert, im Fall inklusiver Kommunikation mehrfach, das heißt symmetrisch und asymmetrisch adressiert. Dies hat Folgen für die Direktheit oder Indirektheit der sprachlichen Ausdrucksweise. Die Sender-Empfänger-Beziehung, bezogen auf meine Textgrundlage, stellt sich immer als autoritär dar. Kein Indiz deutet auf ein anderes Verhältnis hin. Ebenso findet sich kein Hinweis auf etwaige Indifferenz des Beurteilenden oder gar auf Zweifel an der Funktion dieser Texte und an deren Bewertungsgrundlage.

Resümierend komme ich zu dem Schluß, daß diese Texte ein sehr geeignetes, differenziertes Instrument der Werte- und Normvermittlung und der ideologischen Disziplinierung waren. Genau in diesem Sinn ist das Instrument der Beurteilungstexte vielfach genutzt worden.

Literatur

BUSSMANN, Hadumod (1990), Lexikon der Sprachwissenschaft, Stuttgart.
CASSIRER, Peter (1981), Regeln der alltäglichen Konversation als Grundlage der interpretativen Stilistik, in: LiLi, Jg. 11, 1981, H. 43-44, 110-131.
FIEHLER, Reinhard (1991), Kommunikation und Emotion, Berlin, New York.
FIX, Ulla (1991), Vorbemerkungen zu Theorie und Methodologie einer historischen Stilistik, in: Zeitschrift für Germanistik. Neue Folge, H. 2, 299-310.
FIX, Ulla (1992a), Rituelle Kommunikation im öffentlichen Sprachgebrauch der DDR und ihre Begleitumstände, in: LERCHNER, G., (Hg.), Sprachgebrauch im Wandel. Anmerkungen zur Kommunikationskultur in der DDR vor und nach der Wende, Frankf./Main, Berlin, Bern, New York, 3-99.
FIX, Ulla (1992b), Stil als komplexes Zeichen im Wandel. Überlegungen zu einem erweiterten Stilbegriff, in: Zeitschrift für germanistische Linguistik, 20. 2. , 193-209.
FIX, Ulla (1992c), Noch breiter entfalten und noch wirksamer untermauern. Die Beschreibung von Wörtern aus dem offiziellen Sprachgebrauch der DDR nach den Bedingungen ihres Gebrauchs, in: GROSSE, R., LERCHNER, G., SCHRÖDER, M., (Hg.), Beiträge zur Phraseologie, Wortbildung und Lexikologie, Frankf./M., Berlin, Bern, New York, 13-28.
FIX, Ulla (1993), Medientexte diesseits und jenseits der „Wende". Das Beispiel ‚Leserbrief', erscheint 1993 als Veröffentlichung des IdS Mannheim.
FLEISCHER, W. (Hg.) (1987), Wortschatz der deutschen Sprache in der DDR. Fragen seines Aufbaus und seiner Verwendungsweise, Leipzig.
GRICE, H. P. (1979), Logik und Konversation, in: G. MEGGLE (Hg.), Handlung, Kommunikation, Bedeutung, Frankf./Main, 243-265.
GRUBER, Helmut, WODAK, Ruth (1992), Ein Fall für den Staatsanwalt? Diskursanalyse der Kronenzeitungsberichterstattung zu Neonazismus und Novellierung des österreichischen Verbotsgesetzes im Frühjahr 1992, Wien.
GRÜNERT, H. (1984), Deutsche Sprachgeschichte und politische Geschichte in ihrer Verflechtung, in: W. v. BESCH, D. REICHMANN, S. SONDEREGGER (Hg.), Sprachgeschichte. Ein Handbuch zur Geschichte der deutschen Sprache und ihrer Erforschung, Berlin, New York, 29-37.
HEINEMANN, Margot (1987), Zur Textsorte ‚Schülerbeurteilung', in: W. FLEISCHER (1987), 136-138.

HEINEMANN, Wolfgang, VIEHWEGER, Dieter (1991), Textlinguistik. Eine Einführung, Tübingen.

HINKE, Siegfried (1973), Zu einigen Problemen der Beurteilungstätigkeit beim Übergang in die Vorbereitungsklassen und in die erweiterte Oberschule, in: Beiträge zur Theorie und Praxis der Schülerbeurteilung. Leitschrift für Theorie und Praxis der sozialistischen Erziehung, 2. Beiheft 1973, 32 ff.

KLAUS, Georg (1971), Sprache der Politik, Berlin.

KLEIN, W. (1983), Vom Glück des Mißverstehens und der Trostlosigkeit der idealen Kommunikationsgemeinschaft, in: LiLi, Jg. 13, H. 50, 128–140.

MÖHN, Dieter, PELKA, Roland (1984), Fachsprachen. Eine Einführung, Tübingen.

POLENZ, P. v. (1985), Deutsche Satzsemantik. Grundbegriffe des Zwischen-den-Zeilen-Lesens, Berlin, New York.

PRESCH, Gunter, GLOY, Klaus (1976), Exklusive Kommunikation. Verschlüsselte Formulierungen in Arbeitszeugnissen, in: PRESCH, GLOY, (Hg.), Sprachnormen II. Theoretische Begründungen – außerschulische Sprachnormenpraxis, Stuttgart, Bad Cannstatt, 168–181.

STASI INTERN. Macht und Banalität, hg. vom BÜRGERKOMITEE, Leipzig 1991.

WITTGENSTEIN, Ludwig (1984), Philosophische Grammatik, Frankf./Main.

WÖRTERBUCH der politisch-operativen Arbeit. Ministerium für Staatssicherheit. Hochschule. Geheime Verschlußsache GVS-0001. MfS JHS-Nr-400/81, hg. vom Bundesbeauftragten für die Unterlagen des Staatssicherheitsdienstes der ehemaligen Deutschen Demokratischen Republik. Abt. Bildung und Forschung, Potsdam 1993.

Anhang

I. Raster für die Strukturierung von Kommunikationswirklichkeit – Ebenen des kommunikativen Handelns

1. *Gesellschaftlich politische Ebene*
Die Möglichkeiten kommunikativen Handelns, der Grad an Freiheit im Bereich der Kommunikation ist zu erfassen. Gibt es Freiräume, sowohl was die Wahl der Inhalte als auch was die Wahl der Mittel betrifft?

2. *Soziale Ebene*
Die Situation des kommunikativen Handelns, die Art der Beziehungen, in denen die Kommunikationsteilnehmer generell in der betreffenden Gesellschaft und speziell in der jeweils zu untersuchenden Kommunikationssituation zueinanderstehen, muß beschrieben werden.

3. *Normativ-ethische Ebene*
Allgemein geltende Maximen kommunikativen Handelns sind aus der Beobachtung des Sprachgebrauchs, wie er stattgefunden hat, abzuleiten. Was gilt

offiziell als ethische Norm kommunikativen Handelns? Werden offizielle Maximen auch hintergangen, wird mit diesem Hintergehen (Cassirer 1981, Klein 1983) gerechnet!

4. *Handlungsebene*
Die Beschreibung der möglichen beziehungsweise vorzugsweise verwendeten Sprachspiele (Wittgenstein 1984, Grünert 1984) ist vorzunehmen.

5. *Wissensebene*
Wissensmuster für kommunikatives Handeln, vor allem Textmuster als Schnittpunkte von Wissensmustern, sind zu beschreiben. Die spezifische Art von Intertextualität ist zu erfassen, mit der es ein in eine bestimmte Kommunikationsgemeinschaft hineingewachsener Sprachteilnehmer zu tun hat.

6. *Sprachebene*
Der Gebrauch sprachlicher Mittel, das heißt bevorzugte Verwendungsweisen, Gebrauchshäufigkeiten, typische Mittel sind zu erfassen und zu beschreiben.

7. *Kommunikationswandelebene*
Kontinuitäten und Diskontinuitäten im kommunikativen Handeln von Sprachgemeinschaften sind über längere Zeiträume hin zu betrachten, vor allem wenn sich politische und soziale Bedingungen ändern.

II. Anwendung des Fiehlerschen Bewertungsmodells (Fiehler 1990, 46) auf Beurteilungstexte

Text A ist eine bewertende Stellungnahme zur Person X auf der Grundlage des Wertesystems Y mit einer bestimmten Intention I (Informieren, Erziehen, Warnen) für einen bestimmten Empfänger E (mehrfachadressiert) vor dem Hintergrund einer bestimmten Sender-Empfänger-Beziehung S–E (autoritär, offiziell, distanziert und so weiter) mit einer bestimmten Einstellung zur Intention des Textes EI (Überzeugung von der Notwendigkeit der Beurteilung, formale Erfüllung der Aufgabe, Unbehagen bei der Erfüllung der Aufgabe und so weiter) mit einer bestimmten Einstellung zur Bewertungsgrundlage EB (Zustimmung zu den Normen, Unsicherheit in ihrer Kenntnis, Zweifel an ihrer Begründetheit und so weiter).

III. Textbeispiele

Text 1: Inklusive Jahresabschlußbeurteilung in der Schule

Beurteilung für Kathrin Schmidt
Kathrin ist eine aufgeschlossene und von ihren Fähigkeiten häufig überzeugte Schülerin.

Daher ist es oft schwer, sie auf Fehler aufmerksam zu machen. Kathrins erreichte Leistungen basieren auf einer gut entwickelten Lern- und Merkfähigkeit. Hinzu kommt ihr Fleiß, der allerdings weniger interessegebunden sein sollte.
Ihre besondere Aufmerksamkeit galt den Sprachen, der Literatur. Kathrin hat dadurch Kenntnisse auf den verschiedensten Gebieten erworben, die sie künftig noch mehr im Unterricht einsetzen könnte. Trotz Bemühungen gelang es ihr nicht, ihre Noten in Mathematik und Physik zu verbessern. Eine kontinuierlichere Arbeitsweise wäre ratsam. Da Kathrin über einen reichhaltigen Wortschatz und ein gutes sprachliches Ausdrucksvermögen verfügt, kann sie ihre Gedanken klar und gut formulieren zum Ausdruck bringen. (1988, Klassenlehrerin)

Text 2a: Inklusive Studentenbeurteilung am Ende des Studienjahres

Beurteilung für XY:
XY ist eine selbstbewußte Studentin, die gute Kontakte zu den Mitgliedern ihrer Seminargruppe besitzt. Sie hat einen festen Platz im Kollektiv und wird von allen geachtet. Sie vertritt ihre Meinung offen und ehrlich.
XY hat besonderes Interesse an der englischen Sprache und versucht, ihre Kenntnisse auf diesem Gebiet ständig zu erweitern. Sie muß sich aber bemühen, ihre Reserven in anderen Lehrgebieten durch eine intensivere und kontinuierlichere Arbeitsweise auszuschöpfen. Den Seminarvorbereitungen müßte sie mehr Zeit widmen.
Die Prüfungsergebnisse liegen bei befriedigend bis genügend, was auch mit einer längeren Krankheit zusammenhängt. An gesellschaftlichen Veranstaltungen nimmt sie regelmäßig teil. (1988)

Text 2b: Exklusive Studentenbeurteilung aus Anlaß politischen Fehlverhaltens

Müller:
Er ist von einem geradezu extremen Fleiß besessen, studiert ja auch neben Deutsch und Französisch noch Kunstgeschichte. Er arbeitet unablässig und ist sicher wissenschaftlich (aber in einem etwas anachronistischen Sinn) sehr begabt. Er wäre ein hervorragender Positivist geworden, wenn er damals gelebt hätte! Bestechend ist seine grundsätzliche Ehrlichkeit, die ihn, in persönlicher Diskussion, auch Dinge sagen läßt, von denen er gar nicht weiß, ob sie ihm nicht Nachteil bringen könnten. Dabei trägt er seine sonderbaren Meinungen keineswegs in die Seminargruppe, sondern hält sich dort zurück, wenn seine Auffassung nicht in Einklang steht mit unserer. Er ist bestimmt für unseren Staat im allgemeinen, besonders als Friedensstaat, hat keine Tendenz etwa zu Westdeutschland hin, dafür ist ihm die Bundesrepublik viel zu militaristisch und kapitalistisch. Aber bei uns hat er wiederum Schwierigkeiten mit der Wehrbereitschaft. Im allgemeinen machen ihm politische wie weltanschauliche Fragen Schwierigkeiten. Darum halte ich ihn als Lehrer nicht für geeignet. Dort genügt es nicht, sich zurückzuhalten, wenn man nicht mit unseren Auffassungen übereinstimmt, sondern muß sie aktiv durchsetzen. Er wird nie etwas gegen sein Gewissen tun,

aber er hat eine etwas sonderlich anmutende Gedankenrichtung, die sich einstweilen nicht wegdiskutieren läßt.

Text 3a: Exklusive Beurteilung durch die Arbeitsstelle

Teilnahme an einer Exkursion nach Brünn:
... ist am ... Institut als wissenschaftlicher Mitarbeiter tätig.
Seine fachlichen Leistungen liegen über dem Durchschnitt. Gesellschaftlich arbeitet er nirgends mit. Er ist kein Mitglied der Gewerkschaft oder einer anderen Organisation. Es konnte nur festgestellt werden, daß er Anhänger der Studentengemeinde ist.
Die Kaderabteilung in Verbindung mit den gesellschaftlichen Oranisationen kann die Teilnahme von ... an einer Austauschexkursion nicht befürworten, da zu erwarten ist, daß ... nicht positiv als Wissenschaftler auftreten wird. (1958)

Text 3b: Inklusive Beurteilung durch die Gewerkschaft

... nimmt regelmäßig und pünktlich an gewissen Vorlesungen und Übungen des Instituts teil, um neben seiner Ausbildung im Fach ... sich theoretisch auszubilden. Seine regen Diskussionsbeiträge zeigen ein außerordentlich gründliches Selbststudium und lassen erkennen, daß er, obwohl nicht Mitglied der FDJ, der Aneignung des Marxismus-Leninismus als Grundlage unseres Studiums aufgeschlossen gegenübersteht. Dies zeigt sich besonders darin, daß er sich bei seiner Arbeit die Methoden der sowjetischen Wissenschaftler zum Vorbild nimmt, indem er soziologischer Betrachtungsweise außerordentliches Interesse entgegenbringt. (1952)

Text 3c: Der Beurteilte beurteilt sich selbst – „Antibeurteilung"

Betr. Beurteilung des Betriebes:
Aufgrund „mangelnder gesellschaftlicher Arbeit" weigerte sich unser Betrieb, der LKG – Leipzig C1 Leninstraße 16, den Studienwünschen aller Lehrlinge stattzugeben. Eine Beurteilung gab man uns nicht in die Hände. Von der Ablehnung erfuhren wir am 7. 1. 64!
Ich möchte hiermit meine bisherige Arbeit selbst einschätzen:
Ich nahm an offiziellen FDJ-Versammlungen teil. FDJ-Versammlungen, die interessenbedingt waren (über Jugendkriminalität, Werner Schmoll liest „Mit 17 ist man noch kein Held", Tanzabende) besuchte ich nicht, da sie meinen persönlichen Interessen nicht entsprachen.
In einer 2. Klasse hielt ich eine Buchbesprechung, dekorierte gemeinsam mit den anderen Lehrlingen eine Vitrine, leistete in den 1 1/2 Jahren 15 Aufbaustunden, nahm an einem Kartoffeleinsatz teil, betreute während des Pressefests der LVZ einen Bücherstand des LKG ...
Ich reagiere oft spontan, gefühlsbetont, unbeherrscht, daher oft unüberlegt und falsch. Bei kleinen, eintönigen Arbeiten habe ich wenig Ausdauer. älteren Personen lasse ich es oft am nötigen Respekt fehlen, da ich Alter für kein Verdienst erachte. Ich bin oft aufbrausend und ungerecht, vertrete aber in Diskussionen ehrlich meine Meinung. Ich mache mir über Probleme Gedanken und bin sehr kritisch. Ich selber aber erkenne meist nicht sofort, wenn eine Kritik von mir gerechtfertigt ist oder nicht. Dennoch bin ich bereit, Fehler wieder gut zu machen. Ich bitte, mir Gelegenheit zu geben, mich im Studium zu bewähren. (ca. 1960)

Text 4a: Inklusive Beurteilung eines „Offiziers im besonderen Einsatz" durch das MfS

Gen. Oltn. der VP ... war vom ... bis zum ... Angehöriger der Organe des Ministeriums des Innern.
Die ihm in dieser Zeit übertragenen Aufgaben hat er treu, zuverlässig und in eigener Verantwortung gelöst. Dabei ging er jederzeit von den Beschlüssen der Partei aus und zeigte ein richtiges klassenmäßiges und den Sicherheitsbedürfnissen unserer Republik entsprechendes Herangehen bei der Durchsetzung von Befehlen und Weisungen. Gen. Oltn ... ist seit ... Mitglied der SED. Er verfügt über fundierte Kenntnisse des Marxismus-Leninismus, über ein umfangreiches Allgemeinwissen und gute Kenntnisse der russischen und englischen Sprache. Durch intensives Selbststudium ist er ständig bemüht, sein Wissen zu erweitern, zu vertiefen und zu aktualisieren.
Im Rahmen der Parteischulungen, die er teilweise selbst gestaltete, wirkte er aktiv mit und stellte unter Beweis, daß er in der Lage ist, seine Kenntnisse allgemeinverständlich und interessant anderen Genossen zu vermitteln. Gegenüber den Genossen seines Kollektivs tritt er immer kameradschaftlich und hilfsbereit auf und wurde von ihnen anerkannt. (1981)

Text 4b: Inklusive Beurteilung der in 4a beurteilten Person durch das MfS

Im Februar 1963 wurde ... als Mitglied der SED bestätigt. Er leitete eine umfangreiche und gute Parteiarbeit als Propagandist im Parteilehrjahr und wurde 1966 in die Parteileitung gewählt. Er gehörte zu den Genossen, die parteilich und konsequent an der Verwirklichung der Parteibeschlüsse arbeiteten und durch seine eigene Vorbildwirkung Achtung und Anerkennung im Kollektiv erwarben.
Durch diese positiven Einschätzungen wurde Gen. ... bei der zielgerichteten Suche und Auswahl von IM-Kandidaten bei der Abteilung ... bekannt. Nach erfolgreicher Kontaktierung wurde Gen. ... 1972 als IM verpflichtet und im August 1973 in den Status eines HIM übernommen. Seit diesem Zeitpunkt wurde die inoffizielle Zusammenarbeit durch die Abt. ... durchgeführt.
Er wurde auf eine spezifische Aufgabe vorbereitet und führte sie von 1974 bis 1979 erfolgreich durch. Er war illegal im Operationsgebiet ... und wurde auf Weisung der Leitung der ... zurückberufen.
Während der Periode seines Einsatzes zeigte Gen. ... hohe Einsatzbereitschaft und persönlichen Mut.
Gen. ... wurde aufgrund seiner gezeigten Leistungen mit Wirkung vom ... zum Oberleutnant ernannt und als operativer Mitarbeiter in das MfS ... eingestellt. Gen. ... gelang es nicht, sich ins Kollektiv einzuordnen und sich der militärischen Disziplin unterzuordnen. Disziplinarische Verstöße und Unaufrichtigkeiten waren Anlaß für kritische Auseinandersetzungen. Bei dem Gen. zeigten sich charakterliche Schwächen und Haltungen, die während seiner Tätigkeit als Einzelkämpfer nicht sichtbar wurden. Persönliche Belange haben bei ihm einen übergebührlichen Stellenwert, wobei sich seine auf persönliche Vorteile bedachte Haltung deutlich von den Normen des kollektiven Zusammenlebens abhob. (1981)

Text 4c: Inklusive Beurteilung der in 4a und 4b beurteilten Person durch die Universität

Leistungseinschätzung für Genossen . . .:
Genosse . . . stellte auch im Studienjahr 1988/89 sein großes Leistungsvermögen, seine Disponibilität und seine vorbildliche Einsatzbereitschaft wieder voll unter Beweis. Er erteilte . . .Wochenstunden Unterricht in verschiedenen Disziplinen. Hervorzuheben sind vor allem die Praxisbezogenheit seiner Lehrveranstaltungen sowie die große erzieherische Wirksamkeit, die er u. a. durch interne landeskundliche Sachkenntnis und deren politische Wertung sowie durch seine eigene Vorbildwirkung erreicht.
Sein besonderes Augenmerk gilt dabei vor allem inhaltlichen Fragen der politischen Vorbereitung der Studenten. Mit großer Konsequenz verfolgt er die konzeptionellen Richtlinien . . . .
. . . In Exkursionen, Lehrveranstaltungen und unzähligen Gesprächen ist er stets bemüht, den Studenten ein reales und umfassendes Bild vom Sozialismus in der DDR zu vermitteln. (Sommer 1984)

Text 5a: Exlusive Beurteilung eines inoffiziellen Mitarbeiters durch das Mfs

Abschlußbericht zum lM-Vorgang X. Reg. Nr. . . . .:
Der IM wurde im Dez. 1982 erneut für die inoffizielle Mitarbeit mit dem MfS gewonnen, nachdem er bereits in den siebziger Jahren inoffiziell tätig war. Grund der Wiederaufnahme des operativen Kontaktes waren die beruflichen und persönlichen Beziehungen des IM zu Personen aus . . .
Bei der Wiederaufnahme der Verbindung und in der folgenden Zusammenarbeit erwies sich der IM als politisch zuverlässig, ehrlich und offen. Die inoffizielle Zusammenarbeit führte der IM aus Überzeugung und Einsicht in die politische Notwendigkeit durch.
Die dem IM übertragenen Aufgaben bei der opertiven Bearbeitung einer . . . Person erfüllte er gewissenhaft und pflichtbewußt. Die persönlichen Treffen mit dem IM wurden in . . . durch den Genossen Y durchgeführt.
Da die Verbindung des IM zu der durch unsere Abteilung bearbeiteten . . . Person nicht aufgebaut werden konnte, wurde der IM der Abt . . . BV in . . . zur weiteren operativen Nutzung angeboten.
Durch diese Abteilung bestand kein operatives Interesse an der Übernahme des IM Vorganges.
Bei den . . . 1983 mit dem IM geführten Abschlußgespräch erklärte der IM seine Bereitschaft, bei operativer Notwendigkeit erneut mit dem MfS zusammenzuarbeiten.
Der IM-Vorgang wurde im Archiv des MfS . . . abgelegt. (gez. Z Hauptmann, 1983)

Text 5b: Exklusive Beurteilung eines inoffiziellen Mitarbeiters durch das MfS

Abschlußbericht IMS:
Mit dem IM gab es zurückliegend immer Probleme, was seine Zuverlässigkeit bezüglich einer kontinuierlichen und stabilen Treffdurchführung als Voraussetzung für die inoffizielle Zusammenarbeit betrifft.

89

Die Schwierigkeiten mit der Quelle hatten bisher alle vier Führungsoffiziere, und mehrere Disziplinierungen in dieser Richtung führten nach ersten positiven Ansätzen nicht zum durchgängigen Erfolg.
Deshalb kam es auch häufig zu zeitlich größeren Treffunterbrechungen. Es kann eingeschätzt werden, daß sich der IM nicht voll mit der op. Arbeit identifiziert.
In erster Linie steht bei ihm seine berufliche Tätigkeit und die damit verbundene sowie angestrebte Anerkennung. Dieser Arbeit ordnet er alles unter. Nachteilig wirkt sich weiterhin aus, daß es sich beim IM charakterlich um einen etwas verschlossenen Menschen handelt, der nicht in op. Zusammenhängen denken kann.

Text 6a: Exklusiver hermetischer Text des MfS mit beurteilenden Passagen

BV für Staatssicherheit, Abteilung . . ., den 2. 2. 1978
Maßnahmeplan zur OPK . . .:
In der OPK . . . wird Y wegen seiner mehrfachen rechtswidrigen Antragstellungen zur Übersiedlung nach der BRD sowie seiner negativ-feindlichen Grundeinstellung zu den gesellschaftlichen Verhältnissen in der DDR operativ bearbeitet. Bei ihm handelt es sich um einen Vorbestraften, der wegen versuchtem ungesetzlichen Verlassen der DDR, in der Zeit vom 12. 7. 1974 bis 10. 8. 1976 inhaftiert gewesen ist.
Von Y werden aktive Kontakte zu BRD-Personen unterhalten, von denen er Hilfe und Unterstützung für sein Vorhaben erwartet. Zum anderen bestehen bei ihm umfangreiche Verbindungen zu Haftentlassenen aus der Strafvollzugsanstalt StVE . . . und zu rechtswidrigen Antragstellern, die eine negativ-feindliche Einstellung zur Politik von Partei und Regierung besitzen und damit einen ständigen Einfluß auf Y ausüben.
Das Ziel der OPK-Bearbeitung des Y besteht im besonderen darin, die rechtzeitige Verhinderung von Straftaten durch Einleitung geeigneter Kontrollmaßnahmen zu gewährleisten. Es sind die gegnerischen Wirkungsmöglichkeiten bei Y einzuschränken, um somit einen Mißbrauch des Y durch den Gegner zu unterbinden. Damit soll erreicht werden, daß Y nicht wieder straffällig wird und er von seinen rechtswidrigen Ersuchen zur Übersiedlung zurücktritt . . .

Text 6b: Exklusiver Beurteilungstext für das MfS durch einen inoffiziellen Mitarbeiter

IMV Z über Y
Gegenwärtiger Stand zum Problem Y:
Zur grundsätzlichen Charakterisierung des Y muß folgendes gesagt werden: Y ist ein Mensch, der durch besondere Leistungen in allen Bereichen des Lebens glänzen will, ohne allerdings dafür etwas zu tun. Besonders in seiner beruflichen Entwicklung verdeutlicht sich sein labiler Charekter. Y erhielt die Möglichkeit das Abitur abzulegen und im Anschluß daran seine Kenntnisse in einem Studium zu erweitern. Trotz vorheriger großmäuliger Reden, daß er diese Chance zum Studium nutzen will, hatte er in seinem Innersten keine Lust zu studieren. Diese eigene Untergrabung seiner beruflichen Entwicklung gibt er aber nicht zu, sondern versteift sich darauf, daß er die Schuld bei den zuständigen Organen unseres Staates sucht. Daraus schlußfolgernd ergibt sich ein Motiv, weshalb er die DDR illegal verlassen will. In seiner Tätigkeit als . . . Hilfsarbeiter ist er auch bemüht, so wenig wie möglich zu arbeiten (öftere Krankschreibungen) . . .

Für politische Probleme zeigt Y absolutes Desinteresse. Dafür informiert er sich umso mehr über alle Nachrichten, die er aus dem westlichen Ausland erhalten kann ... Mir ist bekannt, daß Y diese Informationen speichert, um sie dann dazu zu benutzen, um in Westdeutschland einen guten Start zu haben. Y wird meiner Meinung nach bei einem eventuellen Gelingen seiner „Flucht" gewissenlos gegen die DDR hetzen und seine Kenntnisse preisgeben. Dies teilte er mir selbst vor längerer Zeit mit ... (ca. 1970)

Text 7: Exklusive Beurteilungen für einen „Reisekader"-Anwärter durch die Arbeitsstelle

Nur für den Dienstgebrauch
Einschätzung für die Bestätigung als Reisekader:
1. Politisch-ideologischer Bewußtseinsstand/pol.-moral. Haltung/gesellschaftliche Aktivität und Entwicklung/Zuverlässigkeit/ Standhaftigkeit
N. N. ist ein bewußter Genosse, der seinen klaren Klassenstandpunkt offen vertritt. Als Agitator der Parteigruppe arbeitet er konstruktiv und ideenreich. Er diskutiert hartnäckig und verfügt oft über gute Argumente. Er ist auf politisch-aktuellem Gebiet umfassend und allseitig informiert.
Er ist zuverlässig und einsatzbereit und hat durch seine kritische und optimistische Art guten Kontakt zu den Studenten und im Kollektiv.
Es gelingt ihm immer besser, klare Schwerpunkte in der Arbeit zu setzen und sich nicht durch die Übernahme zu vieler Aufgaben zu stark zu belasten.
Sein persönliches Vorankommen und seine Qualifizierung betreibt er sehr konsequent.
Er ist aktives Mitglied der Kampfgruppenhundertschaft.
2. Fachliche Leistungen
Koll. N. N. erteilt ... einen qualitativ guten Unterricht und er leistet vorbildliche Arbeit als Betreuer einer Studentengruppe. Seine Arbeit als Gruppenleiter ist exakt und gewissenhaft, wobei er besonders vorbildlichen Einsatz in der außerunterrichtlichen Arbeit zeigt. In der Forschungsgruppe arbeitet er aktiv mit. Er arbeitet an seiner Promotion A.
3. Verhaltensweise/Änderungen im familiären Bereich und neue private Verbindungen/ Kontakte zu Personen im NSW
Familienverhältnisse stabil, keine Kontakte zum NSW
4. Wird ein weiterer Verbleib als Reisekader befürwortet?
ja, Einsatz ab 1989 möglich
Die Einschätzung erfolgte in Übereinstimmung mit den gesellschaftlichen Organisationen
(Datum, Dienststelle, Unterschrift, 1988)

Text 8: Inklusive Beurteilung innerhalb der Armee

Nationale Volksarmee, 8722 Löbau, den 07. 07. 87, Postfach 35802/N3
Beurteilung:
Unteroffizier ... leistet seit November 1984 seinen Dienst als Unteroffizier auf Zeit in unserer Einheit.

Sein Auftreten ist stets korrekt und höflich.
Im Kollektiv wird er auf Grund seiner Kameradschaftlichkeit und Hilfsbereitschaft geachtet und anerkannt. Mit viel Fleiß und persönlicher Einsatzbereitschaft löst er gestellte Aufgaben. Er hat einen offenen und ehrlichen Charakter. Gegenüber Unzulänglichkeiten und Versäumnissen tritt er konsequent auf.
Selbst noch ohne Berufsabschluß nutzt er jede Möglichkeit zu seiner persönlichen Weiterqualifizierung.
In der politischen und gesellschaftlichen Arbeit zeigt sich Uffz. . . . sehr aktiv und bringt sehr gute Leistungen. Er vertritt sehr offen die Politik unserer Partei und steht vor dem Schritt, Kandidat der SED zu werden.
Uffz. . . . ist Leistungssportler und physisch sehr stabil und belastbar. (Oberleutnant)

Kommunikativer Kontext und stilistische Frames
Natalia Troschina

1. Einleitung

Im Sprachgebrauch ist das System von Werten, Normen, Konventionen und Regeln verfestigt, das in seiner Gesamtheit als Kultur bezeichnet werden kann, das heißt die Sprache bietet ihre Mittel an, Werte und Ziele zu formulieren. Dieses Wort „Werte" ist jetzt zum Schlagwort geworden, was auch nicht verwunderlich ist, wenn man bedenkt, daß Sprache ein Indikator ist, an dem sich Denkweisen und Haltungen erkennen lassen (Bergmann, 102). Nun ist aber auch in Betracht zu ziehen, daß Werte von dem Weltbild geprägt werden (und vice versa), auf das sich das jeweilige politische System stützt. Spätestens seit George Orwells Roman *1984* wissen wir, schreibt W. Bergsdorf, daß „jedes System, das auf einem geschlossenen Weltbild beruht, eine eigene Sprache benötigt" (Bergsdorf, 32). Ändert sich das Weltbild und mit ihm der Kontext, so ändert sich auch die Sprache.

2. Kognitiver Aspekt des kommunikativen Kontextes

2. 1. Neue Kommunikationsrealien. Kommunikationsschwierigkeiten

Nach 1985 hat sich der Kontext in Rußland grundsätzlich verändert, denn Kommunikationsraum, Kommunikationsmöglichkeiten und Diskursrepertoire haben sich rasch entwickelt. Man kann sich jetzt wirklich nicht mehr über die „Kommunikationslosigkeit" (vgl. Geissner, 67) beklagen, denn Meinungsfreiheit ist da, und es gibt keine politischen Instanzen mehr, die eine negative Sprachpolitik betreiben, indem sie die Bedeutungen von Begriffen amtlich festzulegen versuchen (vgl. auch Bergsdorf, 38). In dieser Situation ist es zu einem Phänomen gekommen, für das W. Bergsdorf die treffende Bezeichnung „Stärkung der Kommunikationskraft der Sprache" (Bergsdorf, 38) gefunden hat. Zwar handelt es sich in seiner Publikation um kommunikative Freiheit und Ausdruckkraft der Sprache im neuen sprachkulturellen

Kontext in der Ex-DDR, aber dieses Phänomen dürfte als eine sprachkulturelle Universalie für die Sprachen in allen Staaten Osteuropas nach 1985 betrachtet werden. Und die Schwierigkeiten, mit denen man dabei konfrontiert ist, sind wohl auch international: „Man spricht die gleiche Sprache und stolpert dann doch über Dinge, die der andere nicht kennt oder ganz anders versteht" (ebenda, 39; vgl. auch Schlosser, 45). Darauf ist eine beträchtliche Zahl von kommunikativen Problemen zurückzuführen, so daß der Gebrauch von formal identischen Lexemen vor allem in den Massmediatexten immer mehr in den Blickwinkel der Linguisten rückt. Man spricht von „semantischen Nachwehen des alten Systems" (Schlosser, 50), „rasanten Veränderungen im Wortschatzsystem" (Pätzold, 93), ja von „lexikalischem Beben" (ebenda). Die Kollegen im deutschsprachigen Raum befassen sich aktiv mit diesem Problem (Schröder; Ludwig; Augst/Sauer).

2. 2. Wörterbücher der neuen Denkweise

In Rußland sind bereits Materialien zum Wörterbuch *Russische politische Metapher* (Baranov, Karaulov) erschienen, das den Zeitraum von der ersten Tagung der Volksdeputierten (1989) bis zu den Augustereignissen 1991 erfaßt und zeigt, wie die wichtigsten politischen Realien und Konzepte im modernen Diskurs begriffen und interpretiert werden.

Zu den gefragtesten Wörterbüchern in der Russischen Nationalbibliothek (sie wird auch jetzt noch Lenin-Bibliothek genannt, ebenso wie die nächstliegende U-Bahnstation) gehört auch das Wörterbuch *50/50. Versuch eines Wörterbuchs der neuen Denkweise*. Das ist eine Co-Produktion französischer und russischer Gesellschaftswissenschaftler, in der Konzepte verglichen werden, die für das heutige öffentliche Leben von besonderer Bedeutung sind, aber im Kontext verschiedener Sprachkulturen und Traditionen doch unterschiedlich definiert werden: Sozialismus, Persönlichkeit, Patriotismus, Dissident usw. Ein umfassendes Wörterbuch der modernen politischen Sprache bleibt aber ein Desiderat: es würde zeigen, wie tief (wenn überhaupt!) die neue Denkweise Wurzeln gefaßt hat.

3. Spezifik des Langue-de-bois-Kontextes

3. 1. Uniformität der Sprache

Die Resultate der Meinungsumfragen zeugen davon, daß sich das Bewußtsein und die Psychologie der Menschen nur sehr langsam verändern. Es ist aber einerseits klar geworden, wie sehr das Bewußtsein vom totalitären System geprägt, mythologisiert ist, und andererseits hat sich auch herausgestellt, daß es die deklarierte Einheitlichkeit der Weltanschauung nicht gegeben hat. Jetzt werden auf einmal ganz konträre Meinungen ausgesprochen, bis zu den monarchistischen und faschistischen, „für die in unserer Ideologie kein Platz vorgesehen war" (Ivanov, 4).

Dieses mythologisierte Bewußtsein ist eine der schwierigsten Folgen des Totalitarismus, denn die Mythen und die mit ihnen verbundenen Stereotypen leben weiter, obwohl sie jetzt auch kritischer angenommen werden. Selbst wenn die Macht die totalitäre Mythologie aufgibt, fordern viele von der Macht, daß der gewohnte Kanon eingehalten wird. Wenn die politische Situation stabil ist, so spielen diese Stimmungen und dieser Einfluß keine besonders große Rolle; in den Perioden der großen sozialen Änderungen, aber besonders wenn die Reformen „von oben" durchgeführt werden, kann sich dieser konservative Druck zu einem mächtigen Bremsfaktor entwickeln. Stereotypen sind eine Art Narkose, sie bilden ein geordnetes, klares Bild, lassen keine Deviationen von den vorgegebenen Verhaltensmustern, Meinungen und Interpretationen zu, bringen das Gefühl der Sicherheit und Ordnung mit sich. Diese Empfindungen und Stimmungen werden den Menschen mit verschiedenen Mitteln, vor allem solchen sprachlicher Art, aufgezwungen. Sie bilden eine besondere Welt auf der Grundlage eines festen Systems von sakralen Formen und Klischees (Orešin/Rubcow, 588; Ivanov, 30), so daß der Lesende sich an bestimmten Stützbegriffen[1], die sich ständig wiederholen und um die sich die gleichen klischeehaften Mittel gruppieren, orientieren kann. Diese Stützbegriffe und die mit ihnen verbundenen Klischees haben oft ein und dieselbe syntaktische Struktur, so daß die Textaufnahme vorprogrammiert erfolgt (Bergmann, 100). Diese Uniformität ist eines der wesentlichsten Merkmale der *langue de bois*.

3. 2. Beständigkeit der Korrelationen zwischen verschiedenen Wissenstypen

Das nächste Wesensmerkmal des kommunikativen Kontextes, in dem eine *langue de bois* funktioniert, ist eine bestimmte und ziemlich beständige Korrelation zwischen enzyklopädischem, sprachlichem und interaktionalem Wissen.[2] Das enzyklopädische Wissen (Weltwissen, Weltkenntnis, Sachkenntnis) ist als System von konzeptuellen Frames organisiert (vgl. T. A. v. Dijk), das heißt als System von mentalen Gebilden, die Konzepte als Kerne haben und mehrere um sie organisierte kognitive Strukturen – axiologische Slots: Einstellungen, Einschätzungen, Wertungen, die in der gegebenen sozio-kulturellen Sprachgemeinschaft konventionell mit dem jeweiligen Konzept assoziiert werden[3].

Das Konventionelle spielt dabei eine sehr bedeutende Rolle, denn das enzyklopädische Wissen bildet sich eben als Weltanschauung heraus. Bei der Betrachtung dieses Problems gebraucht W. Ingendahl den Terminus „Deutungssystem" (Ingendahl, 45), der beinhaltet, daß ein Wissen nur in Begleitung von „unbewußt geltenden Interaktionsmustern" vorkommt, die als „ungeschriebenes Gesetz gelten ... Werden Deutungssysteme absolut gesetzt, sind sie objektiv als Ideologie zu bezeichnen: sie sollten dann glauben machen, die Art und Weise, in der sie mit der Welt umzugehen vorschreiben, sei die einzig mögliche." Sie erzeugen also „falsches Bewußtsein" (ebenda, 46). Da jedes System strukturiert ist, darf man annehmen, daß diese Deutungssysteme als eine Struktur von axiologischen Slots organisiert sind. Das enzyklopädische Wissen, besonders im Bereich des öffentlichen Lebens ist unter den Bedingungen eines totalitären Systems stereotypisiert, die Konzepte werden nur auf eine bestimmte Weise interpretiert, und bestimmte, konstante axiologische Wertungen werden ihnen zugeordnet.

Es besteht eine Zwangsinterpretation im Dienste der gezielten Bewußtseinsbildung. Indem Wörter zu Symbolen für interpetierte Konzepte werden, entstehen stereotypisierte konzeptuelle Frames, eine Art mentaler Zensoren, die ein konventionalisiertes Verhältnis zu den Sprachmitteln haben. „Ist einmal ein Symbol installiert, kann schließlich darauf verzichtet werden, das betreffende Wort ständig in ausgewählten Kontexten zu verwenden," schreibt D. Gärtner. „Dann genügt allein seine Nennung, um einen ganzen Komplex von Vorstellungen und Schlüssen (Vorurteilen) wachzurufen" (Gärtner, 224, 244 f.). Auch W. Ingendahl meint, der Sprechende könne durch die gewählten Sprachzeichen und Strukturen den Rezipienten zu einer erwünschten Sichtweise eines Sachverhalts anregen (Ingendahl, 50).

Das sprachliche Wissen (Sprachwissen) ist das Wissen, „das wir für die Abbildung von mentalen Repräsentationen auf Lautstrukturen benötigen, ein Wissen, das ... für die Prozesse der Laut-Bedeutungs-Zuordnung erforderlich ist ... und das wir für die sprachliche Komplexbildung auf unterschiedlichen Strukturebenen benötigen." (Heinemann/Viehweger, 94)

Dem interaktionalen Wissen (Interaktionswissen), das heißt der kommunikativ-pragmatischen Sprachkompetenz kommt eine ganz besondere Bedeutung zu, weil Sprache ja eine Form ist, mit Wissen umzugehen. Nach E. Coseriu ist das „ein kulturell bedingtes situatives, operationelles Wissen auf drei voneinander unabhängigen Ebenen: der Rede, der Sprache, des Diskurses"

(Coseriu, IX), das dem Sprecher erlaubt, sein Wissen der kommunikativen, das heißt pragmatischen Situation gemäß zu formulieren. Deshalb kann das Interaktionswissen vor allem als Stilwissen (Stilkompetenz)[4] präzisiert werden, das als ein System von stilistischen Frames organisiert ist, die vorgeben, wie unterschiedliche Konzepte zu verbalisieren sind, wie man also das sprachliche Wissen im konkreten kommunikativen Kontext anwenden muß.

Diese drei Typen von Wissen (enzyklopädisches, interaktionales, sprachliches) sind aufs engste miteinander verbunden. Das Stilwissen (die stilistischen Frames) spielt aber eine ganz besonders wichtige Rolle, indem es den Kontakt zwischen enzyklopädischem und sprachlichem Wissen realisiert. Stilwissen „arbeitet" mit dem enzyklopädischen Wissen zusammen, und zwar durch axiologische Slots (Deutungsstrukturen), und mit dem sprachlichen Wissen, das heißt es regelt die Auswahl der sprachlichen Mittel gemäß bestimmten Kommunikationssituationen. Bei einem geschlossenen Weltbild als geistige Basis der Gesellschaft ist diese Auswahl oft ideologisch bedingt und soll im Einklang mit axiologischen Slots der konzeptuellen Frames erfolgen.

4. Qualitative Veränderungen in der Konzeptsphäre der modernen russischen Sprache

4. 1. Veränderungen der axiologischen Slots

Zur Zeit vollzieht sich der Prozeß einer qualitativen Veränderung der Konzeptsphäre der russischen Sprache im Kontext von Umwertung der Werte. Konventionalisierte Einstellungen und Einschätzungen geraten ins Wanken und mit ihnen auch die axiologischen Slots der konzeptuellen Frames, in denen Informationen über diese Einstellungen gespeichert sind. Das ist besonders dann zu beobachten, wenn es um Konzepte geht, die lange Zeit tabu waren, oder, wenn sie erwähnt wurden, dann immer nur negativ, zum Beispiel viele Konzepte aus dem Bereich der Marktwirtschaft. Darüber äußert sich die Autorin der Einleitung zum aus dem Englischen übersetzten Buch von Philip Kotler *Marketing Essentials*: „Vor nur ein paar Jahren waren uns viele Begriffe, die jetzt allgemein gebräuchlich sind, inhaltlich ziemlich unklar; sie hatten aber eine ganz eindeutige Schattierung:, Das gehört nicht zu uns, zu unserer Lebensweise, das ist uns fremd.'" (Kotler). Solche Begriffe sind „Markt", „Ware-Geld-Beziehungen", „Gewinn" usw. Die früher geprägten Denk- und Gefühlsmuster teilten sich in den ersten Jahren der Perestrojka auch den neuen Vorstellungen und Begriffen mit (Schlosser, 45).

Jetzt sind das aber absolut neutrale Begriffe geworden, und das zeugt sowohl von der qualitativen dynamischen Entwicklung der entsprechenden konzeptuellen Frames als auch der stilistischen Frames. Als Folge entstehen im neuen kommunikativen Kontext ungewohnte Konzeptketten, die das veränderte Weltbild der Sprechenden wiedergeben. In dieser Hinsicht ist zum Beispiel der Gebrauch des Wortes „Konservatismus" interessant. Darüber berichtet der Journalist A. Novikov, der in der Wochenzeitung *Den'* („Der Tag") arbeitete, jetzt aber bei *Moscow News* tätig ist. *Den'* war eine erzchauvinistische Zeitung, die nach den Ereignissen am 3./4. Oktober 1993 in Moskau verboten wurde (erscheint jetzt aber wieder unter dem Titel *Zavtra* („Morgen"). Sie entstand als eine oppositionelle Zeitung, bei der gute und verantwortungsvolle Journalisten arbeiteten. Zu ihnen gehörte auch Alexandr Novikov, der 1991 zur Zeitung *Den'* kam. Er hat (so schreibt er in seinem Artikel „Und düster ist der ‚Tag' geworden...") nach einem Konzept gesucht, das in dieser Zeit der Instabilität einen Halt bieten konnte. Und er glaubte, das im Konzept „Konservatismus" gefunden zu haben, obwohl dieser Begriff bei uns traditionell negativ konnotiert war. Für den Autor des Artikels bedeutete aber „Konservatismus" vor allem „Distanzierung vom Chaos, Ausdauer". Also aus der ganzen Framestruktur wurden ebendiese axiologisch positiven Slots gewählt. Sie sind zur Grundlage für die Bildung einer neuen, positiv konnotierten Konzeptkette geworden: „Konservatismus" – „Bewahren von Stabilität" – „Festigung des Staates". Das war die Konzeptkette, die A. Novikov in seinen Aufsätzen durchzusetzen versuchte. Für den Chefredakteur der Zeitung *Den'*, A. Prochanov (jetzt ist er Chefredakteur von *Zavtra*), korreliert aber das Konzept „Festigung des Staates" mit dem Konzept „Faschismus". In einem Interview hat er sogar gesagt, er wäre mit dem Faschismus einverstanden, wenn dadurch der Staat auferstehe. Das Konzept „Faschismus" verliert also seine negative Konnotation und ordnet sich in die Konzeptreihe: „Faschismus" – „nationalkultureller Raum" – „Festigung des Staates" – „Staatlichkeit" ein. Und ebendiese Konzeptreihe hat in der Zeitung *Den'* die Oberhand gewonnen. Durch die Bildung und Verbalisierung solcher Konzeptketten, deren referentiell unterschiedliche Glieder durch identische axiologische Slots verbunden sind, wurde ein neues manipuliertes Weltbild geschaffen. Mit dieser Konstatierung sind wir wieder beim Problem der Sichtweise eines Sachverhalts. Sie kann auf zwei Wegen beeinflußt werden: 1. durch die Namengebung (siehe oben, 3. 2. 1.); 2. durch die Bildung axiologischer Ketten. Im ersten Fall wird kein neuer sprachlicher Kontext geschaffen, im zweiten aber können im sprachlichen Kontext auch ganz unerwartete konträre Elemente vorkommen, die in einer axiologischen Konzeptkette „versöhnt" werden.

4. 2. Veränderungen im Themenrepertoire des öffentlichen Diskurses und ihre stilistischen Auswirkungen

Veränderungen in der Kommunikationssituation, im kommunikativen Kontext, haben große Innovationen im konventionellen Themenrepertoire des öffentlichen Diskurses mit sich gebracht. Traditionelle Themen werden mit neuen Akzenten betrachtet: unsere Geschichte, wissenschaftlich-technischer Fortschritt, Schul- und Hochschulbildung, moderne Kunst usw. Neue Themen werden diskutiert: Kirche, Unternehmertum, Prominente, aber vor allem ökologische Probleme, Drogensucht, Kriminalität, Faschismus. Veränderungen im Themenrepertoire ziehen Veränderungen in Denk-, Rezeptions- und Handlungstypen nach sich. Ganz besonders die Pressefreiheit hat ein „Aus-Allen-Fugen-Geraten" zur Folge. Das ungehinderte Erscheinen von rechtsextremistischen Zeitungen, die durch einen stilistisch aggressiven Diskurs gekennzeichnet sind, hat stark dazu beigetragen, daß Faschismus reale Gestalt angenommen hat. Die Zeitung *Izvestija* berichtet über eine Pressekonferenz der „geistigen Opposition" in Moskau im Dezember 1993. Einer der Teilnehmer, der aber inkognito bleiben wollte, hat seine Definition vom Faschismus gegeben: „Faschismus ist der Stil, den wir pflegen ... Das ist Ausdruck von entschlossenen Handlungen, ... Absage an den Humanismus, harter und entschlossener Geist, Geschmack am Tod ..."

Der stilistisch aggressive Diskurs wird nicht nur auf textuellem Wege geschaffen (und das bestätigt leider auch die oben angeführte Definition des Faschismus), da Stil eine komplexe Erscheinung im kommunikativen Handeln ist (Fix, 193). Den Texten, vor allem den Massmediatexten, kommt dabei eine enorme Bedeutung zu. Ich möchte nur auf zwei Momente hinweisen (es gibt bestimmt mehrere), die einen Text stilkohärent organisieren, indem sie einen „manipulativen Stil" (Gärtner, 238) durchsetzen:

1. Gebrauch von Wörtern, deren „Sinn so unbestimmt ist, daß dicke Bände nicht ausreichen, ihn festzuhalten. Und doch knüpft sich eine wahrhaft magische Macht an ihre kurzen Silben, als ob sie die Lösung aller Fragen enthielten ... Man spricht sie mit Andacht vor den Massen aus, und sogleich werden die Mienen ehrfurchtvoll und die Köpfe neigen sich" (Le Bons, vgl. auch Bergsdorf, 29). Solche Wörter sind textuell höchst anpassungsfähig, das heißt sie reimen sich mit anderen (beliebig) wertbeladenen Wörtern gut zusammen, darum werden sie oft zu Gliedern solcher verbalisierter Konzeptketten, von denen oben die Rede ist.

2. Eine qualitative Veränderung vieler konzeptueller Frames aufgrund ihrer axiologischen Umwertung und die damit verbundenen Innovationen im

Stilwissen, in der kommunikativ-pragmatischen Sprachkompetenz, führen zur Bildung eines neuen kommunikativen Kontextes, der parallel zum alten existiert. Diese Phänomene stehen in Wechselwirkung zueinander, und das schafft große Schwierigkeiten in der sprachlichen Kommunikation, vor allem in den Massenmedien, weil unsere kommunikative Kompetenz, unser Stilwissen manchmal versagt und uns falsch orientiert, indem es die gewohnte, aber heute nicht mehr aktuelle und nicht mehr einzig mögliche Denkrichtung angibt. Das betrifft vor allem oft gebrauchte Wörter und die von ihnen bezeichneten Konzepte, zum Beispiel „Patriotismus", „Patrioten". Heute hat dieses Wort eine stark negative Färbung bekommen (und das führt bei vielen Menschen zu Verwirrungen), denn „Patrioten" nennen sich erzreaktionäre Kräfte im Lande. Es ist ja kein Zufall, daß im Wörterbuch *50/50* diesem Konzept mehrere Seiten gewidmet sind und die „stilistische Geschichte" dieses Wortes dargelegt ist. Es fällt auf, daß diese „stilistische Geschichte" das heißt die Geschichte der emotiven Einfärbung und des Gebrauchs im Diskurs, also die Geschichte der kognitiven Prägung dieses Wortes, nur aus der Kontextgeschichte ersichtlich ist, weil „Diskurse (welcher Art und in welcher Form auch immer) nur im Kontext erfaßbar, beschreibbar und verstehbar sind" (Wodak, 52). Die Forschungsmethode, die die Autoren des Wörterbuchs *50/50* verwendet haben, ist stark diskurshistorisch orientiert, denn sie streben die Erfassung des Kontextes und die Interpretation der diskutierten Konzepte durch verschiedene Fachwissenschaftler (Soziologen, Historiker, Politologen usw.) an.

Ich möchte hier kurz die „stilistische Geschichte" des Wortes „Patriotismus" darlegen: In den 20er und 30er Jahren, als proletarischer Internationalismus herrschende Ideologie war, wurde das Wort „Patriotismus" als ein Schimpfwort in den Parteikreisen empfunden. Dann gab Stalin jedoch die Idee der proletarischen Weltrevolution auf und kehrte zur Idee des vorrevolutionären russischen Patriotismus zurück. Sehr stark gewann diese Idee während des Krieges an Bedeutung. Ab 1985 wurde der allgemeinmenschliche Humanismus und Internationalismus zur führenden Idee. Patriotismus wird immer häufiger als ein Faktor betrachtet, der seine positive Rolle in der Geschichte Rußlands und der Sowjetunion erfüllt hat.

Solche radikalen Veränderungen in der Struktur der konzeptuellen Frames und die korrelativen Veränderungen in den stilistischen Frames unserer Sprachkompetenz bedingen einen Zustand, den man als kognitive Dissonanz bezeichnen möchte. Dieser Zustand entsteht in einer Situation, in der der Rezipient gleichzeitig über verschiedenes, einander widersprechendes Wissen (Wertungen, Meinungen) zu ein und demselben Objekt verfügt. Kein Wunder, daß im Bewußtsein vieler Menschen ein Wirrwarr, oder wie man das auf

Russisch bezeichnet – Brei (*kaša*) –, herrscht. Wichtig ist aber, daß dieser Brei eben kocht, sich ständig verändert und entwickelt. Deshalb besteht eine Chance, daß man doch zu einem nichtmythologisierten Weltbild kommt.

5. Zusammenfassung

Die Veränderung des Weltbildes und die Umwertung aller Werte haben Voraussetzungen für die Veränderung des kommunikativen Kontextes und die Stärkung der Kommunikationskraft der Sprache geschaffen, die mit den zählebigen Charakterzügen des alten *langue-de-bois*-Kontextes (Uniformität der Sprache, konstante Korrelationen zwischen den Wissenssystemen) in Konflikt geraten. Die „Konfliktzonen" sind vor allem die axiologischen Slots der konzeptuellen Frames, deren geordnete Menge das Weltwissen ausmacht, und das Interaktionswissen. In dieser Situation erfüllt das Interaktionswissen eine außerordentlich wichtige Funktion: es vermittelt den Kontakt zwischen dem Welt- und Sprachwissen. In den qualitativen Veränderungen der axiologischen Slots äußert sich die dynamische Entwicklung des Weltwissenssystems, was auch im Stilwissensystem, in den stilistischen Frames seinen Widerhall findet. Da sich aber die Innovationen im Stilwissen nur langsam konventionalisieren lassen, kommt es oft zur einer kognitiven Dissonanz.

Anmerkungen

1 Dabei ist diese Situation sowohl bei einer Wiedervereinigung von Staaten mit unterschiedlichen politischen Systemen als auch bei grundsätzlichen politischen, sozialen und kulturellen Veränderungen in einem Lande zu verfolgen.
2 Vgl. auch die Bemerkung von H.-D. SCHLOSSER, daß die Prägung des Menschen durch die zentralistische Planwirtschaft länger nachwirken wird als die Geltung einer bestimmten Terminologie (SCHLOSSER, 45).
3 W. BERGSDORF führt ein sehr treffendes Zitat aus den *Unfrisierten Gedanken* von Stanislaw Jerzy LEE an: „Es gibt so große Worte, die sind so leer, daß man darin ganze Völker gefangen halten kann" (zit. nach BERGSDORF, 26); IVANOV zählt zu solchen verschwommenen Wortfetischen solche Lexeme wie „Gleichheit", „Kollektivismus", „soziale Demokratie" usw., die keinen genau definierbaren Sinn mehr haben (30).
4 W. HEINEMANN und D. VIEHWEGER unterscheiden auch den vierten Typ vom Wissen: das Wissen über globale Textstrukturen (HEINEMANN/VIEHWEGER, 68).
5 In der russischen Fachterminologie wird der Terminus „Konzeptsphäre" gebraucht, der den gesamten Komplex von konzeptuellen und kulturell-nationalen Informationen bedeutet (LICHATSCHOW, 4). Also unter „Weltwissen" und „Konzeptsphäre" wird ein und dasselbe Phänomen verstanden, aber von verschiedenen Perspektiven aus: die Bezeichnung „Weltwissen" ist sprecherbezogen, Konzeptsphäre dagegen – sprachbezogen.
6 Vgl. den Standpunkt von U. FIX, nach dem „die Kommunikationskompetenz die Stilkompetenz einschließt." (FIX, 194)

Literatur

AFANAS'JEVA, U./FERRO, M. (Hg.), 50/50. Opyt slovarja novogo myšlenija, Moskva 1989.
AUGST, G./SAUER, W. W. (1992), Der Duden – Konsequenzen aus der Wende?, in: Die deutsche Sprache nach der Wende. hg. v. K. WELKE, W. W. SAUER, H. GLÜCK, Hildesheim, Zürich, N. J. Germ. Ling. 110–111, 71–92.
BARANOV, A. N./KARAULOV, U. N., Russkaja političeskaja metafora (materialy k slovarju), Moskva 1991.
BERGMANN, Chr. (1992), Parteisprache und Parteidenken: Zum Sprachgebrauch des ZK der SED, in: Sprachgebrauch im Wandel. Anmerkungen zur Kommunikationskultur in der DDR vor und nach der Wende, hg. v. G. LERCHNER, Frankf. a. M., 101–142.
BERGSDORF, W. (1993), Zur Sprache der deutschen Politik im 20. Jahrhundert, in: Mut. Forum für Kultur, Politik und Geschichte, 311, Juli 1993, 26–38.
ČELNOKOV, A.(1993), Rokery meždu dudinkoj i fašismom, Izvestija 248, 25. 12. 1993, 8.
COSERIU, E. (1988), Sprachkompetenz: Grundzüge der Theorie des Sprechens, Tübingen: Francke (UTB 1481).
FIX, U. (1992), Stil als komplexes Zeichen im Wandel. Überlegungen zu einem erweiterten Stilbegriff, in: Zeitschr. für germanistische Linguistik, 1992, 20,2, 193–209.
GÄRTNER, D. (1992), Vom Sekretärdeutsch zur Kommerzsprache. Sprachmanipulation gestern und heute, in: Sprachgebrauch im Wandel. Anmerkungen zur Kommunikationskultur in der DDR vor und nach der Wende, hg. v. G. LERCHNER, Frankf. a. M., 203–262.
GEISSNER, H. (1991), Rhetorische Kultur – Politische Kultur, in: Ein Europa – Viele Sprachen, hg. v. K. J. MATTHEIER, Frankf. a. M., 67–69.
HEINEMANN W./VIEHWEGER D. (1991), Textlinguistik: eine Einführung, Tübingen: Niemeyer (Reihe Germanistische Linguistik; 115, Kollegbuch).
INGENDAHL W. (1991), Sprachliche Bildung im kulturellen Kontext: Einführung in die kulturwissenschaftliche Germanistik, Opladen: Westdeutscher Verl.
IVANOV, V. A., Politićeskaja psichologija: Ponjatija, struktura i rol' w politićeskoj žizni obščestwa, Moskva 1990.
IVANOV, V. A., Mify i metamorfosy totalitarnogo rassudka, Wjestnik MGU, ser. 7, „filosofija", 1991, 3, 24–40.
LICHAČEV, D. S., Konceptosfera russkogo jazyka, Isv. RAN, Ser. Lit. i Jaz., 1991, 1, 52, 3–9.
LE BONS (1974), Psychologie der Massen, zitiert nach GÄRTNER, 238 f.
LUDWIG, K.-D. (1992), Zur Sprache der Wende. Lexikologisch-lexikographische Betrachtungen, in: Die deutsche Sprache nach der Wende, hg. v. K. WELKE, W. W. SAUER, H. GLÜCK, Hildesheim, Zürich, N. J. Germ. Ling. 110–111, 59–70.
NOVIKOV, A., I stal mrakom „Den'". Otkrytoje pismo Aleksandru Prochanovu ot Andreja Novikova, Moskovske Novosti 50, 13. 12. 1992, 20.
OREŠIN, V. /RUBCOV, A., Stalinism. Ideologija i soznanije, Osmyslit' kul't Stalina, Moskva 1989, 546–605.
PÄTZOLD, J. (1992), Zwischen Indirektheit und Sprachlosigkeit. Der Umgang der Presse in der DDR zwischen dem Stern-Interview Hagers und Oktober 89 mit der Wirklichkeit des real Existierenden, in: Die deutsche Sprache nach der Wende, hg. v. K. WELKE, W. W. SAUER, H. GLÜCK, Hildesheim, Zürich, N. J. Germ. Ling. 110–111, 93–110.
SCHLOSSER, H. D. (1992), Mentale und sprachliche Interferenzen beim Übergang der DDR von der Zentralplanwirtschaft zur Marktwirtschaft, in: Die deutsche Sprache nach der Wende,

hg. v. K. WELKE, W. W. SAUER, H. GLÜCK, Hildesheim, Zürich, N. J. Germ. Ling. 110–111, 43–58.
SCHRÖDER, M. (1992), Lexikographische Nach-Wende – Ein Überarbeitungsbericht, in: Sprachgebrauch im Wandel. Anmerkungen zur Kommunikationskultur in der DDR vor und nach der Wende, hg. v. G. LERCHNER, Frankf. a. M., 263–296.
VAN DIJK, Teun A. (1981), Studies in the Pragmatics of Discourse. Ch. 9: Context and Cognition: Knowledge Frames and Speech Act Comprehension, The Hague etc.: Mouton Publishers 1981, 215–241.
WODAK, R. (Hg.) (1990), „Wir sind alle unschuldige Täter". Diskurshistorische Studien zum Nachkriegsantisemitismus . . . Frankf. a. M., Suhrkamp.

3. *Langue de bois* und Literatur

The Language of Dictatorship in Literature: A Semiotic Approach
Yishai Tobin

I. The theory: the semiotic approach

In this paper we will analyze the language of dictatorship as it appears in a classic literary text dealing with dictatorship: *Animal Farm* by George Orwell.[1] We will begin our paper by presenting a single, sign-oriented, semiotic definition which serves as both a definition of language and text:
(1) Definition of language and text:
A set of systems – revolving around the notion of the linguistic sign – which are organized internally and interrelated with each other used by human beings to communicate.

This definition of language and text reflects the structuralist, semiotic paradigm which has guided much of twentieth-century research in the humanities and social sciences and appears schematically in figure 1:[2]

Figure 1 The semiotic model of language (Tobin 1990: 48)

Abstract System LANGUE a code composed of signs	realized as ⬅➡	Methodological Model linguistic & discourse analysis	to explain ⬅➡	Concrete Phenomena PAROLE non-random distribution of signs

II. Methodological models

Within this larger theoretical, sign-oriented framework of discourse or text analysis we will employ two specific methodological models: word systems and strategies of communication which are defined as follows:
(2) *Word systems*: a matrix of words within a spoken or written text with a common denominator which may be semantic, phonological, etymological, folk

etymological, conceptual or associative. Word systems are junctions where the thematic extralinguistic plane converges with the linguistic plane. These junctions are characterized by their linguistic economy and their compactness. A number of words are connected to each other to the point at which they create a ‚tight word system' which contains the essence of the text. These systems can be regarded as the nucleus of a text. A nucleus which nurtures the theme and message of the text with a greater intensity than the sum total of the language employed throughout the discourse.[3]

(3) *Strategies of communication*: fixed patterns of language use which are employed in order to achieve a specific goal in discourse such as the the *omniscopus* or non-specific, non-precise use of language which allows the encoder to introduce holistic and multi-dimensional thematic continua which form the general content of an external dialogue which is contextually perceived in the individual internal dialogue of the decoder.[4]

III. The methodological approaches

Within these methodological models, we have developed two converse methodological approaches or directions of text analysis, the from sign to text and the from text to sign approach which are defined as follows:

(4) *From sign to text*: shows how the choice of marked versus unmarked forms can create textual coherence regarding the message of a text working our way up from sign and system to context and text.[5]

(5) *From text to sign*: showing how the message of a text when viewed as the meaning half of a text perceived as a sign in its own right can motivate the choice of highly marked forms within the text working our way down from text and context to system and sign.[6]

IV. The genre

In this paper we will view the language of dictatorship as part of the larger genre of the language of persuasion or persuasive communication which is defined as follows:

(6) *Language of persuasion* or *Persuasive communication*: discourse which appeals both to the rational and emotive elements of individuals and groups: e. g. advertising, salesmanship, political speeches, propaganda: the language of dictatorship.[7]

V. The text and the message

As we have previously stated, the specific sign systems to be studied will be applied to a classic literary text dealing with the concept of dictatorship *Animal Farm*, although the analysis can be applied to other classic texts dealing with the struggle between democracy and dictatorship: e. g., *Brave New World, Nineteen Eighty-Four, The Lord of the Flies*. The sign – oriented linguistic orientation underlying these analyses attempts to show how the non-random distribution of the language of the text reflects the message of the text that power corrupts. In other words, we will be examining the system of the language of dictatorship from the point of view of literature which may mimetically reflect the language of dictatorship in the real world as well.

The text, *Animal Farm*, traditionally has been analyzed as a political satire and an allegory of the dictatorship of communism in the former Soviet Union. The plot tells of how the animals of Manor Farm succesfully rebel against their drunk and cruel human master, Mr. Jones, who may be viewed as a dictator. The animals send him away and take control over the farm. Their goal is to create a new order where everyone is equal: i. e, not a dictatorship. The new Animal Farm slowly turns into another dictatorship led by the pigs where the principles of equality are distorted and destroyed.

The message of the text is that dictatorship implies the centralized or individualized control of power creating two unequal classes: those with and those without power. No matter who is in power: power corrupts. This message divides the text into three contexts: (i) human rule; (ii) the interaction between humans and animals; (iii) animal rule. Each of these contexts contains an invariant theme which is realized in different sub-contexts in which there is a different non-random use of language found. This contextually dependent non-random use of language is presented in Table 1.

VI. The strategy of communication equating humans and animals

The most basic strategy of communication which gives the text credibility is the strategy which creates the animals' personalities and therefore equates them with human beings. This strategy is defined in (7) and exemplified in (8):
(7) The strategy of communication of creating the animals' personalities: the animals are presented and developed through a special anthropomorphism: i. e. animal characteristics are confused with human characteristics: 130 examples from sign to text with collocations of adjectives and verbs which might be marked (+ human) with nouns designating animals.

Table 1: Message, Contexts and Subcontexts

Invariant themes:

A	+ B	→ Conclusions no solution
tyrannical rule/corrupted power	hope for alternative regime, new and better distribution of power	tyrannic rule/corrupted power

Variations and Contexts:

HUMAN RULE	INTERACTION HUMAN = ANIMAL	ANIMAL RULE
Before Rebellion	The rebellion	After the Rebellion
Internal enemy	External enemy	Internal enemy

Sub-contexts

1. Mr Jones (15,28,29,44,68)	1. Events: violent clashes between human and animal (28–30; 47–50; 97–99; 128)	1. Old major (15–24)
2. Mr. Jones's men (28–29)		2. Snowball (25–26; 38–39; 41; 47–50; 57–58; 78–81; 91; 93; 102, 109)
3. Relationship between Mr. Jones & his men (28–29)	2. Molly's contact with the farmer (51–52)	3. Napoleon's superiority (25–26; 38–39; 58–61; 63; 66; 86; 89–92; 94; 96; 100–101; 106–108; 116; 118; 123;
4. Visitors (125–126)	3. Boxer's contact with the outside world (111–113)	
5. Old Major's speech (17–21)	4. Mr. Whymper – an intermediator between Animal Farm & the outside world (67–68)	4. Napoleon's cruelty (41; 66–67; 72–73; 76–77; 82–83; 91–92)
	5. Napoleon's contact with human beings (66–67; 75–77; 96; 102)	5. Disagreement between Napoleon and Snowball (38; 41; 53–62)
	6. Animals' contact with human beings (91–97; 118)	6. Squealer (26; 59–62; 67; 69–70; 75–76; 90; 93; 99; 105–106; 121)
	7. Neighbouring farmers visit Animal farm (123–128)	7. Boxer (16; 27; 60; 64–65; 69)
		8. Clover (27; 65; 69; 85–86; 88)
		9. Mollie (26–27; 31; 49; 51–52)
		10. Benjamin (16–17; 37–38)
		11. Moses (27)
		12. The cat (37; 84)
		13. The pigs (34; 35; 38–39; 42–43; 52–53, 66; 69–70; 82; 105–108; 110; 118–119, 123)
		14. The animals (30–34, 36–43; 63–65; 70; 72; 84–86; 88–89; 104–105; 110; 114; 116; 118–124)

(8) animals: dream, communicate, speak, compose songs, majestic-looking, talk, laugh, admit, explain, clear throats, think, propose, sing, teach, organize, spy, tell tales, admire, climb ladders, direct, supervise, design, put words together, teach, launch attacks, conjure up pictures, declare, are criminals, make tactics, superintend, warn, announce, work like slaves, raise trotters for silence, accept contracts, order rations, investigate, engage in complicated negotiations, wear clothes, buy and sell, read, forbid, spell, are relived, pronounce orations, denounce, find problems insoluble, carry whips, smoke pipes, clink mugs, address each other as comrades.

This strategy reaches its, from text to sign, climax (absolute power corrupts everyone) with the following example (9):
(9) "The creatures outside looked from pig to man, and from man to pig, and from man to pig again; but already it was impossible to say which was which." (128)

VII. The ‚State' word system

The first major word system in the text is the ‚State' word system which can be defined as follows:
(10) The ‚State' word system: a network of terms which creates the framework of a state throughout the entire text, from sign to text, based on semantic and associative notions which help build the concept of a small, complex state with institutions, laws, education, political and military systems. The state word system appears in the context of Animal Rule (56 instances). The main components of the State word system appear in figure 2:

Figure 2: The state word system

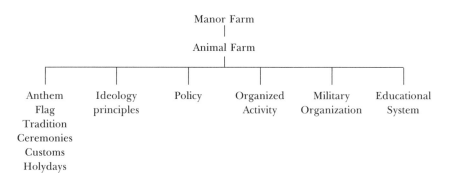

The internal components of the State word system include:

(11) *Name*: Manor farm (dictatorship) → Animal Farm (32) → The Republic of the Animals (108) → Manor Farm (dictatorship) (127–128)

(12) *Anthem*: ‚Beasts of England' (28, 38–39, 49) → new song (86–87)

(13) *Flag*: Creating a flag taken from a green tablecloth and embellished with a white hoof and horn (Republic of the Animals) (38) → Changing the flag to a plain green cloth (Manor Farm) (127–128)

(14) *Laws*: The ‚Seven Commandments' (32, 40)
   Death Sentence (72, 77, 96)
   Confessing Crime (82, 83, 85)

(15) *Ideology*: Animalism – a complete system of thought -ism (26)
   Spreading the ideology: The rebellion, ‚Beasts of England' (44)

(16) *Principles*: Everyone works according to his capacity (37)
   Principle of Animalism (40)
   Order and discipline (125)

(17) *Leaders*: Pigs are supervising, teaching and organizing: "expend[ing] labours upon . . . ‚files', ‚reports', ‚minutes', and ‚memoranda' (119)

(18) *The superiority of the leader*:
(a) "Do not imagine comrades, that leadership is a pleasure! . . . But sometimes you might make the wrong decisions for yourselves." (59)
(b) "It was announced that the gun would be fired every year on Napoleon's birthday as well as on the other two anniversaries." (89) (passive)
(c) He was always referred to in formal style as Our Leader, Our Comrade, Napoleon." (90) (passive)
(d) ". . . a poem entitled Comrade Napoleon . . . inscribed on the wall . . . It was surmounted by a portrait of Napoleon. (91) (passive)
(e) ". . . the mill would be called Napoleon Mill." (94)

(19) *Organized Activities*: Rebellion (25, 49, 50, 117)
   Meetings (38)
   Animal Committees: The Egg Production Committee, The Clean Tails League for Cows, The Wild Comrades, Re-education Committee, The Whiter Wool, Movement for Sheep (39)
   Spontaneous Demonstration (held once a week) (104)

(20) *Policy and Decision Making*: Elections based on a majority vote (21)
   Pigs become decision makers (52)
   Election propoganda: Vote for Snowball and the three day week / Vote for Napoleon and the full manger (55)

(21) *Protesting*: ". . . and they protested that to take the eggs away now was murder . . . Napoleon . . . he ordered the hens' rations to be stopped . . . and

any animal giving so much as a grain of corn to a hen should be punished by death." (77)

(22) *New Policy*: "One Sunday morning . . . Napoleon announced that he had decided upon a new policy . . ." (66)

(23) *Elections for President*:
(a) "In April, Animal Farm was declared a Republic, and it became necessary to elect a President. There was only one candidate Napoleon . . ." (108)

(24) *Punishment*: Death sentence (72)
(a) ". . . the tale of confessions and executions went on, until there was a pile of corpses . . ." (83)
(b) "These scenes of terror and slaughter were not what they had looked forward to . . ." (85)
(c) "She did not know why – they had come to a time when no one dared speak his mind . . ." (86)

(25) *Traditions, ceremonies, customs and holidays*:
Sunday: special day for ceremonies (38) and getting orders for the week (60)
celebrations of the victory (49)
celebrations (101)
special customs (89–91)
tradition (117)
changing the customs (127–128)

(26) *Military organization*:
military decoration (49, 50, 101)
naming the battles: Battle of the Cowshed (50); Battle of the Windmill (101)
military ceremonies (49, 50)
intelligence – secret agents (81)
foreign relations (67)

The State word system suggests that the new animal regime will be an improvement over the regime of man. Although on the surface there was a reorganization and a new order, a more profound examination reveals the corruption of the pig's power: changing the rules (72, 77, 82–85, 96), violating the principle of equality (3, 59, 91, 94, 119), organizing a Spontaneous Demonstration (104), a tyrannical act in liberal disguise.

Nothing has changed: man's dictatorship is replaced by pig's dictatorship: ". . . custom of addressing one another as Comrade. This was to be suppressed . . . strange customs . . . of marching very Sunday morning . . . This,

too, would be suppressed ... It would be a plain green flag from now onwards ... Henceforth the farm was to be known as ‚The Manor Farm' ..."
127 f.)

VIII. The ‚Rules' word system

With the State word system there is a subsystem based on the notion of rules which can be defined in the following way:
(27) *The Rules word system*: a subsystem within the State Word System in the context of Animal Rule is the word system of creating and violating rules composed of three independent rule word systems: "Four legs good, two legs bad"; "commandments", and "death-related and confession".

Figure 3 Word system of rules

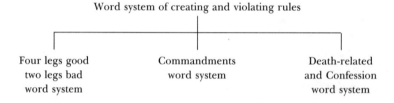

There is a systematic procedure of creating and violating rules sometimes in the guise of a new law through the use of the imperative or modal verbs:
(28) *Creation of rules*:
(a) "Whatever goes upon two legs is an enemy. Whatever goes upon four legs, or has wings, is a friend. And remember that in fighting against Man, we must not come to resemble him. Even when you have conquered him, do not adopt his vices. No animal must ever live in a house, or sleep in a bed, or wear clothes, or drink alcohol, or smoke tobacco, or touch money, or engage in trade ... And above all, no animal must tyrannise over his own kind ... we are all brothers. No animal must ever kill any other animal. All animals are equal." (21) (Old Major)
(b) "All animals should go naked". (30) (Snowball)
(c) "A unanimous resolution was passed on the spot that the farmhouse should be preserved as a museum. All were agreed that no animal must ever live there." (32)

(d) "... the pigs had succeeded in reducing the principles of Animalism to Seven Commandments". (32)

(29) *"The Seven Commandments"*
  1. Whatever goes on two legs is an enemy.
  2. Whatever goes on four legs, or has wings, is a friend.
  3. No animal should wear clothes.
  4. No animal shall sleep in a bed.
  5. No animal shall drink alcohol.
  6. No animal shall kill any other animal.
  7. All animals are equal." (33)

(30) *Violation of rules and pigs now resembling human beings:*
(a) "The pigs now revealed that during the past three months they had taught themselves to read and write from an old spelling book which had belonged to Mr. Jones's children ..." (32)
(b) "One Sunday morning ... Napoleon announced that he had decided upon a new policy. From now onward Animal Farm would engage in trade with the neighbouring farms ... in order to obtain certain materials which were urgently necessary ..."
(c) "Never to have any dealings with human beings, never to engage in trade, never to make use of money – had not these been among the earliest resolutions ..." (66)
(d) "... all walking on their hind legs ... Four legs good, two legs better!" (122)
(e) "... the pigs took Mr. Jones's clothes out of the wardrobe and put them on ..." (123)

(31) *The violation of equality:*
(a) "The mystery of where the milk went was now cleared up. It was mixed every day into the pigs' mash ... One day, however, the order went forth that all the wind falls were to be collected and brought to the harness-room for the use of the pigs." (42)
(b) "... it was agreed without further argument that the milk and the windfall apples (and also the main crop of the apples when they ripened) should be reserved for the pigs alone." (43)
(c) "It was about this time that the pigs suddenly moved into the farmhouse and took their residence there ..." (69)
(d) "Again the animals seemed to remember that a resolution against this had been passed in the early days ..." (69)
(e) "... the pigs not only took their meals in the kitchen and used the drawing room as a recreation room, but also slept in the beds ..." (69)

(f) "... a definite ruling against beds ..." (69)
(g) "... from now on the pigs would get up an hour later in the mornings than the other animals." (70)
(h) "... it was laid down as a rule that when a pig and any other animal met on the path, the other animal must stand aside: and also that all pigs of whatever degree, were to have the privilege of wearing green ribbons on their tails on Sunday." (106)
(i) "... it was announced that from now onwards all barley should be reserved for the the pigs." (107)

(32) *Violation of the Seven Commandments disguised as new "improved rules"*:
(a) "... read me the Fourth Commandment. Does it not say something about never sleeping in a bed? ... It says, No animal shall sleep in a bed with sheets." (69)
(b) "... the Sixth Commandment. No animal shall kill any other animal without cause." (88)
(c) "... the Fifth Commandment ... No animal shall drink alcohol to excess." (103)

(33) *How Napoleon, the dictator, invents rules and imposes sanctions according to his own desire while also violating them*:
(a) "... there should be no more debates." (59)
(b) "This work was strictly voluntary, but any animal who absented himself from it would have his rations reduced by half." (63)
(c) "Until today, no animal had killed any other animal ..." (84)
(d) ",Beasts of England' has been abolished. From now onward it was forbidden to sing it." (86)
(e) "At the beginning when the laws of Animal Farm were first formulated the retiring age had been fixed ... Liberal old-age pensions had been agreed upon ... Now ... it was rumoured ... the pension would be five pounds ..." (104 f.)
(f) "... but in fact no animal had ever actually retired." (117)

The culmination of the inequality and the corrupted power of dictatorship can now be summarized in one key sentence:
(34) *"All animals are equal but some animals are more equal than others."* (123)

IX. *The "Four Legs Good, Two legs Bad" word system*

This system is a subsystem of the Rules word system. The motto "Four legs good, two legs bad" is seen as a reduction – a single maxim – of all the Seven

Commandments and is inscribed in even larger letters. This phrase is repeated 13 times in the text (40, 41 (3x), 53 (2x), 59, 6,. 86). This most fundamental tenet is violated by the pigs: "all walking on their hind legs" and chanting: "Four legs good, two legs *better*! (3x) (122)

X. The systems of death-related expressions and confession

These subsystems of the Rules word system appear in chapters 7 and 8. They emphasize and contrast the cruelty and exploitation of power in *Animal Farm*. The death related expressions can be further subdivded into three subsystems: phonological-semantic, semantic-conceptual and semantic-associative:

Figure 4: The system of death related expressions

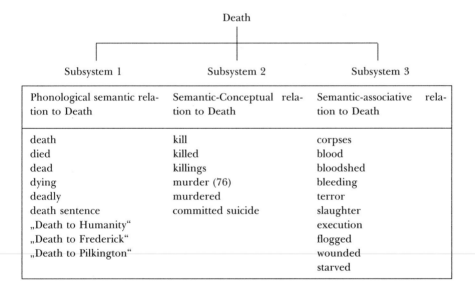

Phonological semantic relation to Death	Semantic-Conceptual relation to Death	Semantic-associative relation to Death
death	kill	corpses
died	killed	blood
dead	killings	bloodshed
dying	murder (76)	bleeding
deadly	murdered	terror
death sentence	committed suicide	slaughter
„Death to Humanity"		execution
„Death to Frederick"		flogged
„Death to Pilkington"		wounded
		starved

The Death-Related word system is organized internally and includes three subsystems all of which converge with the plots and message of the text:
(i) a phonological-semantic subsystem consisting of: the verb *to die* (77 (2x), 88, 101); the noun *death* (77, 82, 92, 102); the adjective *deadly* (93, 96); the expressions *Death to Humanity* (80, 93), *Death to Frederick* (93, 95); *Death to Pilkington* (95), *death sentence* (96); *dead comrades* (99); crush to death (82);

(ii) a semantic-conceptual subsystem consisting of: the verb *kill* (84 (2x), 88, 92, 98); the noun *killing/s* (88 (2x); the verb and noun *murder* (76, 83, 91); *commit suicide* (93);
(iii) a semantic-associative subsystem consisting of: *corpses* (83); *blood* (92); *bloodshed* (83); *bleeding* (99); *terror* (87, 88); *slaughter* (87); *execution/execute* (88, 91); *flogged* (920; *wounded* (98); *starved* (92).

There are also 8 examples of confessions (83 (5x), 85, 91, 93) made to the dictator Napoleon which lead to death, murder, executions, tearing throats out, etc. This subsystem is also systematically related to the other word systems and merges with the plot and message of the text.

XI. The Commandments word system

This subsystem also belongs to the larger Rule word system and is associatively related to the biblical Ten Commandments. The "Commandments" represent the reduction of all the principles of Animalism and are inscribed on the wall to be learnt by all the aninmals. Some animals learned how to read and knew them by heart, others could not. The pigs violate the commandments and go unpunished. The "Commandments" appear 12 times in the text: (32 (2x), 33 (2x), 39, 40 (2x), 41, 69 (3x). The subsystem of commandments is systematically related to all the other word systems which converge with the plot and the message of the text to create a larger system of systems.

XII. The Comrade word system

The word *comrade* appears 94 times in the text and unites with the plot and the ideas of the text at all levels. It alludes to solidarity, unity and harmony, and, of course, has clear communist associations. The various pragmatic uses of the word are as follows:
(i) in Old Major's original speech to unite all the animals together to rebellion. It is used 14 times (17–22) including *comradeship* (21);
(ii) Squealer, the pig, uses the word 35 times to persuade the animals that Napoleon is right or to justify Napoleon's actions (42, 59 (5x), 60 (2x), 61–2, 62, 67, 70 (3x), 79 (3x), 80 (4x), 81 (2x), 86 (2x), 101, 102, 111, 115 (4x);
(iii) Snowball, the other boar who takes charge and is destroyed by Napoleon, uses the word 3 times to give the animals ideological encouragement and orders (27, 33, 34);

(iv) Napoleon uses the word for two purposes in statements in the imperative mood: (a) to give commands and make demands (34, 72 (3x), 73, 116 (3x)); (b) to incite and excite the animals ((34, 73, 97);
(v) although the word comrade is intended to unite, it also separates the people from their leaders: the more a speaker uses the word, the higher his position is in society (Old Major, Snowball, Squealer, Napoleon);
(vi) the boars in the highest position gain the special title Comrade Snowball (34) and Comrade Napoleon (59, 60, 81 (2x), 86, 90, (4x), 9 f. (3x), 93, 100, 101, 102, 108, 111, 115 (2x), 116).

The word *comrade* contrasts the purpose of the rebellion and its result. The rebellion is supposed to introduce a better, egalitarian society and leads to a corrupt and hierarchical society with special privileges for the pigs. The word *comrade* throughout the text, indicating that a real change did not take place. The word was never used under human rule but only under the time of human-animal interaction and mostly under exclusive animal rule. The *Comrade* word system, like all the other word systems and strategies of communication which function both from sign to text and from text to sign converge together to create a larger super-system: a text.

XIII. Summary and conclusions

If we analyze our text as a system of systems used by human beings to communicate, we observe that there is a non-random distribution of the language of the text within a set of word systems and strategies of communication:
(i) the strategy of communication creating the animals' personalities;
(ii) the state word system;
(iii) the rules word sysytem (including The Seven Commandments);
(iv) the "four legs good, two legs bad" system;
(v) the systems of death related expressions and confession;
(vi) the commandments word system;
(vii) the comrade word system.

All of these systems, together, create a larger system of the language of dictatorship which may be viewed alternatively as an example of the genre of the language of persuasion.

Notes

1 Although our analysis in the present paper is limited to this specific text, our research has discovered similar linguistic phenomena in other texts such as George ORWELL'S other classic novel of dictatorship, *Nineteen Eighty-Four*, and the Nobel Prize winning William GOLDING'S modern classic, *Lord of the Flies*, which deals with the struggle between democracy and dictatorship.
2 Both this definition of language and text and its schematization in figure 1 are taken from several books and anthologies by the present author: TOBIN (1988, 1989, 1990, 1993) and ANDREWS and TOBIN (in press).
3 This definition of word systems is taken from APHEK and TOBIN (1988: 3) and is exemplified by the *xazar* system found in a text by the Nobel Prize winning author, S. Y. AGNON (1966/1970), where all the major characters and events revolve around and are connected to the larger message of the text through the same triconsonantal (CCC) root X-Z-R- ‚return, repeat, repent', etc., (APHEK and TOBIN 1988: chap. 1).
4 This definition of strategies of communication is taken from APHEK and TOBIN (1989/1990: 46) which discusses the strategies of communicaton employed by fortune-tellers with their clients.
5 This definition of the from sign to text approach is taken from TOBIN 1990: chap. 6, in which it is used to show the semantic distinction between the so-called synonyms also versus too as they appear in two texts (ROSSNER 1975 and CARROLL 1965/1961).
6 This definition of the from text to sign approach is taken from TOBIN 1990: chap. 7, in which it is used to explain the occurrence of marked linguistic forms such as *curiouser and curiouse* and *darlingest* in specific texts (CARROLL 1965/1961 and RUDNICK 1986, respectively).
7 This definition of the language of persuasion or persuasive communication is taken from APHEK and TOBIN (1989/1990: 28) and is used to describe and explain the discourse of fortune-tellers.

References

ANDREWS, Edna and Yishai TOBIN, in press, Towards a Calculus of Meaning: Studies in Markedness, Distinctive Features and Deixis, Amsterdam and Philadelphia: John Benjamins.
APHEK, Edna and Yishai TOBIN 1988, Word Systems in Modern Hebrew: Implications and Applications, Leiden and New York: E. J. Brill.
–, 1989/1990, The Semiotics of Fortune-Telling. Amsterdam and Philadelphia: John Benjamins, hardbound 1989, paper 1990.
TOBIN, Yishai (ed.) 1988, The Prague School and its Legacy, Amsterdam and Philadelphia: John Benjamins.
–, (ed.) 1989, From Sign to Text: A Semiotic View of Communication, Amsterdam and Philadelphia: John Benjamins.
–, 1990, Semiotics and Linguistics, London and New York: Longman.

–, 1993, Aspect in the English Verb: Process and Result in Language, London and New York: Longman.
–, in press, Invariance, Markedness and Distinctive Feature Analysis: A Contrastive Study of the Sign Systems of English and Hebrew, Amsterdam and Philadelphia: John Benjamins.

Corpus

AGNON, S. Y. 1966/1970, ha-adonit ve-ha-roxel in elu ve-elu, Tel-Aviv: Schocken, 92–102/ The lady and the pedlar in: Twenty-One Stories, New York: Schocken.
CARROLL, Lewis 1865/1961, Alice's Adventures in Wonderland, London: Dent.
GOLDING, William 1954, Lord of the Flies, London: Penguin.
ORWELL, George 1946, Animal Farm, London: Penguin
–, 1949, *Nineteen Eighty-Four*, Penguin.
ROSSNER, Judith 1975, Looking for Mr. Goodbar, New York: Simon and Schuster.
RUDNICK, Paul 1986, Social Disease, New York: Ballantine.

Totalitäre Sprache als Gegenstand und Konstrukt künstlerischen Gestaltens (am Beispiel der russischen Gegenwartsliteratur)
Elisabeth Markstein

1. Die sowjetische totalitäre Sprache als Variante der russischen Sprache

Vorweg die Feststellung, daß sich die Merkmale der *sowjetischen* Sprache (die natürlich auch als Variante anderer in der Sowjetunion gesprochener Sprachen auftreten kann) über weite Strecken mit jenen der zuerst von V. Klemperer beschriebenen hitlerdeutschen LTI decken, es darf jedoch nicht übersehen werden, daß die sowjetischen Sprachschöpfer um Jahrzehnte länger Zeit hatten, eine viel umfassendere Formalisierung zu erreichen. In einem kurzen Aufsatz auf die Entwicklungsgeschichte dieser Sprache einzugehen, ist allerdings nicht möglich.

Den besten Zugang zu meinem Thema, das sich mit so Heutigem wie totalitäre Sprache als Referenztext literarischen Erzählens beschäftigt, liefert aus dem 5. vorchristlichen Jahrhundert der griechische Geschichtsschreiber Thukydides mit folgender Überlegung: „Will man Handlungen rechtfertigen, die bisher zum Tadel Anlaß gaben, wird man den gewöhnlichen Sinn der Wörter ändern." (zit. nach Jean Pierre Faye 1977: 135). In unserer Zeit äußerte Ludwig Wittgenstein seinen berühmten Satz: „Die Bedeutung eines Wortes ist sein Gebrauch in der Sprache." (*meaning-use*) (1953: 20). Die Divergenz zwischen *Sinn* (so die Übersetzung aus dem Altgriechischen) und *Bedeutung* können wir außer acht lassen, für mein Thema ist sie nicht relevant, und außerdem: Worüber sich gleichzeitig forschende Linguisten nicht einig werden können, sollte angesichts des Abstands von fünfundzwanzig Jahrhunderten *négligeable* sein.

Der „fundamentale Wortschatz der Soz-realistischen Literatur" (Dobrenko 1990: 167), kurz: die *sowjetische* Sprache als eigenständiges Zeichensystem, bedient sich überwiegend russischer Wörter in korrekter morphologischer und syntaktischer Ordnung; geändert hat sich die kommunikative Funktion. Und die vielen Fremdwörter samt ihren Kürzelderivaten (*Komintern, Proletkult, Agitprop* . . .), gewiß ein augenfälliges und daher oft überbewertetes Merkmal, dienen im Gesamtgefüge der *sowjetischen* Sprache eher als bloße

Persuasionsverstärker. Zudem waren die Internationalismen längst nach russischen Wortbildungsnormen russifiziert worden. In höchstem Staatsinteresse wurde eine Ausnahme im buchstäblichen Sinne konstruiert: Für die Benennung der Nationalsozialistischen Arbeiterpartei Deutschlands (NDSAP) mußte im Russischen für den Teil *sozialistisch* eigens ein Double erschaffen werden, nämlich *socialistskij,* denn das richtige russische Wort *socialisticeskij* war ja bereits ausschließlich positiv besetzt.

Der Begriff *totalitäre Sprache,* entlehnt von Jean-Pierre Faye (1977: 81), läßt sich von zwei Ansätzen her definieren: Zum ersten als Instrument der Macht, als Bestandteil des staatlichen Repressionsapparates, davon wird später noch eigens die Rede sein, und zum zweiten als verbaler Ausdruck des staatlichen Anspruchs auf totale Erfassung der Wirklichkeit und totale Gleichschaltung der Bürger. Also: „Partei und Volk sind eins", „Die Massen . . .", „Die ganze Welt . . .", „Das ganze Sowjetvolk begrüßt . . . trauert . . . verdammt . . . verurteilt . . ." Zu den Spitzenreitern der Sprachnomenklatur gehört „einmütig", zu den Schmähwörtern: „einzelne" („einzelne Genossen wollen keine Einsicht zeigen . . ."). Aufschrift im Café (bis heute): „Bei uns wird nicht geraucht". Spruchband am Flughafen von Sotschi (nachdem Breschnew das Rauchen aufgeben mußte): „Sotschi raucht nicht". Wenn dann in Moskau im Sommer 1992 bei einer Soz-Art-Ausstellung als Objekt ein rotes Plakat mit der Aufschrift: „Unser Ziel ist der Kommunismus! – W. Komar und A. Melamid" zu sehen ist, so gründet der satirische Effekt darauf, daß für den Kommunismus nur die/das (ganze) Volk, Welt, Partei, Proletariat oder zumindest ein ganzes Kollektiv von Kraftwerksbauern eintreten dürfen und niemals zwei Privatpersonen, zumal solche, deren Familiennamen vom russischen Betrachter leicht als jüdisch zu identifizieren sind.

Aus den zahlreichen Parametern der *sowjetischen totalitären* Sprache: Festlegung der Normen des Sprachgebrauchs, Ritualisierung und Sakralisierung, Tabuisierung abzuschaffender –, Etablierung neuer Begriffe und anderes mehr, will ich zwei, die von Schriftstellern mehr als andere thematisiert wurden, herausgreifen und darüber hinaus auf die ausführliche Darlegung von Daniel Weiss (1986) verweisen.

1. 1. Der repressive Charakter der *sowjetischen totalitären* Sprache

Dieser könnte allein schon dadurch belegt werden, daß alle Autoren, die sich in den sowjetischen Jahren nach der Verkündung des Sozialistischen Realismus im Jahre 1934 bis weit in die Breschnew-Ära hinein kritisch mit diesem Idiom auseinandergesetzt haben, im günstigeren Falle Schwierigkeiten mit der Zensur, im schlimmsten – mit der Staatssicherheit bekamen. Die meisten der von mir im nachfolgenden genannten Werke wurden nachträglich verboten oder durften erst gar nicht erscheinen. *Sowjetische* Sprache fiel in staatliche Kompetenz, Zensur- und Parteistellen wachten sorgsam über die Einhaltung der vorgegebenen Sprachregelung, wozu es beispielsweise gehörte, nach sorgfältiger Abwägung der politischen Situation exakt festzulegen, hinter wessen Rede bei Tagungsberichten in Klammern *Applaus, stürmischer Applaus* oder gar *Alle erheben sich* zu setzen war. Druckfehler konnten, je nach Gewichtigkeit des verunstalteten Wortes, allemal als Entlassungsgrund herhalten.

Die *sowjetische* Sprache, selbst bis in alle Einzelheiten reglementiert, wird dazu ge(=miß)braucht (Wittgenstein), alles gesellschaftliche Geschehen zu reglementieren. Die Verdrängung des Sexuellen samt des einschlägigen Vokabulars aus der Literatur war beispielsweise nicht primär eine Frage der gepredigten kommunistischen Moral, sondern Eingeständnis der Ohnmacht, auch diesen Bereich menschlichen Lebens „in den Griff zu bekommen".

Die *totalitäre* Sprache reglementierte nicht zuletzt auch das Strafsystem, übte somit auch eine unmittelbar repressive Funktion aus, wozu Alexander Solženicyn in seinem *Archipel Gulag* zahllose Beispiele hat. Gerade im Gesamtkontext der „krebsigen Metastasen", als die sich die Zwangsarbeitslager und Gefängnisse übers ganze Land ausbreiteten, vermag er ganz deutlich die sprachliche Polarisation herauszustellen: hier die *unsere*, die menschliche Sprache der Gefangenen, dort – die *ihre*, die Mordsprache der Gefängniswärter. „Der Untersuchungsrichter aber schreibt das Protokoll selbst, übersetzt in *seine* Sprache", „... wie um Gnade und immer vergeblich baten wir den Untersuchungsrichter, nicht zu schreiben: ‚...meine widerlichen, verleumderischen Hirngespinste', sondern ‚meine irrigen Äußerungen', ‚unser illegales Waffenlager' statt ‚mein verrosteter Finnendolch'"(1974: 123, 125). Die von Solženicyn angeführte Aufschlüsselung der sogenannten Buchstaben-Paragraphen, derer sich die Sondergerichte OSO bedienten, enthält die wichtigsten – und gefährlichsten – Vokabeln der *sowjetischen* Sprache (1974: 274):

ASA – Antisowjetische Agitation
KRD – Konterrevolutionäre Tätigkeit
KRTD – Konterrevolutionäre Trotzkistische Tätigkeit (das winzige „T" erschwerte dem *Sek* das Leben im Lager um vieles)
PSch – Spionageverdacht (ein über den Verdacht hinausgehendes Spionieren wurde ans Tribunal weitergeleitet)
SWPSch – Beziehungen, die zum Spionageverdacht führen (!)

KRM	– Konterrevolutionäres Denken
WAS	– Ausbrütung antisowjetischer Stimmung
SOE	– Sozial-gefährliches Element
SWE	– Sozial-schädliches Element
PD	– Verbrecherische Tätigkeit …

und schließlich das sehr voluminöse:

TschS	– Familienmitglied (desjenigen, der unter den vorherigen Buchstaben abgeurteilt worden war).

Für manche rein sprachlichen Delikte brauchte es weder des OSO, noch des Tribunals. Gefangene, die ihre Verhörer/Bewacher aus alter Gewohnheit mit dem üblichen *Genosse* ansprachen, wurden, wie in zahlreichen Memoiren belegt, sogleich strengstens bestraft. In der Sprachregelung war die Anrede *Genosse* ausschließlich parteitreuen Kommunisten und *echten* Sowjetbürgern vorbehalten. Strafgefangenen haben die Obrigkeit mit *Bürger* anzusprechen. Das Wort *gospodin (Herr)* galt distanzierend und/oder pejorativ allen *sozialfremden Elementen* und wurde lediglich in der Diplomatie und im Kommerziellen auch von sowjetischen Gesprächspartnern nicht als Beleidigung empfunden.

Und schließlich war *totalitäre* Sprache nicht nur berufen, imaginäre Verbrechen zu statuieren, sondern auch echte Verbrechen zu kaschieren. Ein Beispiel führt George Orwell in seinem *Homage to Catalonia* an: In den Berichten der englischen kommunistischen Zeitungen wurden die im Spanischen Bürgerkrieg vom sowjetischen Geheimdienst ermordeten P. O. U. M.-Leute zunächst nicht *Trotzkisten* genannt, was sie waren, sondern *Anarchisten*. Orwell zum Wirkungsmechanismus:

Nicht jeder Leser in England hat etwas von „Trotzkismus" gehört, aber jeder englischsprechende Mensch zittert, wenn er das Wort „Anarchist" hört. Hat sich einmal herumgesprochen, daß „Anarchisten" beteiligt sind, ist die richtige Atmosphäre für ein Vorurteil geschaffen. Dann kann man die Schuld später mit Sicherheit auf die „Trotzkisten" abwälzen. (Orwell 1964: 22)

1. 2. Die sowjetische Sprache – eine extrem entfremdete Sprache

Wenn ich die *totalitäre sowjetische* Sprache als eine extrem *entfremdete* Sprache bezeichne, kehre ich wieder zum Thukydides-Ausspruch zurück: Das durch sie Ausgesagte entspricht grundsätzlich nicht der empirischen Weltkenntnis der sie aufnehmenden Menschen, was soviel heißt, daß die Inkongruenz dieser Sprache immanent ist. Wenn ein hypothetisch nicht vorbelasteter Russe hört, dieser „Feind des Volkes" (*vrag naroda*) sei zum „Höchstmaß des sozialen Schutzes" (*k vyssej mere social-noj zascity*) verurteilt worden, kann er vermittels der erlernten Bedeutung dieser russischen Worte ohne ideologisches Wissen keinen Bezug zur bezeichneten Wirklichkeit herstellen: er kann nicht erkennen, daß es sich um ein Todesurteil handelt. Die Ideologie bewirkt eine totale Bedeutungsumpolung: vom Schutz des Individuums durch die Gesellschaft zum Schutz der Gesellschaft gegen die (sozial-schädlichen) Individuen („Elemente" im *Newspeak*). Auch Solženicyn (1974: 413) weist auf diese Formulierung hin, die als makabres Schleierwort für *Todesstrafe* stand. Die Strafrechtsreform von 1936 schaffte den offensichtlich bereits überflüssigen Wortappendix vom *sozialen Schutz* ab; die Todesstrafe freilich blieb.

Die von den Begriffen der *totalitären sowjetischen* Sprache, all diesen Slogans von der glücklichen Kindheit, dem Leben, das laut Stalin ausgerechnet 1936 „besser und fröhlicher" geworden sei, all dem „Historischen", „Einzigartigen", „Noch-nie-Dagewesenem" (was allerdings, spricht man in menschlicher Sprache, durchaus stimmt) postulierte Wirklichkeit – ist eine *Scheinwelt*. Besser als es der russische Schriftsteller Boris Chazanov in einem Essay beschreibt, läßt sich dieses Phänomen nicht darstellen. Daher ein längeres Zitat. Ein Spruchband, an dem der Autor in Moskau täglich vorbeiging, verkündete (in wörtlicher Übersetzung): „Höher das Banner des sozialistischen Wettbewerbs für die weitere Erhöhung der Qualität". Dazu Chazanovs Kommentar:

> Jemand hält ein Banner – ein Stück Tuch an einer langen Stange. Dieses Tuch soll höhergehoben werden. In Wahrheit jedoch geht es nicht darum. Es geht um den sozialistischen Wettbewerb. In der Realität gibt es nichts von einem sozialistischen Wettbewerb, es ist bloß so, daß jemand irgendwo seine Arbeit tut. Obgleich die Qualität dieser Arbeit hoch ist, soll sie noch höher werden. Dies allerdings vermittels der empfohlenen Methode, das heißt, durch Höherhalten des Banners des sozialistischen Wettbewerbs, zu erreichen, ist nicht möglich, da es weder einen Wettbewerb, noch ein Banner gibt ... Der granmmatikalisch richtig gebaute Satz gleicht einem schwierigen mathematischen Beispiel mit Brüchen und Polynomen: Man müht sich lange mit der Lösung ab, und als Resultat ergibt sich eine Null. (1992)

Eine Null, eine nur in abstrakter Überlegung existente Größe, ist die von Begriffen der *totalitären sowjetischen* Sprache bezeichnete Wirklichkeit. Die Inkongruenz zwischen den sowjetsprachlichen Behauptungen und Ausdrükken und den allen bekannten Sachverhalten der Wirklichkeit verleiht der *sowjetischen* Sprache trotz weitgehender Standardisierung (oder vielleicht gerade deswegen) etwas zugleich *Vorläufiges,* bei aller Unflexibilität *etwas* Vages.

Das Phänomen des dauernden *Beschwörens,* das die *Uneigentlichkeit* dieser Sprache begründet, hat natürlich wesentlich mit mytholgischem Bewußtsein zu tun (Vgl. Markstein 1992).

2. Der Umgang russischer Schriftsteller mit der sowjetischen Sprache

Die im nachfolgenden *exemplarisch* beschriebenen narrativen und gattungsspezifischen Ansätze mögen nicht als einander ausschließende Modelle verstanden werden. Die Grenzen sind, wie in der Literatur überhaupt, fließend, die Intentionen der Autoren können einander überschneiden.

2. 1. Satire

2. 1. 1. Wenngleich der Parodist Alexander Archangel'skij schon 1923 in seinem Text *Ein Präsent für junge Journalisten* den manipulatorischen Charakter der neuen Pressesprache aufs Korn nahm, beispielsweise im Rezept für einen Leitartikel:

> Man nehme Poincaré, Mussolini, Lloyd-George, zerhacke sie fein auf 800 bis 1000 Zeilen fester Substanz, füge zwei im Mörser zerriebene Menschewiken und drei ebenso verarbeitete Sozialrevolutionäre hinzu. Dies alles wird nun sorgfältig verrührt und drei bis vier Tage in einer Aktentasche kaltgestellt. Vor dem Anrichten mit etwas Weltrevolution garnieren und täglich zwei Spalten servieren. (1973: 298)

– so bleibt diese erstaunlich frühe Klarsicht doch ein Einzelfall. Zunächst beschränkt sich die Auseinandersetzung auf die Personen(Objekt-)sprache, wozu auch der *Skaz* (sozial-markierte Ich-Erzählung) gehört. Wofür Orwell später das Wort *Newspeak* prägte, wird fürs erste als Kontamination der russischen Sprache interpretiert, als Sprachmode, der der Spießer, der Halbgebildete aus politischem Opportunismus oder simpel Eitelkeit nachläuft, all diese neuen Reizwörter nachplappernd, die er, auch wenn sie durchaus sinnvoll sind, schlechthin nicht versteht. So spricht bei Zoščenko eine „sowjetische Madam" im Wartezimmer des Psychiaters (1977: 115): „Vor allem, beachten Sie, sind es hauptsächlich Proletarier, die sich behandeln lassen. Eine nervlich sehr zerrüttete Klasse . . ." Augenblicklich folgt jedoch die zeitkonforme Reaktion eines anderen Wartenden: „Bei Gott, was Sie bloß sagen, ich werde sofort anrufen gehen . . . Die Klasse ist sehr gesund . . ." Dieser Mann weiß bereits – 1933 –, daß Abweichungen von der vorgeschriebenen Kollokation Proletariat – Stärke telefonisch „nach oben" zu melden sind. Unverständnis wird zum Verbrechen, Sprachkomik zur Satire.

In der satirische Komödie *Der Selbstmörder* von Nikolaj Ėrdman (1928) ist die Sicht ganz anders. Der kleine Mann, der Arbeitslose Semjon, bäumt sich bereits gegen den Zwang der Losungen auf:

All eure Baustellen, alle Errungenschaften, Weltenbrände und Eroberungen – behaltet sie doch. Und gebt mir, Genossen, nichts als ein stilles Leben und einen ordentlichen Lohn ... Tun wir denn etwas gegen die Revolution? Wir besuchen einander bloß und klagen, wie schwer unser Leben ist. Denn es fällt uns das Leben leichter, wenn wir sagen, daß es schwer ist. Ich bitte euch, nehmt uns nicht das letzte Mittel zum Überleben, erlaubt uns zu sagen, daß unser Leben schwer ist. Und sei's nur so, geflüstert: „unser Leben ist schwer". Genossen, ich bitte euch im Namen von Millionen Menschen: „gebt uns das Recht aufs Flüstern". Ich versichere euch, ihr werdet es vor lauter Baulärm gar nicht hören (1980: 88 f.).

In Isaak Babels *Skaz*-Erzählung aus der *Reiterarmee* „*Salz*" wird den vom Erzähler verwendeten *Agitprop*-Slogans durch den Kontext (eine Spekulantin wird erschossen) jede Komik genommen, die Satire gewinnt Ernst und ein eigentümliches Pathos: „Und dann nahm ich von der Wand das treue Gewehr und wusch diese Schmach ab vom Antlitz der Arbeitererde, unsrer Republik" (1983: 216).

Und schließlich stellt Vladimir Majakovskij als weiteren Personentyp einen Produzenten von *Newspeak*, den Parteiapparatschik Genossen Pobedonosikov (in der Übersetzung: Triumphanschikow) aus dem satirischen Drama *Das Schwitzbad* vor. Als grundlegendes Element der *sowjetischen* Sprache tritt in der Rede des „Chefs der Hauptverwaltung für Koordination und Kompromißwirtschaft" (1980: 58) der starre, bürokratische Stil hinzu.

2. 1. 2. Gleichsam der nächste Schritt ist das Erkennen dieser Sprache als *fremder* Sprache, was dem Schreibenden die Möglichkeit gibt, sie als Intertext/Zitat in die Autorenrede einzubringen – und dem Leser, sie als *fremdes* Wort zu identifizieren (nach Bachtin 1979: 185 ff.). Der Kontext/die Autorenrede liegt im Widerstreit mit dem Zitat, ironisiert und/oder entlarvt seine Aussage. Darauf baut Solženicyn die satirische Ebene seines *Archipel Gulag* auf. Dazu ein Beispiel von hunderten, es wird der Begriff *soziale Prophylaxe* erklärt: „Fürwahr, wann hätte man sie denn einsperren sollen, die unverläßlichen Mitläufer, diesen ganzen hin und her wogenden intellektuellen Sumpf, wenn nicht am Vorabend der ausbrechenden Weltrevolution?" (1974: 52); der russische Leser braucht keine Anführungszeichen, um die Stimme der *Organe* (= Staatssicherheit) herauszuhören.

Der satirische Impuls kann abgeschwächt sein. Vladimir Vojnovič über den absolut linientreuen Redakteur Jermolkin, der in selbige *Organe* zum Rapport muß: „Jermolkin glaubte einerseits fest daran, daß in unseren Organen durchweg kristallreine, vielleicht leicht geheimnisumwitterte Menschen dienen, andererseits stellte er sich den Gebietschef als ein Ungeheuer mit einem Wolfsrachen und riesigen behaarten Pranken vor" (1979: 97). Bezeichnenderweise fehlt genau dieser Satz in der deutschen Ausgabe (1985). Der Übersetzer mißtraute offenbar und vielleicht zu Recht der Fähigkeit des deutschsprachigen Lesers, das Epitheton *kristallrein* (mit Variante *kristallehrlich*), auf die *Organe* bezogen, als sowjetsprachliches Klischee zu identifizieren. Dabei illustriert gerade dieses Zitat sehr schön den Gegensatz: *unsere* Sprache – *ihre* Sprache, der dem gespaltenen Bewußtsein (*Doppeldenken*) sowjetischer Menschen zugrunde lag.

Die wenigen Texte des auch in Rußland kaum bekannten Leonid Dobyčin – er beging 1936 Selbstmord – bewirken hingegen auch ohne sichtbare satirische Absicht des Autors starke satirische Effekte, wenn er Losungwörter und politisch affichierte Namen in banalste Kontexte stellt: „Hoch erhobenen Hauptes, die Schultern rekelnd, ein siegreiches Lächeln auf dem von Puder lilafarbenen Gesicht, bog Liz Kuricyna raschen Schritts von der Straße der Deutschen Revolution in die Straße der Dritten Internationale ein" (19) oder „Zwei Fuhrwerke mit Holz rollten durch das Tor der Rosa Luxemburg- und Karl Liebknecht-Schule. Hier unterrichtete Müsjeu Poincaré" (16). Russischer Kontext: tiefste Provinz. Pompöse sowjetsprachliche Signale: Weltrevolution, im Grunde jedoch kümmerliche Accessoires provinziellen Alltagslebens. Wie später am Beispiel Andrej Platonov zu zeigen sein wird, produziert solche Inkongruenz über die Satire hinaus das Absurde.

2. 1. 3. Zumindest kurz erwähnt werden sollte die satirische Handhabung ganzer sowjetsprachlicher Textsorten, dies verständlicherweise vor allem in zahlreichen *Parodien*. Als Material bieten sich Zeitungsrezensionen, amtliche Berichte, Schulbücher, Biografien und dergleichen an. A. Archangel'skij, bereits erwähnt, zielt in seiner parodistischen Biografie zum 100. Todestag von Puschkin (1967: 242) auf das Sammelsurium standardisierter Schulbuchweisheiten hin. Der Text durfte 1936 nicht erscheinen, die Klassiker waren staatserhaltendes Heiligtum. Dmitrij Prigov (1991: 58–60) bastelt schlichtweg eine gemeinsame Biografie aus Tolstoi und Gorki, was durch Kompilation der unifizierten Interpretationen (fast) aller Schriftsteller als „Kämpfer gegen den Absolutismus" und „Beschützer des Volkes" durchaus möglich ist. Von Prigov (1993: 62) stammen auch Parodien auf die Textsorte parteiamtliche Nekrologe.

2. 2. Etymologisierung, Resemantisierung sowjetsprachlicher Vokabel und Floskeln

Sie werden „beim Wort genommen", auf ihre russische „natürliche" Bedeutung zurückgeführt. Zwei grundverschiedene Strategien sind auszumachen, beide vereint im Werk von Andrej Platonov.

2. 2. 1. Um die stilistischen Intentionen Andrej Platonovs zu verstehen, muß ein neuer Gesichtswinkel für das Thema gewählt, die *sowjetische* Sprache gleichsam etymologisch betrachtet werden: als jene nunmehr verballhornte, sinnentleerte, mißbrauchte Sprache, mit der jedoch am Ende des vorigen Jahrhunderts die große soziale Utopie unserer Zeit angetreten ist. Mit dieser Utopie und dieser Sprache setzt sich Platonov am direktesten in seinen Romanen *Tschewengur* und *Die Baugrube* auseinander. Die Wörter der revolutionären Agitation, die für Archangel'skij oder Zoščenko so früh schon einen parodistischen Klang gewannen, all diese: *Sozialismus, Kommunismus, Klassen, Massen, Kollektiv* oder *Sowjets*, sind für Platonov im Jahr 1926, als er sein *Tschewengur* zu schreiben begann, derart gewichtig, daß er sich bemüht, dem entfremdeten Wort die ursprüngliche Bedeutung wiederzugeben. Das semantisch entwertete Wort wird aus seiner kollokativen Fixierung gelöst und in neue, unerwartete und freie Wortverbindungen gesetzt, wodurch es von später angeschwemmten Assoziationen befreit wird und sein volles semantisches Potential wiedergewinnt. Da es praktisch nicht möglich ist, diese Sprachstrategie in der Übersetzung befriedigend zu illustrieren, begnüge ich mich mit einem Beispiel, dem Gebrauch des Wortes *Genosse*, das dem Übersetzer unüberwindbare Schwierigkeiten bereitet, da es im Deutschen kein Eigenschaftswort bildet, welches man indes brauchen würde, um den spezifisch Platonovschen Klang dieses Wortes zu belegen, wenn er vom „genossenhaft" (ich will diese Notlösung für *tovariščeskij* verwenden) breiten Rücken des Pferdes *Proletmacht*, von der „genossenhaften Sonne", vom Leben in „genossenhafter Enge" spricht und es in der Proklamation der Kommune von Tschewengur heißt: „Genossen Arme! Ihr habt jede Bequemlichkeit und Sache auf der Welt gemacht, aber jetzt habt ihr sie zerstört und wünscht euch was Besseres – einander. Dazu werden in Tschwengur vorübergehende Genossen von der Straße aufgenommen" (1990: 314). Wörtern mit einem hohen Abstraktionsgrad wie eben *Sozialismus* wird die Anschaulichkeit wiedergegeben, sie werden sichtbar, greifbar, spürbar; hier, wie der kürzlich in Fjodor Dostojewski umbenannte Bauer Ignatij Moschonkow den Sozialismus sieht: „Das ist ein etwas feuchter blauer Himmel, der sich vom Atem der Futterpflanzen nährt. Der Wind bewegt kollektiv und sacht die satten Seen der

Ländereien. Das Leben ist derart glücklich, daß es lautlos ist. Blieb nur noch, den sowjetischen Sinn des Lebens zu bestimmen" (1990: 144).

2. 2. 2. In der drei Jahre später geschriebenen *Baugrube* wird der Sprachgebrauch, den Platonov als *kosvennyj* (indirekt, also *uneigentlich*, 1982: 3) charakterisiert, dominierend; es sind die Parteiaktivisten, die die bereits etablierte *Agitprop*-Sprache durchaus aggressiv einzusetzen beginnen. Der sprachliche Ernst der Utopisten aus *Tschwengur* und ihres Schöpfers Andrej Platonov wird durch das Parteikauderwelsch abgelöst, das als zweite sprachliche Ebene das Geschehen überlagert. Ein Beispiel möge für viele stehen: Dem Gewerkschaftsbürokraten Paschkin „. . . kam der Einfall, die Baugrube nicht um das Vierfache zu vergrößern, sondern um das Sechsfache, damit würde er, ganz im Sinne der Obrigkeit, die Generallinie überholen, um ihr später auf gefestigtem Grund und Boden eine festlichen Empfang zu bereiten, und dann würde die Linie seiner gewahr werden und ihn als ein unvergängliches Pünktchen in sich aufnehmen" (1990: 81 f.). Die entfremdete Sprache zerstört allmählich die Realität, den Erbauern des geplanten Gesamptproletarischen Hauses wird nicht bloß ihre *eigentliche* Sprache gestohlen, sondern letztlich die utopische Hoffnung als solche. „Shatschew und Wostschew [zwei Erdarbeiter] . . . waren, ohne zu wissen, warum, von den langen Radioansprachen peinlich berührt; sie hatten nichts gegen den Mann, der da redete und Belehrungen erteilte, dennoch litten sie unter dem Gefühl persönlicher Schmach" (1990: 63). Und für den Leser kommt früher oder später der Augenblick, da er erkennt, daß ihn der Autor in eine völlig irreale Welt geführt hat. Die Baugrube, der Schoß für das künftige gemeinschaftliche Leben, bleibt als riesiges gemeinschaftliches Grab zurück. Die Auseinandersetzung mit der *sowjetischen* Sprache gewinnt eine entscheidende philosophische Komponente. Und aus der Inkongruenz von Bezeichnendem (*Sowjetsprache*) und Bezeichnetem (Welt, respektive Weltkenntnis) ensteht dank der grotesken Doppelbödigkeit absurde Literatur, richtiger: Literatur des Absurden.

2. 3. Die sowjetische Sprache nach Verlust ihrer repressiven Funktion

Wiederum ist eine genaue Datierung unmöglich. Die sogenannte *Underground*-Literatur hat sich zwei Jahrzehnte vor Beginn der *Perestrojka* des Gegenstandes *Sowjetsprache* bedient, allerdings in eher spielerischer Funktion, was sie vom kämpferischen Anspruch des *Samizdat* (die Beispiele Solženicyn, Vojnovič) unterscheidet. Allerdings versichert der bekannteste unter den Moskauer sogenannten Konzeptualisten, Dmitrij Prigov, mit seinem

Spiel mit der Sprache – ganz un-postmodern – durchaus eine erzieherische Absicht verfolgt zu haben:

Am Beispiel der Kunst sieht der Mensch, daß es eine im Leben nicht unbedingt voll realisierbare absolute Freiheit gibt. Ich habe die sowjetische Sprache genommen, als die damals bestfunktionierende, sichtbarste und zugängliche, welche die Ideologie vertrat und sich als gottgegebene absolute Wahrheit ausgab. Der Mensch war von dieser Sprache erdrückt, nicht von außen, sondern in sich drin ... Ich wollte zeigen, daß es Freiheit gibt. Sprache ist nichts als Sprache, keine absolute Wahrheit, und sobald wir das verstanden haben, gewinnen wir die Freiheit. (1993a: 5)

2. 3. 1. Der sowjetsprachliche Referenztext wird nicht mehr entlarvt oder gar angeprangert, er muß sich damit bescheiden, lediglich eine historische Epoche zu markieren. Die *ideologischen Topoi,* die im Verlauf der rund siebzig vorhergegangenen Jahre ohnehin jeden Anspruch verloren haben Reales zu bezeichnen, letztlich nur auf sich selbst, die *sowjetische* Sprache hinwiesen, schrumpfen zu bloßen *Signalen, Markern* zusammen. Der Dialog Zitat-Kontext ist abgeschwächt. Evgenij Popov:

Ljoscha [ein Kitschmaler] schloß sich mitnichten in seinem Schaffen ab, wie dies einzelne andere, dem Volk entfremdete Künstler tun. Seine Werke bringt er auf dem Zentralmarkt für Industriewaren, von vielen aus Unwissenheit Trödelmarkt geschimpft, erfolgreich unters Volk. (1990: 133)

Die Erwähnung der einzelnen (!) anderen, dem Volk entfremdete Künstler ist kaum mehr als ein Signal, ein Hinweis in diesem Falle auf das Jahr 1969.
Timur Kibirov leitet sein Poem *Skvoz' proščal'nye slëzy* (etwa „Unter Abschiedstränen") mit Reminiszenzen an chronologisch geordnete Gerüche (auch sie Signale) des sowjetischen Alltags ein und benützt dann eine ganze Schar von Zitaten und sowjetsprachlichen Ausdrücken, um in einem Gemisch aus ein bißchen nostalgischer Wehmut und kontextueller Distanzierung Bilder der sowjetischen Vergangenheit erstehen zu lassen. Eine moderne Cento-Poesie ist das, Flickgedichte, aus Zitaten (Lappen) zusammengesetzt, und die Zitate sind Kürzel, die durch die Menge ihrer emotionalen Assoziationen überflüssige Beschreibungen substituieren. Zu den Realien der Zeit gehört bei Kibirov beispielsweise der Name des meist verbreiteten und geschenkten sowjetischen Parfüms *Krasnaja Moskva* („Rotes Moskau", Substitut für alle Internationalen Frauentage seit den Zwanzigern) wie ebenso Strophen aus den Massenliedern der 30er Jahre. Im übrigen können gerade Liedzitate die Wirkung solcher Texte immens verstärken: noch haben die meisten Russen die Melodie im Ohr.

2. 3. 2. Der sowjetsprachliche Referenztext wird neben einer Vielzahl anderer Zitationen als Kompositionselement eingesetzt, ein *Priem*, auf dem die Postmoderne und vor allem die Konzeptualisten aufbauen, indem sie sich die absterbende, weil von keinem Repressionsapparat mehr gestützte *sowjetische* Sprache als Gestaltungskonstrukt zu eigen machen. Wie die Soz-Art in der Bildenden Kunst nährt sie sich von der „Umkodierungen von Erscheinungen der klassischen sowjetischen Mentalität der Aera des späten Stalinismus" (Dobrenko 1990: 173) und erreicht ihre ästhetische Wirkung dadurch, daß sie die Zeichen der vorhergegangenen Kultur in neue Kontexte einführt. Bei dem noch nicht „entdeckten" Anatolij Gavrilov fand ich den kurzen Prosatext *Tan und Čven'* (1990), der sich einem geradezu als Musterbeispiel des konsequente realisierten konstruktiven Ansatzes aufzwingt. In der vollkommen statischen, realitätsentrückten Momentaufnahme aus dem Leben und Sterben zweier Freunde wird die Handlung lediglich zu Beginn und in der Mitte durch drei sowjetsprachliche Sätze – wie durch Peitschenhiebe – vorangetrieben, die den Bezug zur Geschichte – Krieg in Vietnam und Kambodscha – herstellen. Menschenschicksal also, erzählt in menschlicher, stellenweise fast poetischer Sprache versus Geschichte, *Histoire,* dem Menschen Feind, markiert durch totalitäre Sprache, die entlarvendes Pathos überflüssig macht.

Originell, wenngleich gewiß nicht nach jedermanns Geschmack, verwertet Vladimir Sorokin (1992) als Grundsteine für seine Texte ganze stereotype Modelle sozrealistischen Erzählens, das er, sobald eine bestimmte Leseerwartung aufgebaut ist, in meist obszöne Schilderungen umschlagen läßt. Die beabsichtigte Schockierung von Lesern, die früher von der Zensur davor bewahrt worden waren, „dreckige" Wörter auch auf Papier gedruckt zu sehen, gelingt vollauf.

Andererseits baut das unermüdliche Zitieren als Markenzeichen der Postmoderne große Verstehensschwierigkeiten nicht nur vor den ungeschulten fremdsprachigen Lesern, sondern auch vor Russen jüngster – und nachfolgender – Generationen auf. So kann der Kritiker Viktor Maluchin einen „giftigen Beobachter" zitieren, der die Vermutung aussprach, „irgendwann müßten als Beilage zu postmodernistischen Texten ganze *Prawda*-Jahrgänge neu aufgelegt werden, andernfalls die Nachfahren nicht verstehen würden, wovon dort die Rede ist" (1991: 201).

Womit dank der Postmoderne erhärtet wird, daß es sich bei der *sowjetischen totalitären* Sprache um ein eigenständiges Idiom, eine ideologisch fixierte, vom Repressionsapparat gestützte, komplett durchformalisierte Variante der russischen Sprache handelt.

Literatur

Anmerkung: Wenn im Literaturverzeichnis nicht anders vermerkt, stammen die Übersetzungen der zitierten Beispiele von mir. [E. M.]

Primärliteratur

ARCHANGEL'SKIJ, Alexandr, „Podarok molodym žurnalistam", in: *Krokodil*, Moskau 16/1923; zit. nach *Voprosy literatury*, Moskau, 3/1973.
ARCHANGEL'SKIJ, Alexandr, „O tvorčestve Puškina", Manuskript 1936, zit. nach *Voprosy literatury*, Moskau, 7/1967.
BABEL', Isaak, *Prosa*, Berlin: Volk&Welt 1983, Ü.: Dmitri Umanski.
CHAZANOV, Boris, „Budem lopat' pustotu", Radiovortrag Radio Liberty, München, Mai l992; Manuskript.
DOBYČIN, Leonid, *Vstreci s Liz*, Leningrad o. J.
ĖRDMAN, Nikolaj, *Samoubijca*, Ann Arbor, Michigan: Ardis 1980.
GAVRILOV, Anatolij „'Tan i Čven'", in: *Solo*, Moskau 1990/1, 20 f.
KIBIROV, Timur, „Skvoz' proščal'nye slëzy", in: *Ličnoe delo No . . .*, Almanach, Moskau: Sojuzteatr 1991, 45–57.
MAJAKOVSKIJ (Majakowski), Vladimir, *Die Wanze, Schwitzbad und andere . . .*, Neuwied: Luchterhand 1980, Nachdichtung: Rainer Kirsch.
ORWELL, George, *Mein Katalonien*, München: Rütten & Loening 1964, Ü.: Wolfgang Rieger.
PLATONOV, Andrej, *Vprok*, New York: Serebrjanyj vek 1982.
PLATONOV, Andrej, *Tschewengur, Die Wanderung mit offenem Herzen*, Berlin: Volk&Welt 1990, Ü.: Renate Landa.
PLATONOV, Andrej, *Die Baugrube*, München: Hanser 1990, Ü.: Werner Kaempfe.
POPOV, Evgenij, *Prekrasnost' žizni*, Moskau: Moskovskij rabočij 1990.
PRIGOV, Dmitrij, „I smert'ju vragov popral", in: *Solo*, Moskau 1991/2.
PRIGOV, Dmitrij, „Nekrologi", in: *Ogonëk*, Moskau 14–15/1993.
PRIGOV, Dmitrij, „Zwischen Namen und Image", Interview in der *Literaturnaja gazeta*, Moskau, 12. 5. 1993a.
SOLŽENICYN (Solschenizyn), Alexandr, *Der Archipel Gulag*, Bern: Scherz 1974, Band 1, Ü.: Anna Peturnig (Elisabeth Markstein).
SOROKIN, Vladimir, *Sbornik rasskazov*, Moskau: Russlit, 1992.
VOJNOVIČ, Vladimir, *Pretendent nach prestol*, Paris: YMCA-Press 1979.
VOJNOVIČ (Woinowitsch), Vladimir, *Iwan Tschonkin, Thronanwärter*, Zürich: Diogenes 1985. Ü.: Alexander Kaempfe.
ZOŠČENKO, Michail, „Vračevanie i psichika", in: *Rasskazy. Sentimental'nye povesti. Komedii*, Moskau: Sovetskaja Rossija 1977.

Sekundärliteratur

BACHTIN, Michail, *Ėstetika slovesnogo tvorčestva*, Moskau: Iskusstvo 1979.
DOBRENKO, Evgenij, „Preodolenie ideologii. Zametki o soz-arte", in: *Volga*, Saratov11/1990.

FAYE, Jean Pierre, *Theorie der Erzählung, Einführung in die totalitären Sprachen*, Frankfurt/M.: Suhrkamp, Ü.: Irmela Arnsperger.
KLEMPERER, Victor, *LTI (Lingua Tertii Imperii). Notizbuch eines Philologen*, Leipzig: Reclam [11]1991.
MALUCHIN, Viktor, „Post bez moderna", zit. nach St. RASSADIN, „Golos iz ar'ergarda", in: *Znamja*, Moskau 11/1991.
MARKŠTAJN (Markstein), Elizabet, „Jazyk utopii i mifologičeskoe myšlenie ...", in: *Voronežskij kraj i zarubež'e*, Voronez: Logos 1992.
WEISS, Daniel, „Was ist neu am ‚Newspeak'. Reflexionen zur Sprache der Politik in der Sowjetunion", in: *Slavistische Linguistik 1985*. München: Sagner, 1986, 247–325 (Slavistische Beiträge, Bd. 200).
WITTGENSTEIN, Ludwig, *Philosophische Untersuchungen*, Oxford: Blackwell 1953.

Langue de bois et poésie
Rodica Zafiu

1. La poésie officielle de propagande s'est constituée dans les dernières décennies du pouvoir communiste en Roumanie dans un corpus d'hymnes et d'hommages à fonction cérémonielle qui illustrent l'une des hypostases les plus typiques du discours public dans une dictature. Dans ce qui suit, nous nous proposons d'examiner les relations qui existent entre le discours politique officiel du totalitarisme communiste, tel qu'il se manifeste dans les documents du pouvoir et dans les médias, et qui est désigné fréquemment par la formule *langue de bois* (THOM 1987, PINEIRA et TOURNIER 1989) – et le discours de la poésie de propagande. Ce dernier n'appartient pas formellement au pouvoir politique, mais se présente comme s'il était émis par le poète-tribun ou par le poète populaire, quasi-anonyme – voix intermédiaire qui sert à simuler le dialogue dans un espace public où l'État a le monopole de la parole. Nous essayerons de démontrer que le corpus des «hommages» versifiés (qui peut être traité soit comme étant un accident historique, soit comme illustrant une très ancienne tradition de la poésie de cour) produit une formule monologique profondément hybride, caractérisée par la déstructuration du discours: plus les contraintes contextuelles et textuelles sont fortes, plus la confusion et l'anomie s'installent au coeur même du discours.

La poésie officielle (institution qui a une existence parallèle à celle de de l'institution littéraire) a des significations bien plus complexes que celles qu'on lui attribue en général: elle pousse à l'extrême quelques traits fondamentaux de la «langue de bois», dérivés de ses rapports avec le réel; enfin, elle remplace la modération monotone du discours officiel par des excès de style qui révèlent souvent les obsessions cachées, les mythes du régime politique. Discours-écho, discours «accompli», discours profond et même anticipateur: les trois hypostases méritent une description un peu plus approfondie.

Il faut préciser que la «langue de bois» peut être caractérisée par la présence de certains traits linguistiques, mais ne se définit complètement que par ses fonction idéologiques, par un rapport particulier entre le message et la réalité (GUȚU ROMALO 1992); de même, la poésie des *hommages* peut ressembler à des textes poétiques véritables, avec lesquels elle partage des traits linguistiques et rhétoriques, mais reste un phénomène différent à cause des circonstances de son emploi et de la fonction que le système lui attribue, excluant de manière violente un discours contraire.

L'analyse fondée sur un corpus de textes parus dans les années 1980–1989 dans la presse roumaine débute par une brève présentation de leurs conditions énonciatives (2); nous exemplifierons ensuite la forme élémentaire du rapport entre la «langue de bois» et les textes qui versifient et qui métaphorisent les slogans (3); nous montrerons que les traits linguistiques du discours officiel totalitaire (abstraction, impersonnalité, prolifération illimitée des clichés) et ses structures mentales (globalisme, réunion des contraires, manichéisme) (THOM 1987) se sont associés parfaitement au modèle métaphorique, à l'allusion et à l'indétermination d'une poésie incantatrice; le prototype vulgarisé de cette poésie a servi de médiateur entre les contradictions du discours idéologique afin de masquer leur manque de logique (4). L'auto-référentialité – que le discours politique utilisait sans l'avouer – reste un thème fréquent dans une poésie qui se réclame, pourtant, de l'occasionnel (5). En plus, la convergence entre le modèle poétique et le modèle idéologique acquiert la fonction de confisquer et de dévaloriser un discours parallèle qui, sans s'opposer ouvertement au pouvoir, avait constitué une forme de résistance passive: le courant esthétique, qui valorisait le «langage poétique» et le modèle de la métaphore; les formes extérieures de ce langage sont reproduites, de manière mimétique, par les poésies de la propagande. Finalement, nous soutenons que le discours des «hymnes» a manipulé un archaïsme rural et nationaliste que le discours politique évitait à employer ostensiblement; la poésie a eu la fonction inhabituelle d'expliciter ce qui restait au niveau des présuppositions et des implications de la «langue de bois» (6). Les textes versifiés ont fait appel à des stratégies discursives dont les conséquences sont plus visibles dans la polyphonie posttotalitaire: la confusion des voix, la parole confisquée et, surtout, le discours nationaliste ont survécu à la «langue de bois» officielle (cf. BOURMEYSTER 1989, THOM 1993) (7).

2. La situation communicative de la poésie de propagande a varié en Roumanie depuis les années 1950 jusqu'à 1989: du monopole de l'expression dans le cadre de l'institution littéraire, son rôle s'est réduit progressivement à une position décorative, formelle, régie par un protocole très strict: endroits fixes (premières pages des revues) et moments précis (fêtes, anniversaires – d'ail-

leurs très fréquents); elle se trouvait aussi dans les livres scolaires (surtout sur les premières pages) et dans des volumes à destination explicite (*Hommages*); on la diffusait, presque chaque jour, à la radio et à la télévision. De manière exceptionnelle, elle apparaissait même dans le discours du pouvoir: le président-dictateur ornait quelquefois ses conférences de fragments versifiés, qu'on ne lui attribuait pas explicitement, mais qu'on traitait tout de même comme s'ils étaient les siens. Il faut ajouter à ces contextes les nombreux concours littéraires et les anthologies qui stimulaient les enfants, les débutants, à écrire dans le genre panégyrique.

L'idée courante en Roumanie est que le phénomène était absolument marginal et dépourvu d'impact réel sur le public – car presque personne n'écoutait et ne commentait ces textes. D'ailleurs, si au début du régime communiste les auteurs de textes de propagande bénéficiaient d'une certaine notoriété, dans les années 1970 et 1980 ils étaient des inconnus, des non-professionnels; pour certains textes, les auteurs employaient des pseudonymes; les écrivains plus connus ne reproduisaient jamais ce type de textes compromettants dans leurs volumes. Une stratégie de l'éphémère et de l'occasionnel permettait parfois des éloges du pouvoir politique dans les journaux – réservant «la poésie véritable» pour les volumes. Il y avait, en même temps, d'assez nombreux poètes de talent qui n'entretenaient aucune liaison avec la zone de la production officielle. La critique littéraire ignorait d'ailleurs cette zone, qui vivait en dehors du jugement de valeur et en dehors de la littérature. Les règles du jeu étaient pourtant trop subtiles: elles n'éliminaient pas tout risque de confusion. A l'intérieur du système dominait l'impression qu'il existaient des sphères absolument étanches pour chaque terme de l'opposition «langue de bois»/«langue vraie» (SERIOT 1989), «textes de propagande»/ «littérature»; la période posttotalitaire a démontré pourtant que la contamination des discours était assez puissante. La quantité et le polymorphisme de la poésie officielle ne sont pas restés sans influencer les gens – dans leurs clichés, dans leurs schémas mentaux, ou du moins dans leur intérêt pour la lecture.

La poésie roumaine officielle a connu aussi d'importantes transformations concernant le genre discursif, le type de texte promu: le genre «agit-prop», militant, mobilisateur et polémique des premières décennies du pouvoir totalitaire a été remplacé totalement par le genre panégyrique, de cérémonie; au langage populaire, très accessible, des narrations versifiées qui dominaient les années 1950, il s'est substitué un style haut, solennel, d'un maniérisme parfois hermétique. Evidemment, les changements correspondaient au passage à une époque de stabilité politique, caractérisée par le culte de la personnalité et par le nationalisme communiste en variante roumaine. A ce moment, la fonction principale de cette poésie a été celle de reconfirmer le pouvoir autoritaire, en mimant le soutien populaire pour de raisons de cérémonial.

3. L'hypostase la plus simple de la poésie officielle est représentée par *la subordination totale à la langue de bois*. De manière fidèle et subalterne, le discours poétique ne fait que traduire en métaphores et symboles un message précodé, préinterprété. Les clichés sont transposés en d'autres clichés, assez transparents: la différence entre le discours politique officiel et la versification de propagande est minimale et locale, s'identifiant au niveau des structures microtextuelles. Le discours opère la concentration des thèses idéologiques par les moyens de l'invention lexicale. Dans le composé *oraşele-satele* («les villes-villages»)[1] transparaît un slogan qui a fait partie d'une très dogmatique «théorie des contradictions non-antagoniques» – annonçant l'une des formes de l'homogénisation future: «vom realiza o apropiere tot mai mare a condiţiilor de muncă si viată de la sate de cele de la oraşe»(«nous réaliserons un rapprochement toujours croissant des conditions de travail et de vie dans les villages et dans les villes»)[2]. La langue de bois de la poésie est plus concise et plus radicalement utopique.

La traduction figurative des slogans produit souvent des métaphores absurdes, susceptibles d'un décodage analytique, mais qui présupposent une lecture fragmentaire. Un syntagme inusité, tel «zborul de belsug» («l'envol d'abondance»)[3], ne vise qu'apparemment une lecture globale de type métaphorique; en réalité, chacun des termes qui le composent envoie à son correspondant dans le slogan banal «progres si prosperitate» («progrès et prospérité»)[4]. Le discours est produit par la stratégie très rudimentaire de la substitution.

4. Souvent, il ne s'agit plus d'une traduction mot à mot, mais d'une allégorie plus élaborée, qui devient absurde et comique en accumulant des détails, par peur de contrevenir aux thèses officielles. Des contradictions peuvent apparaître entre la logique des slogans et la logique des figures de rhétorique: les ouvriers symboliques sont placés, par exemple, sous l'arc (de triomphe) de la science – par où ils devaient tout simplement passer. L'impiété d'évoquer des ouvriers qui passent au lieu de travailler est évitée par un recours à la redondance – ce qui produit une image burlesque: «sub arcul ştiinţei muncind/ trec zilnic milioane/ de fraterni, de uniţi si comunişti muncitori» («sous l'arc de la science, en travaillant,/ il passe chaque jour de millions/ d'ouvriers fraternels,

unis et communistes»)[5]. La contradiction se trouve parfois annulée par une formule narrative: les clichés du «travail psysique» et du «travail intellectuel» – *travailler* et *penser* – s'harmonisent dans des vers dont l'humour involontaire passait inaperçu par la censure: «stramoşii meditară în mii de ani pe plug» («nos ancêtres méditèrent pendant des milliers d'années s'appuyant sur leurs charrues»)[6].

Il devient évident que la poésie officielle dispose d'une permissivité accrue – qu'elle emploie afin de dépasser son rôle de traductrice des slogans – en essayant de récupérer ces derniers. Le modèle discursif métaphorique et incohérent (prototype vulgarisé de la poésie moderne) sert parfaitement de médiateur entre les contradictions internes de l'idéologie. L'unité et même la coïncidence des contraires est le mécanisme le plus efficace qui permet au discours poétique de dépasser le discours purement politique, sans s'éloigner de sa «direction». Pour THOM 1987, l'une des stratégies spécifiques et profondes de la langue de bois est l'utilisation des couples magiques de mots, qui illustrent le schéma dialectique et qui déclenchent un circuit fermé, paralysant la raison. Lorsque chaque notion se confond avec son contraire, il devient impossible de continuer à penser, en l'absence des oppositions logiques et du raisonnement dissociatif. En épuisant un domaine, les couples complémentaires participent en même temps à la tendance très forte du discours idéologique vers le globalisme: jouissant d'un prestige religieux (et par ce côté la formule contribue au culte officiel) et d'un prestige purement poétique (par l'instauration de l'autonomie du texte).

Le monolithisme du discours totalitaire ne se définit pas par des critères intérieurs, mais uniquement par la condition extérieure du pouvoir qui lui assure le statut de discours unique: c'est un monolithisme contextuel, formel, qui ne dérive pas d'une cohérence intime. Le discours idéologique existe sous la forme des «îles pragmatiques» – des configurations produites par des stratégies locales, entre lesquelles la communication ne s'établit pas toujours: il actualise les fragments, les clichés – mais non leurs implications, parfois contradictoires. Le couple *communisme* (= rupture, révolution, utopie, avenir, etc.) et *tradition* (= continuité, passé, nation, etc.) a engendré un champ allégorique très riche, en multipliant l'effort de concilier les dogmes; même dans la langue de bois des discours officiels, le communisme était désigné comme «vis de veacuri al poporului român» («rêve séculaire du peuple roumain»). Dans la poésie de propagande, une réalité politique dont l'apparition historique très récente est bien connue – le parti communiste roumain – devient une entité mythique, qui non seulement traverse l'histoire, mais s'assujetit les siècles: «el vine din obîrşii cu veacuri la oblîncuri» («il vient des souches, des siècles à ses arçons»); «din început . . . – Partidul!» («dès le début . . . – le Parti!») (Texte 2: *Ils sont le pays – tout et toutes*, dans les *Annexes*). L'une des présuppositions fortes et contradictoires du discours national-communiste est que le communisme est en même temps un commencement absolu et une continuité évidente; surprenante dans sa forme nue, elle doit être toujours «normalisée» par des figures allégoriques.

Aux couples contradictoires cités ci-dessus s'en ajoutent beaucoup d'autres: par exemple, la relation stable entre les termes *héros* et *paix*, qui remplace totalement la relation (pourtant plus naturelle et traditionnelle) entre *héros* et *guerre*: «marele Erou în vremi de pace» («le grand Héros des temps de paix»)[7]. L'unité des essences différentes bénéficie en surcroît du modèle chrétien de l'identité entre le Père et le Fils: on retrouve ce modèle dans les odes et les hymnes où le Grand Chef communiste est nommé successivement Fils (de la patrie) et Père (du peuple).

Lorsque le discours de la poésie de circonstance ne se résume plus à la traduction des slogans de la langue de bois, il cherche à s'approprier le style de la poésie moderne: celle-ci s'oppose totalement au premier modèle de l'art prolétarien, accessible et mobilisateur, mais correspond parfaitement aux traits profonds de la langue de bois typique: annulation de la réalité, remplacée par l'imaginaire, par le vague et l'abstraction, par des symboles obscurs, décontextualisés. L'adoption du langage métaphorique, où la distance sémantique entre les termes associés augmente est au fond motivée par la conscience secrète de créer un univers discursif détaché du réel. La présence de la métaphore-cliché dans le discours politique en langue de bois a été signalée depuis longtemps; les exemples qui suivent sont instructifs du point de vue du fragmentarisme, de la vision contradictoire et ridicule:

sursa de inspiraţie să fie izvorul viu al muncii, al vieţii poporului nostru, nu ulcioarele, chiar aurite, care pot deforma relităţile. (La source de l'inspiration doit être la source d'eau vivante du travail, de la vie de notre peuple, et non les cruches dorées, qui peuvent déformer les réalités.)[8]

Infruntînd valurile uriaşe provocate de uragane şi cutremure, trebuie să navigăm cu mare atenţie pentru a asigura înaintarea patriei noastre spre piscurile înalte ale societăţii comuniste. (Affrontant les vagues géantes, provoquées par les ouragans et les tremblements de terre, nous devons naviguer avec une grande attention afin d'assurer l'avancement de notre patrie vers les hauts sommets de la société communiste.)[9]

La poésie dispose d'un inventaire de symboles encore plus large: à côté des sources, de la navigation, de la lumière, etc., elle véhicule des syntagmes du genre: «harfa metalurgiei» («la harpe de la métallurgie»), «oglinzi de pace» («miroirs de paix»), «clepsidre de idei» («clepsydres d'idées»), «păsări de ovaţii» («oiseaux d'ovations»), etc. Par mimétisme, la poésie officielle réussit non seulement à annexer, mais aussi à dégrader le discours d'un de ses principaux adversaires: le courant esthétique, qui continuait à cultiver la métaphore moderniste. L'association de la fonction de propagande avec la technique maniériste de la métaphore prend un aspect assez hybride, bien qu'elle soit motivée par l'épigonisme et, surtout, par la conscience de l'artificialité extrême du produit.

L'incohérence et la destructuration représentent un autre point de convergence apparente entre la langue de bois typique – qui prolifère à l'infini – et un certain discours poétique moderne. L'incohérence est due au caractère de liste des textes qui choisissent leurs éléments d'un inventaire préexistant de symboles et de clichés, en les combinant de manière aléatoire. La destructuration apparaît aussi au niveau de la reprise anaphorique: lorsque les actants de chaque cliché narratif sont indiqués allusivement, l'ambiguïté détruit la cohésion du texte. Dans le texte *Histoire* (reproduit dans les *Annexes*), *lui – son fils – il* reçoivent une interprétation référentielle ambiguë (le chef du parti et/ou le peuple) et contradictoire.

L'indéfini et l'allusion sont des stratégies moins prévisibles dans une poésie officielle de propagande. Elles y existent pourtant, et le phénomène a plusieurs explications possibles: premièrement – la tactique du tabou, qui accroît le prestige mythique du personnage qu'on évoque indirectement; deuxièmement, la tactique du langage indirect employé en tant que marque de rhétorique littéraire – s'opposant ainsi à la rhétorique déclamatoire; le discours cache ses fonctions pratiques sous le masque de la littérarité. Le dictateur est évoqué par l'intermédiaire de pronoms ou de citations; le texte (*Histoire*, dans les *Annexes*) offre des pistes fausses, en généralisant abusivement des éloges tout à fait personnels. Si le modèle rudimentaire de la focalisation consiste à déclamer le nom du «Conducator»(*Le nom du Héros*, *Annexes*), certains textes adoptent une stratégie qui se fonde sur l'effet de contraste, sur une absence: «Son nom, si on l'appelle, résonnera . . .» (*Histoire*). Le troisième motif possible de l'emploi des stratégies indirectes serait, une fois encore, la volonté de confisquer et d'annihiler les rares formes de discours opposant viables à l'époque. Dans ce cas, il s'agit de la subversion allusive: dévalorisée et conventionnalisée lorsqu'elle est pratiquée par tout le monde – non seulement contre, mais aussi pour le Pouvoir.

La destructuration est signalée en même temps par des ruptures entre les différents registres de la langue – langage administratif, religieux, populaire, etc. – qui ne correspondent pas à une pluralité de voix.

5. Un cas extrême de l'intention d'esthétiser le discours de la propagande est représenté par l'autoréférentialité qui se manifeste dans l'obsession du *mot* et des *actes de parole*. La poésie non-politisée de l'époque s'était réfugiée dans le textualisme ou dans une mythologie du mot créateur: le thème devient vite une mode que la poésie de circonstance adopte par mimétisme. L'évocation des mots se place entre le métalinguistique et le magique; en même temps, elle a une valeur de symptôme: la propagande se déconspire inconsciemment, lorsqu'elle reconnaît son existence de parole: «Un mare om, o mare epocă, o mare ţară/ ... Cea mai frumoasă si cea mai înaltă conjugare/ a verbelor a fi, a deveni/ în marea limbă română» («Un grand homme, une grande époque, un grand pays/ ... La plus belle et la plus haute conjugaison/ des verbes être, devenir/ dans la grande langue roumaine»); «Elena Ceauşescu în centrul verbelor/ conjugate plural si imens/ dînd raza ştiinţei» («Elena Ceauşescu au centre des verbes/ conjugués au pluriel et immensement/ donnant rayon à la science»).[10] Même s'il ne s'agit là que d'un banal truc de rhétorique (parler des mots, des noms, pour impliquer des jugements sur les choses, sur les objets), le tic est récepté comme un aveu – lorsque l'espace public dominé par la langue de bois de l'idéologie ressent la pression d'un discours autoréférentiel, qui a rompu les liens avec la réalité.

6. L'aspect peut-être le plus actuel du discours poétique de propagande est son côté nationaliste: il dépassait en sincérité la langue de bois officielle, exprimant plus directement le fond archaïque paysan qui était devenu le ressort secret de l'idéologie locale. Il y avait à l'époque une contradiction assez forte entre le discours officiel – qui continuait à parler de modernisation et de progrès, qui vouait le monde paysan à une «nouvelle révolution» – et la poésie des hommages – manipulant une imagerie agricole, rustique, traditionnelle. Les textes abondent en symboles paysans – blé, terres, champs, moisson, charrues, moutons, etc. Le dictateur apparaît réitérant souvent «le geste auguste du semeur»: «Un om al vetrei, dens în fermitate/ seamănă cînt şi visuri în cetate» («Un homme de l'âtre, dense dans sa fermeté/ sème des chants et des rêves dans la cité».[11] L'attribut national divise tout, même le ciel: on parle de «românescul cer» («le ciel roumain»). Cet aspect mérite en tout cas une discussion à part, que nous ne nous sommes pas proposé de faire ici.

7. Les discours produits dans un régime totalitaire montrent une diversité considérable, qui ne se laisse pas décrire convenablement par le modèle le plus connu de la langue de bois, celui de la politique officielle (PAPADIMA 1992); métamorphoses de la langue de bois (THOM 1987) ou entités fonc-

tionnelles différentes, mais liées intimement, ces types de discours méritent d'être étudiés, du moins comme des cas extrêmes dans une pathologie du langage. Un bref aperçu sur l'un de ces types de discours – la poésie de la propagande – a montré que même, à l'intérieur des catégories, la confusion règne sur les formes et les stratégies. Nous pensons qu'il y a un intérêt plus profond à étudier une telle diversité, qui n'aboutit pas au dialogue, mais à la confusion des discours et des valeurs: elle est extrêmement persistante. Un hybride qui s'oppose au fond à la polyphonie, au dialogisme – car il n'est que le produit d'un jeu de masques – est l'héritage le plus sûr de cette période: dans la mentalité collective et dans le manque de structuration des discours et de la société posttotalitaires.

Notes

1 «Cei care urcă oraşele-satele în iarnă...» («Ceux qui font monter les villes-villages en hiver»), *Imnul ştiinţei (L'hymne de la science)*, dans *România literară*, 2, 1982, 3. Les citations n'indiqueront plus le titre du texte, ni le nom de l'auteur, qui n'ont pas de pertinence. La revue mentionnée (*La Roumanie littéraire*) a publié à l'époque de textes de valeur, ayant un prestige réel parmi les intellectuels roumains; elle ne consacrait que quelques pages à la poésie de propagande.
2 N. CEAUŞESCU, *Raport la cel de-al XIII-lea Congres al Partidului Comunist Român*, Bucureşti, 1984, 38.
3 *România literară*, 9, 1989, 3.
4 «Capacitatea partidului nostru de a conduce destinele patriei..., din victorie in victorie pe calea progresului şi prosperităţii» («la capacité de notre parti de conduire les destinées de la patrie..., de victoire en victoire, sur la voie du progrès et de la prospérité»). N. CEAUŞESCU, ib., 90.
5 *România literară*, 2, 1982, 3.
6 Ib.
7 *Flăcară*, 46, 1984, 32.
8 N. CEAUŞESCU, ib. 63.
9 Id. ib.
10 *România literară*, 2,1982,3.
11 *Săptămîna*,28,1983,1.

Références

Alexandre BOURMEYSTER, Perestroïka et nouvelles formes d'écriture du discours soviétique, dans: Mots, 21, 1989, 32–49.
Valeria GUŢU ROMALO, Le statut fonctionnel de la «langue de bois», dans: Journal of the American-Romanian Academy of Arts and Sciences, 16–17, 1992, 190–199.

Liviu PAPADIMA, Homo duplex et le langage, dans: Journal of the American-Romanian Academy of Arts and Sciences, 16–17, 1992, 200–204.
Carmen PINEIRA et Maurice TOURNIER, De quel bois se chauffe-t-on? Origines et contextes de l'expression *langue de bois*, dans: Mots, 21, 1989, 5–19.
Patrick SERIOT, Langue de bois, langue de l'autre et langue de soi. La quête du parler vrai en Europe socialiste dans les années 1980, dans: Mots, 21, 1989, 50–66.
Françoise THOM, La langue de bois, Paris, 1987; l'édition roumaine, avec un article de 1990, Limba de lemn, Bucuresti, 1993.

Annexes

Les textes reproduits ci-dessous n'illustrent qu'une partie des aspects qui nous ont intéressée et qui sont esquissés dans notre exposé; ils sont pourtant assez typiques et peuvent donner une image du genre discuté.

Texte 1: Numele Eroului

Acest interior de cuvinte,
Acest interior de fapte,
Țara mea – identitate
Ce se confundă cu nemurirea;
Trecem pe străzi în limpede văzduh,
Prin sărbători-oglindă,
Cei ce învățăm, prin muncă,
Să fim;

Și, între veșnicie și faptă,
Eroul Patriei, Nicolae Ceaușescu,
Iubitorul, cu mult înainte de a-i fi
In frunte, cu mult înainte,
Invața Revoluția întru libertate,
cheia tuturor împlinirilor.
(G. Corobea, în *România literară*, 5, 1989, 13)

Le nom du Héros

Cet intérieur de mots,
Cet intérieur de faits,
mon pays – identité
Qui se confond avec l'immortalité;
Nous passons dans les rues sous un ciel clair
A travers des fêtes-miroir,
Nous, ceux qui apprenons, par le travail,
A être;
Et, entre l'éternité et l'action,
Le Héros de la Patrie, Nicolae Ceausescu,
Le Bien-Aimant, bien avant d'être
Au premier rang, longtemps avant,
Il apprit la Révolution pour la Liberté,
La clef de tous les accomplissements.

Texte 2: Sînt țara tot și toate

Sînt țara tot și toate, din început sînt tara
pamîntul, grîul, frunza copacilor, molidul
din început, hotarul rotund ca o brățară
si ctitorul de astri incandescenți, Partidul!
El vine din obîrșii cu veacuri la oblîncuri
odrasla vie-a țării cum primăvară vine
trezind, să se adune, puterea din adîncuri
prin care unda vieții ca un cristal devine . . .

Ca flautul ce-si toarce prin zamislită vrană
de dragoste de țară un cîntec după altul
a germinat Partidul din românească rană
Mari aripi îndraznete să cucerim înaltul!
Din început puternic nu și-a plecat genun-
chiul
puterea lui, in lupta, arzind, ne-a dat pu-
tere
ne-a fost, cînd vînturi negre ne înclinară
trunchiul
transfuzie de sînge mai roșu în artere
Un sînge ce se naște din muzica de sfere
(I. Potopin, în *România literara*, 3, 1988)

Ils sont le pays – tout et toutes

Ils sont le pays – tout et toutes, dès le début
ils sont le pays
la terre, le blé, la feuille des herbes, le sapin
dès le début, la ronde frontière tel un brace-
let
et le bâtisseur d'astres incandescents, le
Parti!
Il vient des souches, des siècles à ses arçons
la progéniture vivante du pays, tout comme
le printemps vient
réveiller, pour qu'elle s'amasse, la puissance
des profondeurs
dans laquelle l'onde de la vie devient
semblable à un cristal . . .

Tel la flûte qui tord par l'orifice créé
un chant d'amour du pays après l'autre
le Parti a germé de la Roumaine blessure
de grandes ailes audacieuses pour conquérir
les hauteurs!
Fort dès le début il n'a pas fléchi,
sa force, dans la lutte, ardente, nous a donné
de la force
il a été pour nous, lorsque des vents noirs in-
clinaient notre tronc
transfusion d'un sang plus rouge dans les ar-
tères,
Un sang qui naît dans la musique des
sphères!

Texte 3: Istorie   *Histoire*

Din istorie vine, ca pe-o aspră cărare de munte
Pîndită de căpcane, de primejdii,
Pe care, copil, a-nvăţat să le-nfrunte
Incingînd toate armele
De cavaler ne-nfricat al nădejdii.
A crescut odată cu timpul rănit
De fulgerul ideilor, de întrebarile mîntuitoare
Pravilă i-a fost glia fierbinte a ţării.
Cu ochii izvoarelor a văzut în partid
Frumuseţea poporului care niciodată nu moare.
Numai fiul lui a smuls din pamînt,
Ca primăvară, vită de vie,
Intr-un mănuchi de lujere îngemanînd
Seva nelinistită-a cuvintelor:
«sa fim comunişti de omenie!»
La rădăcina furtunilor a ştiut ša ne-arate
Cum creşte, eroic, gorunul cu pieptul cît România,
Din fiece frunză cîntînd veacul tău, Libertate,
Coroana aceastā de frunze ce cîntă
fiindu-ne pe frunte tuturor,
Cugetatoare, mîndriă ...
Numele lui dacă-l chemi o să rasune
Din fiece inimă, din toate pridvoarele ţării
Şi mai departe din lume
Ca un imn al credinţei în om,
Ca un ecou al adîncimilor mării.
(I. Brad, in *Manualul de Limbă Română*, clasa a VIII-a, 1980)

Il vient de l'histoire, comme sur un âpre sentier de montagne
guetté par des pièges, par des dangers
qu'il a appris, enfant, à affronter
se rêvetant de toutes ses armes
de chevalier sans peur de l'espérance.
Il a grandi en même temps que le temps blessé
par l'éclair des idées, par les questions rédemptrices.
Sa loi a été la terre ardente du pays.
Avec les yeux des sources il a vu dans le parti
La beauté du peuple qui ne meurt jamais.
Ce n'est que son fils qui a arraché à la terre
Comme le printemps, la vigne,
Rassemblant dans un bouquet de tiges
La sève inquiète des mots : «Soyons des communistes de bonne volonté!»
A la racine des tempêtes, il a su nous montrer
Comment pousse héroïquement le rouvre
Sa poitrine ayant la largeur de la Roumanie,
De chacune de ses feuilles chantant ton époque, Liberté,
Cette couronne de feuilles qui chantent
Etalant, sur nos fronts, à tous,
La pensante fierté ...
Son nom, si on l'appelle, résonnera
Dans chaque coeur, dans tous les balcons du pays,
Et, plus loin encore, dans le monde,
tel un hymne de confiance en l'homme,
tel un echo des profondeurs de la mer.

4. Im neuen Kontext

Zur allmählichen Verfertigung der Aneignung beim Sprechen. Der deutsch-deutsche Diskurs in Publikumssendungen des Fernsehens zu Zeiten der Wiedervereinigung
Reinhard Fiehler

1. Kulturberührung

In meinem Beitrag möchte ich einige Aspekte der massenmedialen Inszenierung der deutschen Wiedervereinigung untersuchen. Das Modell, nach dem ich diese Wiedervereinigung verstehen und analysieren möchte, ist das der Kulturberührung.[1] Bateson (1985) entwickelt in seinem Artikel *Kulturberührung und Schismogenese* einige Kategorien zur Beschreibung des Verlaufs solcher Kontakte zwischen verschiedenen Kulturen. Über den Ausgang solcher Prozesse schreibt er:

Wenn wir über das mögliche Ende der drastischen Verunsicherungen nachdenken, die auf Berührungen zwischen ... unterschiedlichen Gemeinschaften folgen, sehen wir, daß die Veränderungen theoretisch in dem einen oder anderen der folgenden Muster resultieren müssen:
(a) der vollständigen Verschmelzung der ursprünglich unterschiedlichen Gruppen,
(b) der Eliminierung einer oder beider Gruppen,
(c) dem Fortbestehen beider Gruppen in dynamischem Gleichgewicht innerhalb einer größeren Gemeinschaft. (Bateson 1985, 103)

Diese drei Möglichkeiten lassen die Frage aufkommen, welches die Bedingungen für diese unterschiedlichen Ausgänge von Kulturberührung sind und welchen Weg die neu formierte Bundesrepublik gehen wird. Bateson betont in seinem Artikel insbesondere die Möglichkeiten der (symmetrischen oder komplementären) Schismogenese, also die Fälle, in denen die Kulturen im Rahmen eines dynamischen Gleichgewichts nicht verschmelzen, sondern sich zunehmend differenzieren.

Diese Schismogenese führt, solange sie nicht eingeschränkt wird, zu einer progressiven einseitigen Verzerrung der Persönlichkeiten der Mitglieder beider Gruppen, die in einer wechselseitigen Feindschaft zwischen ihnen resultiert und mit dem Zusammenbruch des Systems enden muß. (Bateson 1985, 108)

Die Wiedervereinigung führt zwei Kulturen formal (unter einem staatlichen Dach) zusammen. Diese neue formale staatliche Einheit ist der Rahmen für die Berührung der Kulturen bzw. die Möglichkeit zu einer solchen Berührung. Beide Kulturen haben eine eigenständige Identität – sowohl territorial wie ideologisch –, und sie waren zudem durch eine besondere Staatsgrenze recht weitgehend voneinander getrennt. Verkompliziert wird diese Lage durch die frühere Einheit und deren ideologische Sedimente (Stichwort: „Brüder und Schwestern im Osten"). Sie suggeriert mehr Einheitlichkeit und Übereinstimmung als de facto besteht und läßt die Tatsache, daß sich zwei verschiedene Kulturen begegnen, zunächst nicht in aller Deutlichkeit hervortreten.

2. Wechselseitige Kategorien und Beziehungsmodelle

Diese formale Vereinigung hat zur Folge, daß die bisherigen Kategorien für die wechselseitige Wahrnehmung und Deutung nicht mehr anwendbar sind. Sie produziert die Notwendigkeit einer neuen und genaueren wechselseitigen Wahrnehmung. Die Voraussetzung der Einheit bzw. Einheitlichkeit führt dabei zu einer besonders intensiven Registrierung der Bereiche von Nichtübereinstimmung: die Unterschiede treten überdeutlich hervor. Die wechselseitigen Kategorisierungen betonen die Differenzqualität. Die äußerliche Staatsgrenze (und ihre Funktionen) wird innerlich symbolisch als antagonistische Kategorisierung rekonstruiert: die vielzitierte „Mauer im Kopf". Aber es ist noch mehr, was passiert: Es wird nicht nur eine symbolische Mauer gebaut, sondern in der Abgrenzung wird zugleich eine neue Beziehung etabliert, die die Grundlage für das weitere aufeinander bezogene Handeln bildet.

Der Prozeß der Wiedervereinigung ist so in seiner frühen Phase zunächst der Prozeß der Bildung und Ausarbeitung/Auffüllung wechselseitiger Kategorien im Rahmen der formalen Einheit – auf allgemeinster Ebene der Kategorien „Wessi" und „Ossi". Diese Kategorien zeigen schon in der Wortform, daß es sich um systematisch aufeinander bezogene Kategorien handelt. Die Bezeichnungen haben gemeinsame Elemente, bringen aber auch eine – in Himmelsrichtungen ausgedrückte antagonistische Differenz zum Ausdruck. Der Erfolg gerade dieses Kategorienpaares dürfte sich dieser Dialektik verdanken.

So interessant es wäre, dieses Kategorienpaar in Hinblick auf weitere Assoziationen und Konnotationen auszudeuten oder sich vorzustellen, welche anderen Kategorienpaare hier möglich gewesen wären, scheint es mir doch wichtiger zu sein zu fragen, welche Beziehungen dann zwischen diesen Kategorien etabliert werden. Es stellt sich für die beteiligten Kulturen nicht nur die Aufgabe, die Kategorien als einzelne zu füllen, sondern gerade auch, sie zueinander in Beziehung zu setzen. Hierfür nun sind ganz verschiedene Modelle denkbar: „Gleich und Gleich", „Herr und Knecht", „Eltern-Kind", „Experte-Laie", „Romeo und Julia", „Bruder und Schwester" oder was auch immer weitere denkbare Grundmodelle für diese Beziehung sein mögen.

Sowohl die Ausarbeitung der Kategorien wie die Modellierung der Beziehung zwischen den Kategorien sind Prozesse, die seit dem 9. November 1989 bzw. dem 3. Oktober 1990 erhebliche Entwicklungen durchgemacht haben.

3. Die Reihe der Modelle im Mediendiskurs

Die Ausarbeitung der Kategorien wie die Etablierung verschiedener Beziehungsmodelle geschieht in einem bedeutenden Ausmaß im Diskurs der Medien, insbesondere des Fernsehens. Gleich nach der Öffnung von Mauer und Grenze setzten Sendungen ein, die Berührungen zwischen Vertretern und Gruppen der beiden Kulturen initiieren und dabei das Verhältnis der Kulturen in bestimmter Weise darstellen. Die Wiedervereinigung, der Prozeß der Kulturberührung wird massenmedial inszeniert. Die Medien konstituieren und propagieren auf diese Weise Modelle, die dann erhebliche Rückwirkungen auf die Nichtmediendiskurse haben.

In der Entwicklung vom 9. November 1989 bis heute scheinen sich drei Modelle aneinander zu reihen. Die Beobachtungen hierzu beruhen auf persönlichen Eindrücken, nicht auf einer systematischen Analyse des gesamten Sendematerials. Diese Modelle sind:
(1) Experten und Laien im Lehr-Lern-Diskurs
(2) Gleich und Gleich
(3) Unterschiedliche Identiäten
Das erste Modell inszeniert die Berührung der Kulturen als Aufeinandertreffen von westdeutschen Experten und ostdeutschen Laien. Die Laien sollen Fragen an die Experten richten. Konstruiert wird eine Lehr-Lern-Situation, in der die Ossis etwas über die bundesrepublikanischen Verhältnisse und Einrichtungen lernen dürfen und sollen. Dieses Modell tritt auch in Mischungen mit anderen auf. Ein Beispiel hierfür ist die Sendung „Mit Genscher in Halle" (8. 3. 1990, ZDF, 22.10–23.15 Uhr), wo es mit der Inszenie-

rung der Heimkehr verschränkt wird: Genscher kehrt nach Halle zurück, und angelegentlich dessen wird er von ostdeutschen Journalisten, ehemaligen Klassenkameraden und heutigen Schülern von Genschers ehemaliger Schule als Experte befragt.

Dieses Experte-Laien-Modell ist keineswegs auf den Mediendiskurs beschränkt. Ylönens (1992) Analyse eines Gesprächs auf der Leipziger Herbstmesse 1990 (zwischen einem westdeutschen Firmenvertreter und einem sächsischen „Unternehmer") weist „Belehren" als eine wesentliche Strukturkomponente auf: „Auch an der Wortwahl ist das Belehren gut zu verfolgen: Der Westdeutsche gibt dem Dresdner eine kleine Einführung in die Marktwirtschaft, daß es nur so Termini und Fachphrasen hagelt" (Ylönen 1992, 19).

Wenn ich es richtig verfolgt habe, wurde dieses Grundmodell aber sehr bald durch das Modell „Gleich und Gleich" abgelöst. Daß dieses Modell so schnell dominant wird, hängt sicherlich damit zusammen, daß der erste von Bateson geschilderte Ausgang der Kulturberührung – die vollständige Verschmelzung – sicherlich der präferierte Ausgang war und (vielleicht) auch noch ist.

Ossis nehmen nun „gleichberechtigt", aber grundsätzlich in der Minderzahl an normalen Sendungen (Talkshows, Diskussionen etc.) teil. Diese Gleichberechtigung ist aber sehr häufig nur eine dem Anspruch nach bzw. eine formale. Die Ossis begeben sich – so erscheint es zumindest aus westdeutscher Sicht – in die Rolle des Normbrechers, des Enfant terrible und des Störenfrieds bzw. werden in diese Rolle gebracht. Unter dem Anspruch einer formalen Gleichheit treten Mißverständnisse, Divergenzen, Normverstöße, wechselseitige Provokationen etc. auf, die konfliktär ausgetragen werden. Ausgangspunkt dieser Konflikte ist häufig, daß die Ostdeutschen – aus Unkenntnis oder aus welchen Gründen auch immer – die Regeln des westdeutschen Mediendiskurses nicht beachten. Ein schönes Beispiel, in dem ein Ostdeutscher in die Rolle des Störenfrieds und Provokateurs gerät bzw. gebracht wird, stellt I. Paul (1993, 17–21) in seiner Analyse einer „Talk im Turm"-Sendung (30. 8. 1992, SAT1) vor.

Das dritte Modell, das ich kenne, für das ich aber noch keine Belege in Form von Aufzeichnungen habe, ist das unterschiedlicher Identitäten. Ostdeutsche wie Westdeutsche kommen als Vertreter ihrer eigenständigen Kultur in einem interkulturellen Diskurs zu Wort. Es handelt sich um den Spezialfall des allgemeineren Modells der Gruppenvertretung (von Arbeitslosen, Parteien, Blinden etc.), das fast alle informativen Sendungen des Fernsehens durchzieht. Es impliziert, daß die Ostdeutschen eine eigenständige, abgrenzbare Formation mit eigenen Interessen im Rahmen einer Gruppengesellschaft sind.

In dieser Reihe der Modelle ist eine Entwicklung erkennbar, die die Ostdeutschen nach anfänglichen Versuchen einer Erziehung zu unsereins zunehmend als partikuläre Interessengruppe (wie jede andere) konstituiert. Dabei wechselt die Perspektive von dem Wunsch nach Einheit und Gleichheit zur Identifizierung und Abgrenzung der jeweiligen Interessenstrukturen. In etwa entspricht dies dem dritten von Bateson skizzierten Ausgang von Kulturberührung, dem dynamischen Gleichgewicht. Dieses dynamische Gleichgewicht beinhaltet aber auch die Möglichkeit der jederzeitigen Ausgrenzung solcher partikulären Interessengruppen (etwa in der Reihe Juden, Türken, Ayslbewerber, Ossis etc.)

In einer „funktionierenden" Kultur verstehen sich die Mitglieder in bestimmten Hinsichten (z. B. ethnisch, sprachlich, staatlich, kulturell, wertemäßig) als Einheit, in anderen Hinsichten als divergierende Interessengruppen. Kultur basiert auf dieser Dialektik. Im Prozeß der Kulturberührung zwischen Westdeutschen und Ostdeutschen ist es bisher nicht dazu gekommen, dieses Verständnis einer übergreifenden Einheit (die Idee der Einheit) zu etablieren, gleichwohl aber ein Verständnis als divergierende Interessengruppen.

4. Die Kategorien und Modelle in der Interaktion

Die wechselseitigen Kategorien und die Beziehungsmodelle sind keine vorgegebenen und feststehenden Entitäten, sondern sie werden interaktiv konstituiert und prozessiert. So werden sie auch in Fernsehsendungen in den konkreten Interaktionen der Beteiligten ausgearbeitet und ausgehandelt. Als solche bilden sie dann den Hintergrund für die Interaktionen und manifestieren sich im Diskurs. Sie stehen als Präsuppositionen hinter den konkreten Äußerungen und gehen als mentale Hintergründe in den Prozeß des Formulierens ein. Das *„recipient design"* beim Prozeß der Produktion von Äußerungen basiert auf den zugrundeliegenden kategorialen Typisierungen bzw. Stereotypisierungen des anderen.

Nachdem die Kategorisierungen direkt oder indirekt manifestiert sind, stehen sie in der Interaktion zur Aushandlung an. Die jeweils andere Seite reagiert auf Typisierungsangebote und bestätigt oder verändert sie durch die eigene Reaktion. Die Kategorien und Beziehungsmodelle sind hier *in statu nascendi* und in ihrer Auffüllung und Abwandlung zu beobachten.

Reden Vertreter verschiedener Kulturen miteinander, so reden sie zugleich auch übereinander. Kulturelle Eigenarten und Unterschiede können in solchen Gesprächen das manifeste Thema sein. Sehr viel häufiger aber ist das Reden übereinander indirekt und implizit. Es ist amalgamiert mit der Behandlung anderer Themen, die im Vordergrund stehen, während der Diskurs über die andere Kultur bzw. über interkulturelle Unterschiede im Hintergrund, im Untergrund – oder welche Metapher man auch immer wählen will – geführt wird. Auch in dem Beispiel, das ich im folgenden analysieren möchte, ist das implizite Reden über die eigene wie die andere Kultur hintergründig in fast jeder Äußerung gegenwärtig.

5. Beispielanalyse

Ich untersuche einen Ausschnitt aus der Sendung „Was wird mit der sozialen Sicherheit?", die am 27. 2. 1990 im ZDF ausgestrahlt wurde.[2] Es ist die dritte von (mindestens) fünf Sendungen aus der Reihe „Richtung Deutschland".[3] Es handelt sich (bis auf die fünfte) um Publikumssendungen, in denen westdeutsche Experten unter der Leitung eines Moderators von DDR-Bürgern befragt werden. Die Sendungen finden an verschiedenen Orten in der DDR statt, so z. B. in Werfts- oder Betriebshallen, wobei Teile der Belegschaft das Publikum bilden. Meistens sind auch herausgehobene DDR-Bürger beteiligt, so z. B. Redakteure von Lokalzeitungen.

Das Personal der untersuchten Sendung zerfällt in drei Gruppen: die westdeutschen Experten, den westdeutschen Moderator und die ostdeutschen Teilnehmer. Sie sind weiter zu differenzieren in Zuschauer/Publikum, das potentiell von sich aus fragend oder zu Fragen aufgefordert zu Wort kommen kann, und zwei Redakteure, die an der Vorbereitung der Sendung mitgewirkt haben und die an vorgeplanten Stellen stellvertretend Fragen ihrer Leserschaft einbringen.[4] Der westdeutsche Moderator und die westdeutschen Experten inszenieren sich dabei deutlich als Einheit.

Die Reihe „Richtung Deutschland" realisiert schon von ihrer Konzeption her das Beziehungsmodell „Experten und Laien im Lehr-Lern-Diskurs".[5] Der Experten- und Laienstatus der Beteiligten wird zum einen durch den Rahmen und äußere Gegebenheiten hergestellt, zum anderen wird er interaktiv konstituiert. Die Experten werden als solche eingeführt, sie sitzen z. T. erhöht, werden häufig mit der Kamera von unten erfaßt und bestreiten den größten Teil der Redezeit. Das Publikum hingegen wird von der Kamera als Masse erfaßt. Interessanter aber erscheint mir, wie die Beteiligten dies interaktiv reproduzieren und verstärken, wie sie sich wechselseitig den Status als Experte und Laie zuschreiben und wie sie sich selbst in diese Rollen hineindefinieren.

Ich werde die Sendung zunächst im Überblick unter folgenden drei Gesichtspunkten analysieren:
– Wie inszenieren sich die Beteiligten in der Interaktion als Experten und Laien?
– Welche Grundüberzeugungen, Haltungen und Bilder werden in der Interaktion bei den Westdeutschen und bei den Ostdeutschen über die eigene Gruppe/ Kultur erkennbar?
– Was sind veröffentlichte und latente Funktionen der Sendung?
Sodann werde ich einen zusammenhängenden Ausschnitt (siehe Anhang) sequentiell untersuchen, um zu zeigen, wie die Phänomene im Verlauf der Interaktion zusammenspielen.

5. 1. Interaktive Inszenierung von Experten und Laien

Ich möchte vier Verfahren bzw. Methoden ansprechen, mit deren Hilfe die westdeutschen Teilnehmer als Experten etabliert werden:

1. In ganz auffälliger Weise wird in dieser Sendung Expertentum durch das Recht, Zahlen nennen zu dürfen, konstituiert. Der Moderator Jungblut (J) gesteht dies nur den westlichen Teilnehmern zu, und von ihnen erwartet er es auch geradezu. Charakteristisch in dieser Hinsicht ist seine erste Frage an Blüm, die sich unmittelbar an die Vorstellungsrunde anschließt:

J: ((holt Luft)) Herr Blüm ehe wir in die Debatte einsteigen wieviel wird eigentlich in der Bundesrepublik für Soziales ausgegeben (2)

Blüm antwortet mit der Nennung des Gesamtsozialbudgets und einer langen Auflistung der Summen für die einzelnen Positionen. Dies Phänomen wäre nicht so auffällig, wenn der Moderator nicht Conrad (C), dem Chefredakteur der Märkischen Volksstimme, der sich ebenfalls als Experte oder zumindest als Informand darstellen möchte, dieses Recht verweigern würde:

C: ja ich habe hier eine Frage von Willy Schulz zum . Problem Arbeitslosigkeit . er fragt wird es eine Arbeitslosenversicherung geben .. und eh verbindet damit die Frage an
C: Herrn Doktor Blüm   . wird es dazu auch Unterstützung
Z: ((Husten))
C: aus der BRD geben gibt es möglicherweise einen Beitrag dazu & es sind acht bis zehn Milliarden jüngst im Gespräch gewesen ((holt Luft)) und das is ja ge-

```
              messen an den Investitionen für die Infrastruktur die mit dreihundertfünfzig
              Milliarden aus den öffentlichen Geldern veranschlagt
B:            ┌─────────────┐ (laß/)
C:            │worden sind/
J:            └─────────────┘        ja wir sollten jetzt vielleicht nicht mit zu
J:            viel Milliarden arbeiten sonst . schwirrt einem nachher der Kopf fangen wir
              doch mal an mit der Arbeitslosenver-
J:            ┌─────────────────────────────────────────────────┐
              sicherung Herr Doktor Blüm wie sieht's da aus sind diese
B:            └─────────────┘    ja
J:            Zahlen .. [überhaupt] realistisch die da genannt wurden
                        [zögernd]
B:            nur mit Zahlen jetzt vorher zu sagen wieviel Arbeitslosen entstehen & vor allen
              Dingen keine . Schreckzahlen und niemand auch kein Arbeitsloser darf aus
              dem sozialen . Netz herausfallen .. der muß ne ordentliche Arbeitslosenunter-
              stützung erhalten (6)[6]
```

Es ist deutlich, daß J zunächst das Nennen von Zahlen abblockt und dann dem „Experten" B die von dem „Nichtexperten" C genannten Zahlen zur Beurteilung vorlegt, ob sie „realistisch" sind. Die Unterstellung, dies beurteilen zu können, unterstreicht und steigert noch einmal B's Expertentum.

Dieser Ausschnitt macht ferner die Tendenz deutlich, daß die Zahlen nicht zu konkret sein dürfen bzw. sollen und daß nur „positive" Zahlen zugelassen sind. „Negative" Zahlen werden als „Schreckzahlen" bzw. als „Horrorzahlen" diskreditiert, und sie werden – selbst auf die Gefahr hin, Wissenschaftsgläubigkeit zu gefährden – relativiert:

```
         J:   die Übergangsphase . und da sollte man vielleicht auch 'n
20            ┌─────────────┐
         J:   bißchen mit den Zahlen vorsichtig sein & denn es gibt
         B:   └─────────────┘        ja
         J:   ja sehr unterschiedliche Berechnungen einige rechnen . daß es sehr viele Ar-
              beitslose zwei drei Millionen geben könnte andere sagen . das ist völlig falsch
              es is grade vom
         J:   ┌─────────────────────────────────────────────────┐
              Institut der deutschen Wirtschaft . eine Rechnung vorge-
         B:   └─────────────┘        ja
         J:   legt worden die sacht das sind alles Horrorzahlen . so schlimm wird's auf kei-
              nen Fall kommen (8)
```

Das Problem mit den Zahlen wird so virulent, daß sich eine ostdeutsche Frau aus dem Publikum nur mit großen Problemen noch nach Zahlen zu fragen traut:

```
         Z2:                    ((holt Luft)) eh w/ eh wie das eh soziale Netz in
              dieser Richtung in der Bundesrepublik beschaffen is ((holt Luft)) weil ich finde
              bei uns herrscht ebend unheimlich viel Unwissenheit darüber ((holt Luft)) und
```

> ich wollte ganz gern noch einmal fragen eh vielleicht och mit konkreten ((langes Zögern)) Zahlen ((holt Luft)) eh wie is das mit dem <u>Babyjahr</u> . wie is das mit dem <u>Kindergeld</u> . wie is das mit den Kindergärten (12)

Sie hat damit umgesetzt, daß man mit Zahlen vorsichtig sein soll, nicht aber, wer vorsichtig sein soll. Und so hat der Experte Blüm dann auch keine Probleme, ihr hierauf mit vielen Zahlen zu antworten.

2. Ein zweites Moment bei der interaktiven Inszenierung von Expertentum ist die Reklamierung von Omnipotenz und – vom Interaktionspartner her – die Zuschreibung einer gänzlich unrealistischen Antwortkompetenz.

> J: das is natürlich ne sehr spezielle Frage ich weiß nich ob der hier versammelte Sachverstand dafür geeignet is
> Z: ((Lachen
> B: insgesammt/ ich mein . unterschätzen Sie mich nich Herr
> Z: Lachen und Beifall   ))
> B: Jungblut   ich mein wir/ . wir
> J: war nur mal nen Versuch
> B: müssen jetz auch in unserm Kopf die Mauer wegnehmen (14)

Der Moderator scheint hier zu bezweifeln, daß die Kompetenz der Experten zur Beantwortung einer Frage ausreicht, was von Blüm in scherzhafter Weise zurückgewiesen wird: Einmal Experte, immer Experte.

Zudem werden die Experten in ihrem Status überhöht, wenn ihnen eine quasi universelle Antwortkompetenz zugeschrieben wird – auch und gerade für Fragen, die außerhalb ihrer Zuständigkeit und ihres Ressorts liegen:

> J: ja gut bleiben wir doch mal bei dem Thema Krippen das ge/ führt zwar jetzt scheinbar von der Arbeitslosigkeit weg aber das is ja ne große Sorge hier die in der DDR herrscht und das merkt man bei allen Gesprächen und ich weiß gar nicht woher diese Sorge kommt . Herr Blüm jetzt sind Sie
> J: wieder gefragt . Kinderkrippen werden die abgeschafft
> B: ja . darf ich erstmal/ (9)

Die abschließende Frage von Herrn Jungblut hat implizit zur Voraussetzung, daß die westdeutschen Experten Aussagen über die zukünftige Entwicklung der DDR machen können. Zum Zeitpunkt der Frage existieren aber noch zwei souveräne Staaten, so daß ein westdeutscher Minister keine verbindlichen Aussagen über künftige Entwicklungen im anderen Land machen kann und sollte.[7] Und selbst wenn man dies unbeachtet läßt, liegt es nicht in der Kompetenz eines Bundesministers für Arbeit und Sozialordnung, über betriebliche Kinderkrippen zu entscheiden. In der Zuschreibung einer solchermaßen ausgeweiteten Antwortkompetenz liegt zugleich eine

Überhöhung und Mystifizierung der Expertenrolle. Sie wirft das Problem auf, was für Fragen „Experten" in dieser Situation überhaupt beantworten können und ob die Experten in dieser Sendung nicht doch ganz andere Funktionen haben, als solche Sachfragen zu beantworten.

3. Ein drittes Moment, durch das sich die westdeutschen Teilnehmer und der Moderator als Experten konstituieren, sind Erklärungen und Belehrungen. Sie reichen von einfachen Begriffserklärungen („B: siebenundzwanzig Milliarden für Sozialhilfe & das is das was bei Ihnen . Sozialfürsorge heißt" (3)) über Nachhilfestunden in Sachen Rentenversicherung („B: denn bezahlt wird doch . da kann regiern wer will und System (wer/) sein wie immer es heißt bezahlt werden immer die Sozialleistungen aus der Arbeit derjenigen die jetzt arbeiten und ohne Kinder heute gibt es morgen keine Alterssicherung denn die Kinder von heute das sind die Beitragszahler . von morgen" (14)) bis zu schulmeisterlichen Belehrungen. So quittiert der Moderator die Äußerung eines ostdeutschen Teilnehmers: „Gerüchte . gehn ja rum daß eh die Krippen geschlossen werden" (8), nachdem Blüm sich in seiner Antwort hierauf positiv zu den Krippen geäußert hat, mit den Worten:

> J: ⎡ . . . . in solchen Situationen gibt es ja immer furchtbar
> Z: ⎣))
> J: viel Gerüchte . den meisten sollte man nicht glauben denn sie stimmen fast nie das is ne alte Regel (9)

Das Gerücht, das dem Mann aus dem Publikum Sorgen macht, ist nun allein durch die Antwort von Blüm als solches offengelegt und zugleich entkräftet.

4. Zur interaktiven Konstitution ihres Expertentums trägt auch die Einigkeit der westdeutschen Teilnehmer bei. Obwohl hier ein Regierungspolitiker, ein Vorstandsmitglied, ein Betriebsrat und ein Gewerkschaftsvertreter zusammensitzen, treten anders als in sonstigen Diskussionssendungen zwischen ihnen keinerlei Interessengegensätze oder Divergenzen auf. Im Angesicht der anderen Seite agieren sie einig und geschlossen. So loben z. B. Blüm, Posth, Eckhardt und Köbele unisono die betrieblichen Kinderkrippen in der DDR als soziale Errungenschaft.

Die Inszenierung der westdeutschen Teilnehmer als Experten geht aber nicht nur von ihnen selbst bzw. dem Moderator aus, sie wird auch von der Akzeptanz dieser Definition durch das ostdeutsche Publikum getragen. Es akzeptiert darüber hinaus komplementär auch seine Definition als Laie. Dies wird vor allem in zwei Phänomenen deutlich:

Zum einen werden die ostdeutschen Teilnehmer als Stichwortgeber für die Experten benutzt: Suggeriert wird, daß in der Sendung Fragen individuell beantwortet werden sollen („J: und deswegen möchte das ZDF Bürgern der DDR Gelegenheit geben die Fragen die sie in diesen Tagen bewegen . selber zu stellen an Experten aus der Bundesrepublik" (2)), de facto aber werden die Frager als Stichwortgeber für zu bearbeitende Themenkomplexe und für umfassende Stellungnahmen der Experten benutzt. Vor allem der Moderator transformiert das individuelle Anliegen bzw. die individuelle Sorge in ein Stichwort und ordnet es auf der Grundlage des Konzepts für diese Sendung in sein Themenraster ein. Nachdem z. B. – wie oben zitiert – ein ostdeutscher Teilnehmer seine Befürchtung geäußert hat, daß die Kinderkrippen geschlossen werden, fährt der Moderator fort:

> J: ja gut bleiben wir doch mal bei dem Thema Krippen das ge/ führt zwar jetzt scheinbar von der Arbeitslosigkeit weg aber das is ja ne große Sorge hier die in der DDR herrscht (9)

Zum anderen können sie nicht selbst bestimmen, ob und wann sie reden, sondern sie werden vom Moderator – ähnlich wie in der Schule – mit oder ohne Meldung „drangenommen". Zum Beispiel wird dem erwähnten ostdeutschen Teilnehmer das Wort erteilt, ohne daß er sich gemeldet hätte:

> J:　　　　　　　　　　　　　　　　aber wolln wir doch hier mal fragen haben Sie Angst vor der Arbeitslosigkeit (8)

Ein solches Verhalten trägt zumindest zur Konstitution von Ungleichgewichtigkeit bei.

Es ist deutlich, daß der Moderator J in diesen Definitionsprozessen eine zentrale Rolle spielt. Er nimmt eine Zwitterstellung ein, indem er einerseits als Moderator strukturiert und vermittelt und er sich andererseits als Westdeutscher zur Gruppe der Informierenden und Experten rechnet. Dies wird insbesondere in seinen Belehrungen, aber auch in seinem kumpelhaften Verhalten den Experten gegenüber und in seinen chauvinistischen Scherzen, die er mit ihnen macht, deutlich:

> B:　　　　　　　　　　dann gibt es noch steuerliche Erleichterungen für die Familie mit Kinder [das sind glaub
> 　　　　　　　　　　　　　　　　　　　　[resümierend]
> 　　ich so die Hauptpunkte unsrer Familienleistungen]
> J: na ja wenn man so bei vier Kindern ist dann kommt man so langsam dann eh zu dem Punkt eh wo Vater halt sich nen bißchen ausruhn kann (13)

„Scherze" dieser Art leistet sich Herr Jungblut den westdeutschen Teilnehmern gegenüber häufiger.

5. 2. Das Selbstbild

In ihren Beiträgen entwerfen die ostdeutschen und westdeutschen TeilnehmerInnen eher implizit als explizit ein Bild von sich selbst und ihrer jeweiligen Kultur, das im folgenden nachgezeichnet werden soll.

Die Ossis stellen sich als passiv und als Opfer dar, deren Schicksal und Zukunft nicht in ihren eigenen Händen liegt. Weder im privaten noch im staatlichen Bereich sehen sie sich als Gestalter ihrer Zukunft, sondern erwarten fatalistisch, was geschehen wird. Sie treten den westdeutschen Experten mit der Erwartung gegenüber, von ihnen Aufklärung über die eigene Zukunft zu erhalten. Sie wollen nicht so sehr Informationen über das westdeutsche System und seine Kultur[8], sondern sie wünschen definitive Auskünfte, was mit ihnen geschehen wird.

> J: aber wolln wir doch hier mal fragen haben Sie Angst vor der Arbeitslosigkeit
> Z1: nein im Prinzip nich . mir geht es eh primär um meine Familie bei der ganzen Sache . eh meine Frau is . Krippenerzieherin .. unsere beiden Jungs der eine ist sieben Jahre der andere anderthalb/ . ja wenn meine Frau keine Arbeit mehr hat . der Kleine is dann sowieso zu Hause . die andere Frage is eeh/
> J: ⌈ja warum soll Ihre Frau keine Arbeit mehr haben
> Z1: ⌊   ja   ja eh .
> [leise]
> Z1: Gerüchte . gehn ja rum daß eh die Krippen geschlossen werden . sowie . der achtzehnte März vorbei is . und das sind unsere Ängste & es is nich so daß wir nur Angst haben . wenn meine Frau jetzt wirklich keine Arbeit mehr haben sollte denn . wenn mein Verdienst stabil is . kann man das so/ auch so regeln bin ich der Meinung ((räuspern)) (8)

In diesem Ausschnitt steht der ostdeutsche Teilnehmer den erwarteten Entwicklungen fatalistisch gegenüber: Er geht klaglos davon aus, daß die Krippen geschlossen werden und daß seine Frau arbeitslos wird. Dem gewinnt er sogar noch etwas Gutes ab: Seine Frau, die nicht mehr als Krippenerzieherin arbeiten wird, kann dann ja das Kind, das nicht mehr in die Krippe gehen kann, betreuen. Implizit wird damit auch das „klassische" Familienmodell akzeptiert. Es ist keine Gegenwehr gegen dies Schicksal zu erkennen, kein Verteidigen einer anderen Rolle der Frau. Selbst der Moderator J sieht sich angesichts dieser klaglosen Akzeptanz zu einer Nachfrage veranlaßt (im Format einer Unterbrechung), ob die Arbeitslosigkeit so fraglos sicher ist, wie Z1 es darstellt (siehe Anhang Zeile 36).

> Z4: Eh weil wir grad von/ . von Medizin sprechen ich komme aus 'm ambulanten Bereich im Gesund/ eh im Industriegebiet ((schlucken)) und . um auf die Ar-

> beitslosigkeit wieder zu kommen bis vor kurzem dachte ich ich be/werd nich arbeitslos ich arbeite im Gesundsheitswesen ((holt Luft)) mir kann nichts passiern ((holt Luft)) aber . seit vierzehn Tagen kursiern bei uns Gerüchte das Ganze/ das gesamte S/ ambulante Gesundheitswesen löst sich bei uns auf wir werden ((schlucken)) privatisiert es/ angeblich liegen . schon von eh Zahnärzten/ ich arbei/ bin als Zahntechniker tätich/ eeh ((schlucken)) von Zahnärzten und von Laborleitern ((holt Luft)) Anträge vor wir ar/ wir wohnen im grenznahen Bereich die hier aufkaufen/ einkaufen wollen wir wärn dann . geliefert und arbeitslos . geht/ gibt's da Grenzen oder wern da irgendwelche Mauern vorgeschoben daß das nich passiern kann denn wir arbeiten alle ..
> (15)

Auch dieser Ausschnitt zeigt den ostdeutschen Teilnehmer in der Opferrolle, der Auskunft über das, was mit ihm geschehen wird, von den westdeutschen Experten erwartet.

Konstitutiv für das Selbstverständnis der Wessis ist, daß sie Vertreter des überlegenen Systems sind:

> J: denn wie Sie vielleicht gemerkt haben an einigem was gesagt wurde in fast jeder Beziehung ist es auch im sozialen Bereich bei uns nen bißchen besser das hört sich jetzt etwas vielleicht großspurig an aber das liegt ganz einfach daran daß die Leistung der Wirtschaft sehr viel höher ist und deswegen können wir auch mehr soziale Leistungen leisten

Weiterer wesentlicher Bestandteil des Selbstbildes ist das Bild des Experten, wie es oben untersucht wurde. Aus dieser Expertenrolle heraus können sie mit Erklärungen und Belehrungen agieren. Aus der Rolle des Überlegenen heraus ist es dann auch möglich, sich in einigen Hinsichten mit den DDR-Bürgern auf die *gleiche Stufe* zu stellen und zu betonen, daß man *voneinander lernen* kann:

> B: wir müssen jetz auch in unserm Kopf die Mauer wegnehmen in Zukunft darf es nich mehr zweierlei Ärzte DDR Bundesrepublik geben & da gibt's nur noch Ärzte in Deutschland (14)
> K: das Problem der arbeitstätigen Frau ist das Problem auch was macht sie mit den Schulkindern . also in dem Punkt meine ich könn wir gegenseitich viel voneinander lernen . zuerst einmal uns gegenseitig informieren wo es paßt (12)

Aus der Rolle des Überlegenen ist es auch möglich, bestimmte soziale Einrichtungen der DDR für besser zu erklären und zu loben. Wie schon gesagt betonen alle vier westdeutschen Experten, daß die Kinderkrippen ein Modell sind, das dem westdeutschen überlegen ist. Exemplarisch für alle: „K: und wenn gesagt wurde daß das Kindergartensystem in der DDR . besonders ausgeprägt is dann stimmt das wir könnten uns das nur wünschen" (11).

Aus der Rolle des Überlegenen wird die Gleichberechtigung und die Wechselseitigkeit des Profitierens im Einigungsprozeß verbal betont. Der Moderator bringt dies auf die allseits mit Beifall bedachte Formel: „J: ja das muß ja keine Einbahnstraße sein" (9).

5. 3. Funktionen der Sendung

In der Anmoderation benennt J die zentralen Aufgaben, die die Sendung erfüllen soll: zum einen soll sie fehlende Informationen geben, zum anderen soll sie Sorgen und Ängste der DDR-Bürger bearbeiten:

> J: dann kommt neben Hoffnung auf ein besseres Leben hier in der DDR und Freude ((holt Luft)) darüber daß endlich die Teilung weitgehend schon überwunden ist kommen auch Sorgen und Ängste und da kommt vor allen Dingen die Frage was wird mit der sozialen Sicherheit und diese Frage wird natürlich hier in der DDR noch viel intensiver gestellt als in der Bundesrepublik und das ist sicherlich ((holt Luft)) auch verständlich angesichts der Situation in diesem Land und angesichts der in vielen Bereichen fehlenden Information über die sozialen Verhältnisse/ das soziale System in der Bundesrepublik (2)

Sorgen und Ängste sollen durch Informationen abgeschwächt, als unbegründet erwiesen („J: aber das is ja ne große Sorge hier die in der DDR herrscht und das merkt man bei allen Gesprächen und ich weiß gar nicht woher diese Sorge kommt" (9); „J: Gerüchte . den meisten sollte man nicht glauben denn sie stimmen fast nie das is ne alte Regel" (S. 9)) und beseitigt werden („J: um hier vielleicht einige Befürchtungen wegzunehmen das würde ganz fürchterlich").

Diese formulierten Funktionen werden sicherlich durch einige latente Funktionen ergänzt. So dient die Sendung sicherlich der *Einübung* in die bzw. der *Festigung* der Laien- und Opferrolle. Sie hat ferner die Funktion, die DDR-Bürger – u. a. durch die Bearbeitung ihrer Sorgen und Ängste – zu *beruhigen* bzw. *ruhig zu stellen*. In diesem Kontext ist die Nennung „positiver" Zahlen und das Bestreiten von Schreck- und Horrorzahlen zu sehen (vgl. auch das folgende Zitat von Posth). Die Sendung dient letztlich dazu, *Optimismus und Zukunftszuversicht* zu verbreiten. Exemplarisch hierfür zwei Äußerungen von Experten:

> B: . aber ich denke hier in der DDR gibt's doch so viel zu tun also Arbeit gibt's doch hier [emphatisch]

B:	genug und insofern darf die Arbeit/ ich seh sogar .
J:	ja es gibt/
B:	für/ auch für die Bundesrepublik es kann nur besser werden ((verlegenes Lachen)) es kann nur besser werden in ganz Deutschland es ist Arbeit ungeheuer auch durch/ wenn wir wieder einig werden ein Land sind glaub ich gibt es auch nen wirtschaftlicher Pusch (7)
P:	. jede soziale Leistung im Betrieb muß
P:	durch . . irgend etwas verdient werden durch Produktivität
Z:	((räuspern))
P:	durch Leistung und da bin ich auch gar nich bange weil wie
P:	gesacht der/ . eh/ eh die/ die Initiativkräfte die jetzt
Z:	((Husten))
P:	freigesetzt werden und die Wachstumsraten Prognose hin oder her so groß sein werden daß man solche soziale Errungenschaften auch dann wird finanzieren können (10)

Eine solche Verbreitung von Optimismus und Zukunftszuversicht scheint aus heutiger Sicht auch mehr als notwendig, wenn man bedenkt, daß selbst die schlimmsten von DDR-Bürgern in der Sendung genannten Sorgen und Ängste weit hinter der heutigen Realität zurückbleiben.

5. 4. Analyse eines Ausschnitts

Die folgende Analyse eines zusammenhängenden Ausschnitts aus der Sendung (vgl. Anhang) illustriert, wie verschiedene der genannten Phänomene in der Interaktion zusammenspielen.

Der Auschnitt beginnt (Zeilen 3–10) mit der emphatisch vorgetragenen, Optimismus und Zukunftszuversicht verbreitenden Aussage, daß es in der DDR genug zu tun gibt und daß es nur besser werden kann. Der Appell läßt allerdings unberücksichtigt, daß die Existenz von Arbeit noch nicht hinreichend dafür ist, daß sich auch jemand findet, der sie bezahlt.

Im Anschluß wiederholt und unterstützt Jungblut (16–17) noch einmal explizit Blüms Aussage. Auf diesem Hintergrund geht er über zum Thema Zahlen. Seine weitere Aussage: „da sollte man vielleicht auch 'n bißchen mit den Zahlen vorsichtig sein" (19–20) ist eine Replik auf und eine Zurechtweisung von Conrad, der sich das Nennen von (erwartbaren Arbeitslosen-)Zahlen angemaßt hatte. Diese Disziplinierung erfolgt, obwohl sie unter Umständen das Vertrauen in „wissenschaftliche" Zahlen (Wissenschaftsgläubigkeit) erschüttern kann. Die Äußerung dient der Beruhigung und Beschwichtigung, indem „negative" Zahlen als Horrorzahlen abqualifiziert werden. Mit Berufung auf das Institut der deutschen Wirtschaft wird optimistisch verbreitet, daß es auf keinen Fall so schlimm kommen wird (27–28).

Sodann wendet sich J an einen Mann aus dem Publikum und fragt ihn, ob er Angst vor Arbeitslosigkeit hätte (28–29). Diese Äußerung steht im Rahmen des Programms, die Sorgen und Ängste der ostdeutschen Teilnehmer zu bearbeiten. Der von Jungblut aufgebaute Kontext suggeriert eine zumindest nicht vollkommen negative Antwort. Dem kommt Z1 auch nach, indem er zwar nicht für sich („nein im Prinzip nich"), wohl aber für seine Frau Arbeitslosigkeit befürchtet. Zu erwähnen ist ferner noch, daß Z1 ohne Meldung von Jungblut aufgefordert wird, sich zu äußern. Die fatalistische, das klassische Familienmodell reproduzierende Antwort von Z1 (30–34) sowie die erklärungssuchende Nachfrage von J wurden bereits oben analysiert. Z1 verweist auf entsprechende „Gerüchte" (39) und wiederholt, daß die Arbeitslosigkeit seiner Frau kein unlösbares Problem sei („kann man das so/ auch so regeln" (43–44)), sofern nur sein „Verdienst stabil" (43) sei.

Der Moderator transformiert nun diesen individuellen Fall in ein Stichwort (Thema Krippen (45)), wobei er konstatiert, daß dies scheinbar von dem von ihm etablierten Thema Arbeitslosigkeit wegführt. Z1 erscheint so als Stichwortgeber. Jungblut geht auf diese Abweichung in der Reihenfolge zu bearbeitender Themenkomplexe ein, weil dies Thema vielen Menschen in der DDR Sorgen macht. Zugleich unterstellt er aber, daß diese Sorge unberechtigt ist (48–49), womit er den DDR-Bürgern mangelnde Sachlichkeit (Pessimismus, Emotionalität) bescheinigt. Er übergibt die Behandlung dieser Thematik an Blüm (49–50), wobei er ihm eine faktisch nicht vorhandene Antwortkompetenz zuschreibt (siehe oben), ein Zug der eher die Konstitution von Expertengläubigkeit als eine realistische Einschätzung von Expertentum fördert.

Blüms Antwort verfolgt die Strategie „Loben der schwächeren Seite", wobei er betont, daß die Bundesrepublik in diesem Punkt etwas lernen kann, daß also das Profitieren im Einigungsprozeß wechselseitig sein soll. Seine einleitende Formulierung „n Kompliment" (52) verweist darauf, daß er die andere Seite für den schwächeren Teil hält. Auch die Formulierung „da können wir uns ne Scheibe von Ihnen abschneiden" (53–54) ist – sicherlich unbewußt – böse doppeldeutig. Letztlich verweist der Versprecher „aufgebaut" (55) statt „abgebaut" auf die Ambivalenz von Blüm an dieser Stelle.

Jungblut faßt Blüms Aussage in dem Bild zusammen, daß der Einigungsprozeß keine Einbahnstraße sein muß (64), was mit Beifall quittiert wird. Er nimmt dann Blüms Antwort zum Anlaß für eine Belehrung, daß man Gerüchten nicht glauben soll, weil sie in der Regel nicht stimmen (66–69). Dies ist zugleich eine Replik auf Z1, der entsprechende Gerüchte thematisiert hatte (39–40). Jungblut scheint davon auszugehen, daß diese Gerüchten nun allein schon durch die Antwort von Blüm als nicht gehaltvoll erwiesen sind. Dann wendet er sich mit der Frage nach den Kinderkrippen an P, den nächsten Experten. Die Formulierung der Frage: „wird Ihre erste Handlung sein die Kinderkrippen / oder denen zu raten die Kinderkrippen zu schließen" (72–73) verfolgt die Strategie der Trivalisierung des Problems (und damit der entsprechenden Sorgen und Ängste) durch Überspitzung. Eine solche Frage kann nur relativierend oder abschlägig beantwortet werden, was P dann auch tut: Er betont die Selbstverantwortlichkeit der Manager bei IFA. Er nimmt dann Blüms Strategie „Lob der schwächeren Seite" an zwei Stellen auf (81–84 und 94–95), wobei auch er feststellt, daß wir was davon lernen können. Er tut dies aber unter dem generellen Vorbehalt, daß jede soziale Leistung von den Betrieben auch erwirtschaftet werden muß, den er als Belehrung vorträgt (97–101). Er entkräftet diesen Vorbehalt dann aber gleich im nächsten Zug, indem er Optimismus verbreitet: „und da bin ich auch gar nicht bange" (101). Im Rahmen dieser Verbreitung von Zukunftszuversicht relativiert er dann zugleich die Bedeutung „negativer" Zahlen: „Prognose hin oder her" (104–105).

Im folgenden schließen sich dann auch die beiden anderen Experten (*Einig Experten*) der Strategie „Lob der schwächeren Seite" an. Dies ist aber nicht mehr in diesem Ausschnitt dokumentiert.

Anmerkungen

1 So auch Paul (1993), dem ich den Hinweis auf Bateson (1985) verdanke. Meine Arbeit steht im Kontext der Diskussionen der Forschungsgruppe „Nationale Selbst- und Fremdbilder in osteuropäischen Staaten. Manifestationen im Diskurs", die von Februar bis Juli 1993 am Zentrum für interdisziplinäre Forschung der Universität Bielefeld arbeitete und die von M. Drescher, U. Dausendschön-Gay, E. Gülich und mir geleitet wurde. TeilnehmerInnen der Forschungsgruppe waren Marek Czyzewski (Lódź), Heiko Hausendorf (Bielefeld), Jana Holšánová (Prag), Jiří Nekvapil (Prag), Slavo Ondrejovič (Bratislava), Ingwer Paul (Berlin), Andrzej Piotrowski (Lódź), Izabela Prokop (Poznań) und Ricarda Wolf (Potsdam/Mannheim). Ich verdanke den Diskussionen mit der Gruppe viele Anregungen.

2 Das Transkript umfaßt die ersten 26 Minuten der Sendung (14 Seiten) und zwei etwa halb- bis einminütige Ausschnitte, in denen ostdeutsche Teilnehmer mit längeren Beiträgen zu Wort kommen (jeweils 1 Seite).
In meine Analyse gehen Überlegungen aus Seminardiskussionen (Der deutsch-deutsche Diskurs, SS 1992) und Ergebnisse einer Hausarbeit von Reinhard Prahm über diese Sendung ein.

3 Mir sind die folgenden Sendungen aus der Reihe „Richtung Deutschland" bekannt: „Wann kommt die Einheit?", 13. 2. 1990, ZDF, 21.00 Uhr, 89 Minuten;

„Was wird aus dem Geld?", 20. 2. 1990, ZDF;
„Was wird mit der sozialen Sicherheit?", 27. 2. 1990, ZDF, 22.10 Uhr;
„Wie wird die Umwelt wieder sauber?", 13. 3. 1990, ZDF, 22.10 Uhr, 60 Minuten;
„Alle Nüsse geknackt?", 16. 7. 1990, ZDF, 22.15 Uhr, 36 Minuten.

4 Es drängt sich der Eindruck auf, daß hier das Modell ‚Eingeborenenstamm mit Häuptlingen' inszeniert wird.

5 Die Experten der hier untersuchten Sendung sind Norbert Blüm, Bundesminister für Arbeit und Sozialordnung (im Transkript: B), Jürgen Eckhardt, Betriebsratsvorsitzender von Braun-Melsungen (E), Bruno Köbele, stellvertretender Vorstandsvorsitzender der IG Bau, Steine, Erden (K), und Dr. Martin Posth, Personalchef von VW (P). Moderator der Sendung ist Michael Jungblut (J). Beteiligt sind ferner Angelika Stürmer und Hans-Ulrich Conrad, Redakteurin und Chefredakteur der *Märkischen Volksstimme* (C). Die Sendung wird aus einer Halle des VEB ‚Elektronische Bauelemente' in Potsdam Teltow übertragen. Teile der Belegschaft und Angehörige benachbarter Betriebe bilden das Publikum.

6 Zuvor hatte J, als C eine mögliche Arbeitslosenzahl nannte („C: es sind ja jüngste Forschungsergebnisse oder Prognosen veröffentlicht worden . die . für de/ den pessimistischen .. Fall annehmen daß wir eins Komma fünf Millionen Arbeitslose noch im Jahre zweitausend auf dem heutigen Gebiet der DDR haben könnten" (5)), die Behandlung dieses Punktes vertagt.

7 An anderer Stelle formuliert B durchaus im Bewußtsein dieser Tatsache: „B: und Sie baun ja jetzt in der DDR eine Arbeitslosenversicherung auf sind ja grade dabei ((holt Luft)) wir haben . mit Ihrer Regierung jetzt drei mal . verhandelt wir wollen gerne dabei helfen" (6).

8 Dies wird von den westdeutschen Teilnehmern in den Vordergrund gestellt:
„K: was jetzt gemacht werden muß machen Sie hier mit der Sendung Informationen über das wie es bei uns is" (11).

Literatur

BATESON, Gregory (1985): Kulturberührung und Schismogenese. In: Bateson, Gregory: Ökologie des Geistes. Frankfurt a. M.: Suhrkamp. 99–113.
PAUL, Ingwer (1993): Schismogene Tendenzen des Mediendiskurses nach der deutschen Einheit. Report Nr. 1/93 der Forschungsgruppe „Nationale Selbst- und Fremdbilder in osteuropäischen Staaten – Manifestationen im Diskurs", Zentrum für interdisziplinäre Forschung der Universität Bielefeld.
SCHÜTTE, Wilfried (1990): „Live aus Leipzig". Talkshows und die DDR-Revolution. In: *Sprachreport* 1/90. 1–3.
YLÖNEN, Sabine (1992): Probleme deutsch-deutscher Kommunikation. In: *Sprachreport* 2–3/1992. 17–20.

Anhang

Ausschnitt (Transkript S. 7–10) aus der Sendung „Richtung Deutschland. Was wird mit der sozialen Sicherheit?"
27. 2. 1990, ZDF, 22.10 Uhr
B: Norbert Blüm, Bundesminister für Arbeit und Sozialordnung
J: Michael Jungblut, Moderator
Z: Zuschauer aus dem Publikum
P: Dr. Martin Posth, Personalchef von VW

```
1    B:                    also der langen Rede kurzer Sinn .. man soll alles tun daß keine
                           Arbeitslosigkeit entsteht . und alles tun wieder Arbeit zu finden . aber ich
                           denke hier in der DDR [gibt's doch so viel zu tun also Arbeit gibt's doch hier
                           [emphatisch]
     B:     genug und insofern darf die Arbeit/ ich seh sogar .
     J:           ja es gibt/
     B:     für/ auch für die Bundesrepublik es kann nur besser werden ((verlegenes La-
            chen)) es kann nur besser werden in ganz
10          Deutschland es ist Arbeit ungeheuer auch durch/ wenn wir wieder einig wer-
            den ein Land sind glaub ich gibt es auch nen wirtschaftlicher Pusch . aber für
            diesen/ wir brauchen trotzdem 'n soziales Netz und dieses hieß Arbeitslosen-
            versicherung und wir sind bereit beim Anschieben . mit Geld zu helfen
     J:     also daß hier Arbeit genuch zu tun ist das sieht ja jeder
     J:     das kann gar nich das Problem sein es geht also nur um
     B:                               jaja
     J:     die Übergangsphase . und da sollte man vielleicht auch 'n
20
     J:     bißchen mit den Zahlen vorsichtich sein & denn es gibt
     B:                          ja
     J:     ja sehr unterschiedliche Berechnungen einige rechnen . daß es sehr viele Ar-
            beitslose zwei drei Millionen geben könnte andere sagen . das ist völlig falsch
            es is grade vom
     J:     Institut der deutschen Wirtschaft . eine Rechnung vorge-
     B                              ja
     J:     legt worden die sacht das sind alles Horrorzahlen . so schlimm wird's auf kei-
            nen Fall kommen . aber wolln wir doch hier mal fragen haben Sie Angst vor
            der Arbeitslosigkeit
30   Z1:    nein im Prinzip nich . mir geht es eh primär um meine Familie bei der ganzen
            Sache . eh meine Frau is . Krippenerzieherin .. unsere beiden Jungs der eine
            ist sieben Jahre der andere anderthalb/ . ja wenn meine Frau keine Arbeit
            mehr hat . der Kleine is dann sowieso zu Hause . die andere Frage is eeh/
     J:     ja warum soll Ihre Frau keine Arbeit mehr haben
     Z1:                ja                    ja eh .
                     [leise]
     Z1:    Gerüchte . gehn ja rum daß eh die Krippen geschlossen
```

169

40 werden . sowie . der achtzehnte März vorbei is . und das sind unsere Ängste & es is nich so daß wir nur Angst haben . wenn meine Frau jetzt wirklich keine Arbeit mehr haben sollte denn . wenn mein Verdienst stabil is . kann man das so/ auch so regeln bin ich der Meinung((räuspern))
J: ja gut bleiben wir doch mal bei dem Thema Krippen das ge/ führt zwar jetzt scheinbar von der Arbeitslosigkeit weg aber das is ja ne große Sorge hier die in der DDR herrscht und das merkt man bei allen Gesprächen und ich weiß gar nicht woher diese Sorge kommt . Herr Blüm jetzt sind Sie
50 J: wieder gefragt . Kinderkrippen werden die abgeschafft
B: ja . darf ich erstmal/
B: 'n Kompliment . für Sie was Kindergärten anbelangt . sind Sie besser wie wir . da können wir uns ne Scheibe von Ihnen abschneiden und da find ich sollte die ((holt Luft)) Einheit nicht so stattfinden daß Ihre Krippen aufgebaut werden sondern daß bei uns mehr Kindergärten in der Bundesrepublik geschafft werden & das ist auch 'n Beitrag zur Einheit ((holt Luft)) ich finde ((holt Luft)) daß alles getan werden muß daß das was Sie familienpolitisch erreicht haben durch Kindergärten . daß das auch . im weiteren Einigungsprozeß nicht zum Opfer fällt sondern daß ganz umgekehrt wir in der Bundesrepublik si/ uns
60 Ihrem Standard anschließen müssen
J: ja das muß ja keine Einbahnstraße sein .. ((räuspern))
Z: ((Beifall

J: .... in solchen Situationen gibt es ja immer furchtbar
Z:))
J: viel Gerüchte . den meisten sollte man nicht glauben denn sie stimmen fast nie das is ne alte Regel aber Herr Doktor Posth wie sieht's denn bei VW mit Kinderkrippen aus und wenn Sie sich bei IFA engagieren und das eh tun Sie ja
70 jetz schon eh wird Ihre erste Handlung sein die Kinderkrippen/ oder denen zu raten die Kinderkrippen zu schließen
P: ja zunächst wird es mit Sicherheit ja nicht meine oder unsere Handlung sein sondern wir halten schon viel dafür . daß diejenigen die Verantwortung getragen haben bei IFA und auch in Zukunft tragen werden eh ihre Entscheidung zu treffen haben das heißt wir werden ja allenfalls beraten & denn ich halte ja gar nichts davon daß wir nun . überall dorthin gehen und genau wissen wie's
80 geht . eh und etwa zu sagen hätten K/ Kinderkrippen ja oder nein ich halte es auch wie Herr . Minister Blüm sacht eher für eine soziale Errungenschaft die hier . auch aufgrund ner/ anderer Strukturen natürlich eh entstanden ist denn die Frauen/ . beschäftigung ist ja sehr viel höher als bei
[schneller]
uns in der Bundesrepublik von daher is auch 'n ganz andrer Bedarf eh etwa
90 da . für Kinderkrippen auch betrieblicher Art im Übrigen gibt's andere
[schneller]
Länder in der Welt die das auch haben . und ich denke auch wir sind ganz gut beraten wenn wir . mal . auf das Jahr zweitausend schaun und wir eine höhere Frauenbeschäftigung haben . über dieses Thema mal nachzudenken in sofern könn wir e/eeh ich unterstreiche das Herr Blüm . was von lernen . und in sofern . is das eine Entscheidung des Managements nicht nur bei IFA & überall

170

	P:	in den Betrieben . ich meine ich will natürlich hinzusagen . jede soziale Leistung im Betrieb muß
	P:	durch .. irgend etwas verdient werden durch Produktivität
100	Z:	((räuspern))
	P:	durch Leistung und da bin ich auch gar nich bange weil wie
	P:	gesacht der/ . eh/ eh die/ die Initiativkräfte die jetzt
	Z:	((Husten))
	P:	freigesetzt werden und die Wachstumsraten Prognose hin oder her so groß sein werden daß man solche soziale Errungenschaften auch dann wird finanzieren können

Processus sémantiques et évolutions sociales dans la période (post)totalitaire
Valeria Guţu Romalo

Préambule

1. L'expérience sociale de ces dernières années fait ressortir, en Roumanie, ainsi que dans les autres pays de l' Est, toute une série de phénomènes qui ont eu un rôle négatif dans le processus de l'évolution posttotalitaire et font partie du funeste héritage de l'époque totalitaire. Malgré une spécificité profondément diversifiée, l'évolution posttotalitaire se révèle, dans tous les pays qui ont connu le totalitarisme, beaucoup plus difficile que ce qu'on pouvait prévoir.

La grande surprise fût l'importance – assez difficilement perçue – du rôle joué par le facteur «mentalité» dans ce processus qui, au début, semblait engager presque exclusivement l'économique et le social. Mais, l'expérience posttotalitaire a révélé aussi que certains traits de la mentalité sociale sont le résultat de l'usage totalitaire de la «langue de bois» (LB).

L'importance sociale de la relation langue-mentalité, ainsi que son rapport avec les transformations en cours se manifestent dans la vie sociale et l'expression linguistique actuelles; l'évolution des sociétés posttotalitaires rend évident un aspect – plutôt négligé ces derniers temps – de la fonction sociale de la langue: celui de «modeleur» de la pensée collective.

Langue et mentalité

2. Le rapport langue-mentalité est subordonné à la correlation langue/langage/pensée. Le langage, ainsi que le discours et la communication linguistique impliquent nécessairement la pensée et le sens; seule l'association d'un sens confère à une séquence sonore, à une suite de sons articulés le statut de «fait linguistique» ou de «texte».

A son tour, la pensée, en tant qu'activité intellectuelle, dépend, jusqu'à un certain degré, de l'ensemble conceptuel offert par le système (lexical et grammatical) de la langue.

Perçue de manière indirecte, par ses résultats, l'activité intellectuelle, qui se manifeste par et dans le discours (ainsi que dans l'action) implique des mécanismes psychiques opérant sur un bagage mental qui inclue une quantité – variable – d'informations concernant les réalités environnantes, les phénomènes naturels ou sociaux, informations qui sont fournies par la connaissance d'une certaine langue. Ce sont des informations acquises par l'expérience sociale, accumulées au cours de l'histoire d'une communauté et transmises d'une génération à l'autre. C'est sur ce bagage linguistique (et cognitif) que repose toute perception de la réalité: il représente ce que B. Whorf appelait – considérant que «The real world is to a large extent built up on the language habits of the group»[1] – *the mass-mind.*[2] L'instruction et l'expérience personnelle ne font qu'enrichir, en le modifiant parfois, ce bagage mental que la communauté linguistique offre (et impose) à l'individu.

L'ensemble de toutes ces connaissances représente l'«univers de croyances»[3] de l'individu, et le noyau de cet «univers» est l'image «socialisée», pour ainsi dire, du monde, qu'il partage avec la communauté à laquelle il appartient et qui est véhiculée par la langue.

Dans le processus complexe de l'interprétation individuelle des données de l'expérience, la représentation socialisée du monde mentionnée ci-dessus a la fonction d'un filtre.

Ce «filtre», qui s'interpose entre la pensée individuelle et son objet, associe à la représentation sémantique offerte par la langue l'ensemble de préjugés, de parti-pris, de croyances et de superstitions, d'attitudes affectives et évaluatives, tout ce qui représente la «mentalité». La mentalité et la sémantique linguistique font partie de l'héritage social de l'individu et il est difficile de tracer des limites tranchantes entre les deux.

L'influence de ce filtre mental a souvent un rôle déterminant dans la solution adoptée par un individu – ou un groupe – confronté aux problèmes qui leur sont imposés par la société: l'image de la réalité configurée par les individus, ainsi que leur manière de récepter et d'interpréter les phénomènes sont influencées par leur mentalité, sont modelées par les significations qu'ils attribuent aux mots.

Il en découle a) que la langue est capable d'influencer la pensée, le jugement et le comportement des individus, donc la vie et/ou l'évolution de la société, et b) que la langue est susceptible d'être manipulée, d'être soumise à une action dirigée – visant à modifier la mentalité d'une communauté.

La «langue de bois»

3. Une telle manipulation a été réalisée durant la période totalitaire par la *langue de bois*, cette variante linguistique assez facile à percevoir, mais difficile à définir.

3. 1. La formule, mise en circulation en 1987 par Françoise Thom[4], sert à désigner une modalité linguistique cultivée par les régimes totalitaires des pays socialistes. Le phénomène comme tel a précédé, partout, de loin, l'emploi de la formule. En Roumanie, malgré l'usage prolongé de cette variante linguistique, dont le caractère oppressif a été intensément ressenti par une grande partie des locuteurs, le syntagme «langue de bois» (LB) ne commence à être utilisé qu'après les événements de Décembre 1989: associé à un sens assez flou impliquant en guise de traits spécifiques la pauvreté lexicale et le caractère stéréotypique de l'expression, il a gagné dès le début la faveur des locuteurs, qui ont été tentés de lui accorder une valeur symbolique.

Les études qui s'en sont occupées ont mis en évidence, en premier lieu, les particularités concernant l'organisation linguistique superficielle du texte: on a rélevé la stéréotypie de l'expression, mais aussi la sélection tendancieuse des mots, qui conduit, à la longue, à une altération de la fonction référentielle de la langue, à une dysfonction communicative perçue sous la forme du «texte mensonger» et qui aboutit à un «voodoo»[5], langage à fonction incantatoire.

3. 2. Considérée du point de vue des caractéristiques linguistiques, la LB présente des particularités ne dépassant pas les limites habituelles des préférences qui différencient les variantes socio-culturelles de la langue. La sélection préférentielle et la fréquence accrue de certains éléments linguistiques n'est pas spécifique à la LB. La diversité fonctionnelle d'une langue se manifeste par la présence des préférences – surtout lexicales (terminologiques), mais aussi grammaticales, et même rhétoriques –, qui s'expriment par des écarts de fréquence et qui, par leur spécificité concrète, distinguent les variantes socio-culturelles de la langue.

La seule présence de tels écarts de fréquence ne suffit pas à distinguer et à caractériser la LB; considérée sous cet aspect, elle ne s'oppose pas à ce type de variantes linguistiques. (On a même mis en évidence des analogies frappantes la reliant au langage scientifique.[6])

3. 3. La spécificité de la LB concerne plutôt la *manière* d'utiliser le matériel linguistique, manière déterminée par la *finalité* de la communication.[7]

La caractéristique profonde de la LB semble dériver de son association avec le «discours persuasif idéologique»[8], et est déterminée par le fait que le texte construit en LB vise presque toujours à imposer une certaine vision du monde, de la société et de la vie des gens. N'importe quel texte – discours, bilan, programme, même reportage ou texte littéraire – est marqué par cette finalité, qui reste toujours décélable malgré les différences d'organisation imposées à chaque texte par les normes du sous-système linguistique respectif, ainsi que par les contraintes propres au «genre» représenté par le texte.

Le trait commun de ces textes est l'*intention* communicative unique, la *persuasion* dans le sens d'une certaine conception, d'une *idéologie*.

De là le caractère de discours idéologique des textes usant de la LB. Dans la théorie sémiotique d'Umberto Eco, le «discours idéologique», variante du «discours persuasif», se différencie par son effort à dissimuler les implications ou les données qui pourraient être défavorables à une certaine thèse et, implicitement, à la solution ou à l'option proposée.

Une telle dissimulation altère et diminue la qualité informationnelle du texte et met en danger l'authenticité, la véridicité du message transmis.

Discours idéologique et mentalité sociale

4. 1. Considérée du point de vue de l'association avec le discours idéologique, la stéréotypie de l'expression, la répétition obsessionnelle des mêmes mots, des mêmes formules, particularité qui constitue le trait spécifique superficiel et frappant de la LB, nous apparaît comme représentant le résultat et le moyen d'une action concertée, ayant, dans la période totalitaire, une finalité socio-politique déterminée. L'expérience des sociétés posttotalitaires révèle la fonction profonde, d'instrument extrêmement efficace dans le modelage de la mentalité sociale, de cette stéréotypie superficielle.

4. 2. Le discours idéologique, qui a dominé pendant presque un demi-siècle l'évolution de la société roumaine, a agi, avec constance et ténacité, dans le sens d'un remodelage du «filtre» linguistique qui s'interpose entre la pensée individuelle et son objet, «filtre» dont il a déjà été question (v. 1).

A cette action de remodelage volontairement tendancieux ont été soumis surtout les mots concernant la vie sociale, les relations qui s'établissent dans la société entre les différentes catégories d'individus. Pour observer ce processus sémantique il suffit de comparer les définitions offertes dans les dictionnaires élaborés avant et pendant l'époque totalitaire pour des mots tels que *bourgeois, capital, classe, marché, patron* etc. Les définitions lexicographiques de cette dernière période ne font que transcrire sous une forme analytique et explicite la signification attribuée à ces mots dans le contexte de l'idéologie communiste: ce qui les caractérise est, dans la plupart des cas, un supplément d'information sémantique – impliquant l'idée d'exploitation, d'abus et de profit abusif – destiné à justifier et à renforcer la thèse politique de la «lutte de classe», de l'«exploitation de l'homme par l'homme», thèse qui constitue le fondement de la construction idéologique communiste. La réitération infatigable de ces vocables ainsi remodelés, employés d'habitude dans des contextes évaluatifs, qui renforcent la connotation négative, représente le mécanisme générateur de la stéréotypie – la caractéristique la plus frappante de la LB.

La fixation de telles altérations sémantiques dans l'esprit des locuteurs par le moyen de la répétition et des slogans a pour but de «façonner» leur mentalité.

Ainsi accomplie, l'altération idéologique de la sémantique vise à contrôler les actions et réactions individuelles et/ou de groupe.

Les effets profonds de l'influence que la LB a exercé durant la période totalitaire sur la mentalité persistent et affectent l'évolution de la vie sociale actuelle, malgré le fait que ses manifestations superficielles ont été sensiblement atténuées.

L'évolution posttotalitaire de la société en Roumanie, mais aussi dans les autres pays de l'Est[9], démontre l'importance et la gravité des conséquences de cette manipulation de la sémantique. La mentalité sociale ne guérit pas par la simple élimination des clichés linguistiques avec lesquels on identifie en général la LB.

Après des dizaines d'années d'endoctrinement, *capital, patron, marché* restent associés, pour un grand nombre de locuteurs, à l'idée d'«exploitations de classe» et à d'autres sombres menaces que la LB a fait naître dans la conscience des gens. Une mentalité ainsi «modelée» se libère lentement et avec difficulté de la composante idéologique qui y a été introduite. Et une mentalité anachronique ne favorise certainement pas le renouvellement, l'évolution positive de la société.

4. 3. Mais l'influence déformante de la LB se manifeste aussi sous des formes moins directes, plus subtiles et plus retorses.

Ainsi, étant donné que dans les pays totalitaires communistes, pendant longtemps, la communication au niveau social fût réduite presque exclusivement au discours idéologique, à des textes persuasifs, tendancieux et menteurs, la fonction référentielle (et informative) de la langue a été agressée et parfois presque annulée: le recours à la LB impliquait, dans la plupart des cas, la distorsion des faits représentant l'objet de la communication.

La persévérance dans ce genre de discours – qui, dans la période totalitaire, pouvait même se permettre d'abolir la fonction communicative de la langue – était associée à l'utilisation, fréquente, de certains «mots clé» dans des contextes ambigus ou inappropriés favorisant la «dessémantisation»: rapporté constamment à des situations ou à de phénomènes disparates, en désaccord avec son sens courant, le mot est susceptible de subir une «raréfaction sémantique». On aboutit ainsi à un degré d'ambiguité significative qui peut mener à des confusions capables de perturber le processus communicatif, mais aussi d'affecter le comportement de l'individu.

Un exemple éloquent dans ce sens nous est offert par le mot *démocratie*, qui a été utilisé durant le régime totalitaire dans des situations étant en contradiction plus ou moins évidente avec ce qu'il était censé exprimer: on appelait *démocratie socialiste* un régime de dictature oppressive, on parlait de *démocratie interne du parti* dans les conditions de l'autorité absolue confinée à un noyau politique réduit à l'extrême, on faisait l'apologie de la *démocratie populaire* – formule pléonastique créée pour désigner une dictature –, on flétrissait la *démocratie bourgeoise*. Confronté à un tel usage, réitéré d'une manière systématique pendant un demi-siècle, le sujet parlant d'instruction et d'intelligence ne dépassant pas la moyenne est arrivé à attribuer à ce mot une signification vague et contradictoire, ce qui lui a permis de lui associer, dans la période posttotalitaire, l'absence d'ordre et d'autorité, et d'agir en conséquence. Par un processus analogue d'érosion sémantique[10], le mot *liberté* est devenu compatible (après la chute du communisme, maintes attitudes et déclarations ont rendu évident le fait) avec l'abus, la licence, l'anarchie et le désordre.

Ce genre de réinterprétation sémantique a été clairement révélé par la manière de s'exprimer, aussi bien que par le comportement social d'un grand nombre d'individus.

Un autre effet de l'usage prolongé de la LB, plus subtil, qui concerne la mentalité sans impliquer directement le niveau de l'expression linguistique, résulte de la dysfonction communicative qui consiste dans la dissociation entre message linguistique et réalité: le discours persuasif idéologique a habitué les sujets parlants au texte tendancieux ou/et mensonger; la conséquence psychologique est l'affaiblissement du sentiment de responsabilité pour la qualité informative du discours et du texte.

Ce genre d'irresponsabilité affecte non seulement les discussions privées, mais encore, d'une manière dangereuse, la presse et le discours parlementaire, qui abondent souvent en informations fausses ou non-vérifiées et qui ne reculent pas devant les opinions malfondées ou excessivement passionnelles.

Il y a encore d'autres traits dans la mentalité des sociétés posttotalitaires actuelles qui y ont été infiltrées par un discours idéologique, soutenu et prolongé, réalisé à l'aide de la LB. Parmi les plus évidents se place le manque d'initiative personnelle, l'absence du sentiment de responsabilité civique, ainsi que l'attitude égalitaire qui se rebiffe contre les succès économiques spectaculaires qui sont obtenus par des individus audacieux et peu scrupuleux, parfois malhonnêtes.

Reconnues avec un certain retard, les séquelles sémantiques et psychologiques de l'endoctrinement communiste, ainsi que les rapports qu'on peut établir entre la mentalité anachronique – modelée par le discours idéologique et la LB – et l'évolution difficile et hésitante de la réforme dans les pays posttotalitaires de l'Est, sont invoqués de plus en plus souvent par les analystes, qui, en constatant les effets négatifs, considèrent que la «décommunisation» de la mentalité représente une condition nécessaire au progrès social et à l'établissement de la démocratie. Le rétablissement de la normalité sociale et politique dans la société posttotalitaire exige, entre beaucoup d'autres choses, que la mentalité sociale soit assainie, ce qui suppose de rendre évidentes les déformations de vision (introduites et fixées par un usage soutenu de la LB) par un effort patient pour expliquer les réalités. La crainte des gens devant le changement social et économique (surtout si, comme c'est actuellement le cas, les avantages matériels du changement ne se manifestent pas d'une manière directe et immédiate) ne se laisse exorciser que par l'explication de la nécessité du changement, qui découle de l'inévitable faillite – historiquement prouvée – de la fallacieuse stabilité d'autrefois.

Considérations finales

5. Cet aperçu sommaire de l'évolution posttotalitaire permet de formuler quelques nouvelles observations concernant le problème ancien des rapports qui relient les phénomènes «langue», «mentalité», «société».

L'expérience sociale de ces dernières années a mis en évidence d'une manière extrêmement claire l'importance du linguistique dans la configuration de l'univers de croyance de l'individu et de la mentalité sociale, ainsi que la possibilité d'influencer, de manipuler cette mentalité.

Les régimes totalitaires communistes ont exploité avec insistance cette possibilité en ayant recours au discours idéologique et à la LB.

Les évolutions posttotalitaires ont révélé le rôle et l'importance de cette variante linguistique, ainsi que les conséquences sociales qui en dérivent. Les effets de son action affectent non seulement le système sémantique de la langue, mais aussi la mentalité.

La vision du monde ainsi modelée implique une manière déterminée de concevoir les relations «individu-société» et est capable d'expliquer certaines difficultés et aspects négatifs de l'évolution actuelle des pays de l'Est.

Notes

1 B. WHORF, The Relation of Habitual Thought and Behaviour to Language, in: PARVEEN ADAMS (ed.), Language and Thinking, Selected Readings, 1972, 123.
2 Id., 146.
3 R. MARTIN, Pour une logique du sens, Paris 1983, 36.
4 Fr. THOM, La langue de bois, Paris 1987.
5 M. MANOLIU-MANEA, Grice's Conversational Maxims and the Romanian Political Discourse, in: *Journal of the American-Romanian Academy of Arts and Sciences*, 11, 1988, 93.
6 Fr. THOM, 22.
7 V. GUTU ROMALO, Le statut fonctionnel de la „langue de bois", in: *Journal of the American-Romanian Academy of Arts and Sciences*, 16–17, 1992, 193–195.
8 U. ECO, Tratatul de semiotică generală, București 1976, 374.
9 Révélées par les événements de ces dernières années et, surtout, par les résultats des élections les plus récentes dans les différents pays de l'Est.
10 Un témoignage dans ce sens nous est offert par ces vers – posthumes, datant de 1969 – de Miron RADU PARASCHIVESCU: „Situatia devine din ce în ce mai gravă/ Libertatea începe să fie luată în serios/ Cînd noi am înțeles prin libertate/ Ceea ce trebuie să înțeleagă orice necuvîntatoare: / Adică un cuvînt de zile mari/ De paradă, de pavoazare,/ Iar nu o faptă banală de toate zilele." In: „România literara", Nr. 46, 1993, 19. („La situation devient de plus en plus grave/ On commence à prendre la liberté au sérieux/ Au moment où nous sommes arrivés à comprendre par liberté/ ce que doit comprendre toute âme privée de parole:/ C'est–à–dire un mot [gardé] pour les jours de fête,/ De parade et de pavoisement,/ Et non pas un fait banal, pour tous les jours.").

Was blieb von der sowjetischen Politsprache?
Hans-Georg Heinrich

Vorbemerkung

Die folgenden Bemerkungen und Feststellungen beruhen auf unsystematischen Beobachtungen, die während eines fast drei Jahre dauernden Aufenthaltes in der ehemaligen Sowjetunion (1990-1993) gemacht wurden. Als aktiver Teilnehmer am politischen Diskurs kann jedoch der Verfasser die Rolle eines teilnehmenden Beobachters für sich beanspruchen. Behandelt wird der *mainstream*-Diskurs in Rußland; außer Betracht bleiben der neue islamische Diskurs und die ins Ghetto abgedrängten Versuche, die traditionelle *langue de bois* beizubehalten oder wiederzubeleben.

Politik im heutigen Rußland ist so vielschichtig und facettenreich, daß sie sich allen Versuchen entzieht, sie in einfachen Kategorien zu beschreiben. Gerade deswegen liegt auch die Versuchung nahe, sie durch übertriebene Vereinfachungen verständlich zu machen: Jelzin gegen Chazbulatov, Schirinovskij gegen die Vernunft, Reformer gegen Reformbremser, Demokraten gegen Kommunisten und Nationalchauvinisten. Nicht zuletzt wegen der Abhängigkeit der strategischen, politischen und wirtschaftlichen Entscheidungen des Westens von seiner Einschätzung der Lage und umgekehrt, wegen des Einflusses der Entscheidungen des Westens und der internationalen Organisationen auf die Entwicklung in Rußland ist es wichtig, solche unzulässigen Vereinfachungen zu erkennen und zu vermeiden.

Im Gegensatz zu dem dramatischen Bild eines Kampfes um Demokratie und Marktwirtschaft oder zwischen antiwestlichen Nationalchauvinisten (*„pocvenniki"*) und Prowestlern (*„zapadniki"*)geht es in der russischen Politik vor allem um einen Verteilungskampf verschiedener Politclans hinsichtlich der Erbmasse der ehemaligen Sowjetunion. Diese Gruppen sind aus der Parteinomenklatur entstanden und werden von verschiedenen wirtschaftlichen Interessen gestützt und finanziert. Alle Gruppen wollen allen anderen ihre eigenen, sie selbst begünstigenden Verteilungsregeln aufzwingen. Die verschiedenen Reformkonzeptionen spielen dabei nur eine untergeordnete

Rolle. Sie sind identitätsstiftend, man bedient sich einzelner Schlüsselwörter als einer Art Feldgeschrei („Radikalreform", „Patriotismus"), um im Nahkampf besser zwischen Freund und Feind unterscheiden zu können. Zwischen Programmen und politischer Praxis der jeweiligen Gruppierungen liegen Welten. Das Ziel aller dieser Gruppen ist die Machtgewinnung und Machterhaltung, weil Macht nach wie vor die soziale- manchmal auch die physische Existenz garantiert. Im Gegensatz zu früher gibt es aber jetzt eine Vielzahl von Machtzentren. Die Wirtschaftsreformen haben auch zu einer Monetarisierung der Macht geführt; man braucht Geld, um Macht zu haben (im vollkapitalistischen Westen ist das umgekehrt). Im Hintergrund der spektakulären Ereignisse der hohen Politik vollzieht sich der Prozeß der Machtverschiebung in die Regionen, wo es jene politische Stabilität und Überschaubarkeit gibt, die reale Reformen erst ermöglicht.

Die alten Kontroll- und Kommunikationssysteme der Politik sind nicht schlechthin zusammengebrochen. Einiges ist noch intakt: in erster Linie betrifft dies das *old boys network* der Manager der staatlichen Großbetriebe. Die sich heute an der Macht befindlichen Eliten sind Überreste der ehemaligen Parteinomenklatur. Sie haben ihre prägenden Erfahrungen unter dem Sowjetsystem erhalten. Die Identität der demokratischen Bewegung wurde vom Kampf gegen das Sowjetsystem geprägt; mit dem Wegfall des Feindes wurde das Feindbild jedoch nicht aufgegeben. Daraus erklärt sich die Eskalation des Machtkampfes, dies läßt jedoch auch die Fortsetzung der Konfrontation über Inszenierungen befürchten. Für die wirtschaftliche Aufbauarbeit scheint diese politische Generation nicht geeignet.

Die junge städtische Generation lebt bereits in anderen Bedingungen, nach instabilen und unklaren Regeln, und zwar in allen Gesellschaftsbereichen. Einiges hat sich neu formiert: Nicht nur Mafias, Clans, Gangs, Rackets, sondern auch neue Wirtschaftsinstitutionen wie Banken oder Börsen. Die Regionen haben größtenteils stabile Herrschaftssysteme aus der alten lokalen Nomenklatur heraus entwickelt (auch die ehemaligen Unionsrepubliken) und beanspruchen echte finanzielle Autonomie, die ihnen auf die Dauer nicht verweigert werden kann.

Durch alle Reformperioden der letzten 30 Jahre zieht sich die Macht der Großindustrie. Durch die spontane Nomenklaturprivatisierung hatte sich die Großindustrie von der Bevormundung durch die Moskauer Ministerien abgekoppelt und Selbstbedienungsläden für sich und (in geringerem Ausmaß) für die Belegschaft eingerichtet. Die Gajdar-Reform war eine Kampfansage gegen die staatliche Großindustrie (und gleichzeitig gegen die private Kleinindustrie), weil sie keine Alternativen zeigte. Dadurch war die Großindustrie gezwungen, sich mit den Regionen zu verbünden (Herbst 1992), welche zunächst nur die lokale Klein- und Mittelindustrie beherrscht hatten. Erst mit der Großindustrie im Rücken konnten die Regionen so energisch auftreten wie die Gebietsparteisekretäre unter Brezhnew. Die regionalen Eliten wollten sich von Moskau abkoppeln, weil von dort die politische Unruhe in die Regionen hineingetragen wurde und wird. Auch die Moskauer bürokratischen Eliten sind an Stabilität interessiert, sind aber gezwungen, die jeweiligen starken Männer an der Spitze zu unterstützen, was aber auch die Verfügbarmachung von „Futtertrögen" (*Kormuschki*) beinhaltet. Dazu kommt der Zeitfaktor: Weil niemand damit rechnet, lange im Amt zu bleiben, wurden alle Reformen bis jetzt überhastet durchgeführt, waren nicht konsentiert, auf den augenblicklichen Machtstrukturen aufgebaut. Das ist sicherlich auch eine Reaktion auf die Politik des Zögerns von Gorbatschow und eine prägende Erfahrung der „demokratischen" politischen Generation. Typisch für dieses Muster ist die neue Verfassung: Sie wurde durchgepeitscht (man könnte auch sagen „durchgeputscht") und ist nicht mehrheitsfähig. Prominente Politiker des radikaldemokratischen Lagers bezeichneten sie schon vor ihrem Inkrafttreten als „provisorisch" (so der ehemalige Vorsitzende des Ausschusses für Menschenrechte des Obersten Sowjets, Sergej Kovalev, in: *Segodnja*, 3. 12. 1993).

Die Wahlen am 12. Dezember 1993 waren von der Präsidentenseite als letztes Showdown, als der Endkampf mit den Reformbremsern im nationabolschewistischen Lager inszeniert worden. Dadurch hoffte man, die selbstgesetzte Latte einer 50%-igen Beteiligung am Verfassungsreferendum überspringen zu können und dadurch die Macht der Präsidialverwaltung endgültig festzuschreiben. Es stimmt nicht, daß mit Schirinowskij *der* Populismus gesiegt hat, und zwar aus zwei Gründen: Einmal deswegen, weil hinter den spektakulär-irrationalen Formulierungen und Aktionen Schirinowskijs teilweise ernste praktische Probleme stehen, die viele Russen in ihrer Lebensgestaltung direkt betreffen, zum Beispiel der Zerfall der Sowjetunion oder die Zunahme des Verbrechens und der allgemeinen Unsicherheit. Zum anderen hat ein *bestimmter* Populismus gesiegt. Populismus gab es nämlich auf allen Seiten.

Eine „Reform ohne Schock" ist genauso irreal wie eine mehrheitsfähige, politisch legitimierbare „Schocktherapie". Das Grundproblem der Reform ist die schwache Legitimation der Führungsgruppen. Im Unterschied zu früher gibt es jetzt freie Wahlen, die als Kriterium der Legitimität dienen, aber die Wahlresultate zeigen die geringe Unterstützung der Wähler für die einzelnen Gruppen genau an. Gab es früher die einzige Wahrheit des Marxismus-

Leninismus, so gibt es jetzt viele Wahrheiten: Monetarismus, Chauvinismus, Soziale Marktwirtschaft ... Die Wähler werden aufgerufen, sich für diese Programme, die ihnen herzlich gleichgültig sind und wegen ihrer Komplexität für die meisten unverständlich bleiben, zu entscheiden. De facto wählen sie Führerpersönlichkeiten, welche dadurch gezwungen sind, populistisch zu argumentieren.

Die Knappheit der Ressourcen (vor allem auch der Zeit) zwingt die Akteure zu einer Politik der möglichst raschen Bereicherung – wie in allen instabilen Feudalsystemen. Dadurch entsteht die Perzeption von Politik als Verteilungs-Nullsummenspiel. Konsens und Kompromiß als wesentliche Grundlagen funktionierender Demokratie werden dadurch unwahrscheinlich. Darüber hinaus kann von ernsthaften Reformen erst nach einer Stabilisierung des Machtsystems die Rede sein. Der Versuch der Radikaldemokraten, eine solche über die gewaltsame Ausschaltung der Radikalopposition zu erreichen, ist fehlgeschlagen. Was sie gesät haben, haben sie auch geerntet (*za sto borolis' na to i naporolis*).

Funktionen der sowjetischen Politsprache

Der sowjetischen politischen Sprache waren einige Funktionen eindeutig zuzuordnen. Dazu gehörten appellative Funktionen (Motivierung, Berufung auf gemeinsame Werte), Orientierung (Welt- und Gesellschaftsbild, Gruppenidentitäten), Sicherheit (Aufnahme und Weiterführung der Kommunikation) und andere. Diese Funktionen bestimmten auch die Verwendung und die Integration in die Alltagssprache. Für die meisten Menschen, einschließlich hoher Parteifunktionäre war die Verwendung der *langue de bois* während der Brezhnew-Zeit eine Pflichtübung, man dachte sich seinen Teil dazu und nahm die Bedeutung gar nicht mehr wahr. Die Sprachverwendung folgte also dem *big bargain* zwischen politischer Führung und Bevölkerung, nach welchem die Privatsphäre von Propaganda möglichst frei gehalten und dafür der Führungsansprung der KPdSU-Nomenklatur nicht angezweifelt wurde. Das war der Preis für das Recht, in Ruhe gelassen zu werden.

In einer Beziehung wurde die offizielle politische Sprache von den Generationen, die nach dem 2. Weltkrieg in der Sowjetunion aufwuchsen, durchaus nicht als fremd und aufgezwungen empfunden: Es gab tatsächlich ein Gefühl des Stolzes auf „sozialistische Errungenschaften", auf die militärische Macht, eine Art „sowjetischen Patriotismus". Im öffentlichpolitischen und im privaten Diskurs entsprach die Verwendung der Sowjetterminologie der

„natürlichen Einstellung". Natürlich deckten sich die Gefühle in keiner Weise mit ihrer Darstellung in der Propaganda, aber dieselbe beruhte doch auf realen sozialen Interessen und Bedürfnissen, sowie auf kulturellen Traditionen, die über die sozialistische Periode hinausreichten (zum Beispiel dörfliche oder kollektivistische Traditionen). Die sowjetische *langue de bois* war die unhinterfragbare Diskursform einer geschlossenen Gesellschaft und mußte sich daher mit der Öffnung dieser Gesellschaft ändern.

Die Perestrojka versuchte, mit Hilfe von neuen Begriffen (oder neu popularisierten Begriffen) neue Handlungsanreize zu schaffen. Daneben lebte die alte *langue de bois* weiter. Vom Wortschatz der Perestrojka haben nur ganz wenige Schlüsselbegriffe überlebt (*glasnost* oder *perestrojka* selbst; der Begriff taucht auch in neuen Kombinationen wie *strukturnaja perestrojka predprijatiij*/ Änderung der Organisationsstruktur von Betrieben, auf). Das hat eindeutig politische Gründe; die Perestrojka wird heute vorwiegend als negativ gesehen, die meisten Fehlentwicklungen werden auf sie zurückgeführt.

Der politische Witz

Warum gibt es in der heutigen russischen Gesellschaft über die politischen Führer keine Witze? Der wichtigste Grund ist sicherlich ein Funktionswandel des politischen Witzes. In der Stalinzeit war der politische Witz (wie im Deutschland der Nazizeit) teilweise ein lebensgefährliches Unterfangen, eine Waffe des Widerstandes. Witze über den *Vozd* und das System gab es viele, aber in einer Form, die so vieldeutig als möglich war. Unter Brezhnev war es bereits nicht mehr gefährlich, auch öffentlich politische Witze zu erzählen. Diese ließen an Eindeutigkeit und Schärfe nichts zu wünschen übrig. Der politische Witz diente als Ersatz für echtes politisches Engagement in der Opposition. Der politische Witz gab Erzählern und Zuhörern das Gefühl, ein System zu überlisten, das sie nicht stürzen konnten und an das sie sich mehr oder weniger gewöhnt hatten. Die Tatsache, daß politische Witze theoretisch als antisowjetische Propaganda strafbar waren, war ein zusätzlicher Anreiz, den grauen sowjetischen Alltag zu beleben. Ein deutlich aus dieser Zeit stammender Terminus, der heute oft verwendet wird, um den sturen und geisttötenden Bürokratismus zu charakterisieren, *marasm* – stammt aus der Brezhnev-Zeit. Ein nettes Beispiel für politische Kritik ist der Ausdruck *stroitel'*, etwa in *stroiteli kommunizma*/ Erbauer des Kommunismus. *Stroitel'* bedeutet daneben auch „Bauarbeiter" und erinnert an den Ausdruck *na troich*/ „sich eine Wodkaflasche zu dritt kaufen". Die Assoziation des politischen Begriffs mit einem wichtigen Aspekt der sowjetischen Wirklichkeit ist hier eindeutig. Die Brezhnew-Periode gab politischen Raum für die *chudiki*/Sonderlinge. Der Schriftsteller Shukshin hatte so großen Erfolg, weil das ganze Land voller *chudiki* war, angefangen vom Generalsekretär der KPdSU, der Autos sammelte und auch sonst gar nicht dem verbissenen kommunistischen Eiferer und Puristen glich, wie ihn die Ideologie forderte. Schwierig hatten es die Nicht-Sonderlinge. Die Absurdität der Wirklichkeit wurde durch das Fernsehen vergrößert, das den Generalsekretär vollends lächerlich machte.

Der Abstieg des politische Witzes begann unter der Perestrojka. Die Gorbatschow-Witze liefen meist darauf hinaus, den Präsidenten als Dummkopf hinzustellen. Viele dieser Witze waren adaptierte Tschuktschen-Witze. (Die Tschuktschen sind ein kleiner sibirischer Volksstamm, der wie die Ostfriesen, Burgenländer, Österreicher, diese für die Schweizer, dafür herhalten muß, Überlegenheitsgefühle der anderen zu erzeugen). Heute gibt es zwar noch immer inoffizielle Schranken der freie Meinungsäußerung, aber mit dem Zusammenbruch des autoritären Systems hat der politische Witz seine ursprünglichen Funkionen verloren. Genau wie die politische Auseinandersetzung sind die politischen Witze der postsowjetischen Zeit grob, rassistisch oder nationalistisch eingefärbt und selten selbstkritisch. Ein Beispiel für die letztere Gattung ist die Frage „Was versteht man unter *Business à la russe?*" Antwort: „Wenn man eine Kiste Wodka kauft, sie um den halben Preis absetzt und den Gewinn vertrinkt." Das auffälligste Phänomen des modernen politischen Witzes ist aber die Tatsache, daß es über die Führer keine Witze gibt, obwohl es dazu genug Anhaltspunkte gäbe. Nur vereinzelt gibt es sichtlich im eigenen Lager entstandene anekdotenhafte Witze über untergeordnete Persönlichkeiten, zum Beispiel über den Informationsminister beziehungsweise den Leiter der Bundesinformationszentrale (FIC), der seine Position sehr lange trotz der Kritik auch aus dem eigenen Lager verteidigt hatte: „Was passiert mit Poltoranin nach der Auflösung der FIC?" „Jelzin wird den Posten eines ständigen Poltoranin beim Präsidenten einführen."

Einer der ganz wenigen Chazbulatov-Witze war der Spruch „*otdaj mne skipetr – ja spiker*"/ „gib mir das Szepter – ich bin der Speaker", ein Wortspiel.

Die postsowjetische Politsprache

Nach dem Sturz des Sowjetkommunismus als politische und monopolisierte Organisation hat sich sozusagen die Default-Einstellung geändert. Von der ehemaligen, auch in Alltagskontexten verwendeten politischen Sprache ist im offiziellen Sprachgebrauch fast nichts mehr, in der Alltagssprache einiges geblieben (zum Beispiel das Attribut „sowjetisch" und natürlich Bezeichnungen wie Kolchose, Sowchose). Das russische Parlament verwendete bis Oktober 1993 den Begriff „sowjetisch", um den in der Verfassung festgelegten Status als oberstes Staatsorgan zu dokumentieren; man hielt an der durch viele Novellen geänderten Verfassung der RSFSR 1978 fest, um ein weiteres Vehikel im Machtkampf mit dem (ebenfalls die Alleinherrschaft anstrebenden) Präsidenten beziehungsweise dessen Politclan zu haben. Bekanntlich hielt diese Verfassung die Gültigkeit der Verfassung der UdSSR aufrecht, und die Mehrheit der Abgeordneten war nicht zu bewegen, diese Bestimmung abzuschaffen. Das hatte seinen Grund darin, daß sich das Parlament als Hüter der Verfassung und der Demokratie empfand, und daß man die verlorengegangene UdSSR als den „natürlichen" Raum für die Herrschaft des russischen Volkes wenigstens symbolisch erhalten wollte. Mit einer Rückkehr zur Alleinherrschaft der KPdSU und zur Planwirtschaft hatte das überhaupt nichts zu tun. Die meisten Deputierten hatten den sowjetischen Typus des Parlamentarismus miterlebt und fühlten sich in ihrer Rolle als aktive Gestalter der Politik bedeutend und wohl. Genauso ist auch der Aufruf Alexander Ruckojs zur „Wiederherstellung der Sowjetunion" am 4. Oktober 1993 zu werten, nämlich als populistischer Slogan, der es ihm ermöglichen sollte, die ihm seiner Meinung nach von rechts wegen zustehende Machtposition einnehmen zu können.

Der sogenannte „Aufstand" des Parlaments Anfang Oktober 1993 wird ohne Zweifel zu einer Säuberung des politischen und juristischen Sprachbestands führen. Dadurch werden jedoch nur Restbestände beseitigt und der seit dem August 1991 bestehende Trend fortgesetzt.

Die entstandene ideologische Leerstelle wird von einerseits massenhaft übernommenen westlichen Termini aus Politik und Wirtschaft gefüllt, die aber nach ganz eigenen semantischen und pragmatischen Regeln verwendet werden. Andererseits gibt es eine Renaissance vorrevolutionärer Terminologie, was mit der politischen und ethnischen Identitätssuche zusammenhängt. Dem entspricht auch die Neuformation der postsowjetischen Gesellschaft, mit ihrer Ambivalenz zwischen Hinwendung zum Westen und Rückbesinnung auf eigene Traditionen.

Die neue Gesellschaftsstruktur, die Grundmuster der neuen Politik und deren Probleme erzeugen auch neue Sprachhäufungspunkte: *Kompromat*/ kompromittierendes Material, *predpriimcivost*/Unternehmergeist, *kacap, moskalej*/Schimpfnamen für Ukrainer, *chochlobaksy*/G'schertendollar, Schimpfnamen für die ukrainische Währung. Das Eindringen der angloamerikanischen Terminologie bereichert natürlich auch die Alltagssprache. Die ambivalente Haltung zu diesem Vermischungsvorgang kommt in ironisierenden Formulierungen zum Ausdruck: *tebja sejcas poslat' ili po faxu?* (Soll ich Dich gleich zum Teufel schicken oder per Fax?)

Marxistisch-leninistische Restbestände

Daß sich über die Öffnung der Wirtschaft und über die Dekretierung der Demokratie der öffentliche und private Diskurs zumindest in den großen Städten radikal geändert hat, bedeutet nicht, daß auch die Grundmuster des marxistisch-leninistischen Denkens verschwunden sind. Hier einige Gegenbeispiele: In einer Analyse des Jahres seit dem August 1991 schreibt Viktor Danilenko (in: *Izvestija,* 17. August 1992):

> Die Augustrevolution hatte ... bürgerlich-demokratischen Charakter.
> Wir leben noch immer de facto in einer sozialistischen Gesellschaft ... mit der Herrschaft des Staatseigentums ...
> Die heute herrschenden demokratischen Lenker wollen die Gesellschaft in den Kapitalismus hineintreiben ...
> Es entstand ein neuer Widerspruch: zwischen den das Machtmonopol erhaltenden demokratischen Lenkern *(upravlencam-demokratam)* und den Privateigentümern.
> Die Nomenklaturbourgeoisie hat bereits die Macht.
> Nicht zufällig sind in den westlichen Parlamenten und den Vollziehungsorganen der Macht im wesentlichen die Eigentümer vertreten. Nur jemand, der tief an der Erhaltung und Mehrung des eigenen Kapitals interessiert ist, kann genau bestimmen, wie die entsprechenen Rechtsnormen verfaßt sein müssen ... wie private und öffentliche Interessen am besten harmonisiert werden.
> Man muß Millionen von Eigentümern schaffen.
> Schließlich muß man die Funktionen des Staates scharf einschränken.
> Die Gesellschaft muß sich selbst kleiden und ernähren. Man muß ihr die Freiheit dazu geben.
> Das Volk – das sind die Eigentümer. Auf jeden Fall ist das in allen hochentwickelten Gesellschaften der Fall.
> Eigentum für alle bedeutet den Tod des Apparats.

Die Argumentation des Autors ist ein Gemisch von liberalistischen und anarchistischen Schemata, typisch für einen Teil der russischen Reformer. Andere Beispiele: „Wir brauchen eine Ideologie. Um zu wissen, welche Gesellschaft wir bauen." (Jegor V. Jakovlev, Fernsehchef, in: *Nezavisimaja Gazeta,* 18. 8. 1992.) Der einflußreiche Jelzin-Berater Gennadij Burbulis, welcher früher als Ideologie-Sekretär im Parteikommitee des Gebietes Sverdlovsk tätig war, formulierte die Ziele und die Struktur einer von ihm nach dem Referendum im April 1993 gegründeten Partei (*Rossijskij Sojuz 25 aprelja*) folgendermaßen:

Die Energie des Aprils muß das Image der Mannschaft der Reformatoren und des Präsidenten als Reformer verstärken. Ein Kollektiv von einheitlich Denkenden (*odnomyslennikov*), die ideell, moralisch und organisatorisch vereint sind. Daher ist unsere Partei eine Avantgarde-Partei: nur die sollen daran teilnehmen, die von der Notwendigkeit der Reform überzeugt sind, die praktisch dafür kämpfen wollen.

Als Zielgruppe wird die örtliche Verwaltung genannt, alle, die von Amts wegen den Päsidenten unterstützen müssen, progressive Direktoren, Journalisten, Gewerkschaftsfunktionäre, entlassene Staatsbeamte. Die Aufnahme soll nur über Empfehlung eines Mitglieds stattfinden.

Neue Stereotypen?

Eine Forschungsgruppe der Ural-Abteilung der Russischen Akademie der Wissenschaften untersuchte die Vorstellungen von Kindern aus Jekaterinburg im Vorschulalter. Dabei stellte sich heraus, daß eine Übergangsgeneration heranwächst, die traditionelle Sterotypen mit neuen mischt. Die Informationswelt dieser Kinder ist das Fernsehen und das was sie von den Erwachsenen hören und sehen. Man kann annehmen, daß für die Kontinuität der alten „sowjetischen" Werte die in den meisten Familien präsente Babuschka sorgt. So sind die geäußerten Männlichkeitsideale ungebrochen: Eine Mehrzahl der Buben will in der Armee dienen, weil „man dort stark wird"; man kann dort „Bomben führen und die Deutschen bombardieren". Dementsprechend sind auch die Berufswünsche der Buben: Flieger, Matrose, Panzerfahrer, Fallschirmspringer, Milizionär, aber auch – als Niederschlag des neuen Fernsehens – Ninja. Interessant ist, daß jedes siebente Mädchen ebenfalls der Armee beitreten will: „Ich werde Kommandeurin" – das ist bereits eine Reakion auf den mütterlichen Opfertyp der *sovjetskaja zenscina*, der „Sowjetfrau". Das scheint auch die Tatsache zu erklären, daß nur 38% der Mädchen, aber gleich 60% der Buben eine Uniform tragen wollen („In der Uniform ist es besser – da sind alle gleich"). Trotzdem träumen Mädchen davon, als Väter, Brüder und Ehemänner starke Männer, am besten Generäle zu haben („Ein Offizier ist stark – da ist man geschützt!"). Das wäre früher auch so gewesen. Der Übergang zur zivilen Gesellschaft deutet sich aber bereits an: 22% der Burschen möchten unter keinen Umständen zur Armee („Dort bringt man mich um – dort bringt man alle um"). Die russische Armee wird auch nicht mehr von allen Kindern als die stärkste angesehen (das ist früher der Fall gewesen), 10% nannten die amerikanische, deutsche oder chinesische. Die „Völkerfreundschaft" hat als Stereotyp keine Wirkung mehr. 48% der Kinder erklärten, keine Neger zu mögen. Als einzige fremde Nation, die Sympathien genießt, werden die US-Amerikaner genannt („Sie haben alles – sie können Kaugummi bringen"). Natürlich hatten die meisten weder Neger noch Amerikaner außer im Fernsehen jemals gesehen. Zigeuner werden von 87% abgelehnt („Sie tanzen um einen herum und stehlen"), Tschuktschen von 81% („Sie sind dumm"). Dies ist natürlich eine Folge der endlosen Witze über dieses Volk. „Deutscher" wird häufig als Schimpfwort gebraucht („Wir kämpfen gegen sie"; „sie können uns umbringen"). Auch die Tataren sind unbeliebt („Sie haben einen Tatarischen Gott"; „Ich hasse sie, meine Großmutter ist Tatarin"). Juden, Ukrainer und Franzosen rufen keine besonderen Emotionen hervor.

Die Erschwernisse, die die Reform mit sich gebracht hat, schlagen sich auch in den Einschätzungen der Vergangenheit nieder. 60% der Kinder sind überzeugt, daß es früher besser war. („Alles war früher billiger, meine Eltern hatten mehr Geld." „Früher gab es im Detskij Mir (Kinderspielzeuggeschäft, Anm.) Spielzeug. Jetzt wird dort etwas anderes verkauft." „Als Papa jung war, aß er Bananen – ich habe erst einmal Bananen gegessen.") Charakteristisch ist, daß bereits 16% den Namen Lenin noch nie gehört haben. Für 75% ist er aber noch immer die Verkörperung des absolut Guten und der Gerechtigkeit. („Lenin ist der Führer der Demokraten. Er lebte vor 700 oder 100 Jahren." „Lenin beleidigte niemanden. Stalin war ein böser Mensch. Er erschoß Lenin – Es tut mir leid, daß Lenin starb.") Nur 7% der Kinder gaben negative Einschätzungen über Lenin ab. Damit steht im Einklang, daß 81% der Kinder Oktoberkind (*Oktjabrenok*) und Pionier werden wollen (als Vorstufe zum Komsomol). Für die Kinder bedeutet dies das Herauswachsen aus dem Kindergartenalter.

Als größte Feinde der Russen werden mit den Deutschen die Mafia bezeichnet. („Das sind Leute, die mit Pistolen herumgehen und sich hübsche Tanten nehmen.") Nach Meinung der Kinder nehmen die Reichen den Armen das Geld weg und geben es nicht her. Nur 7% fiel in diesem Zusammenhang der Titel der beliebten Fernsehserie *Auch die Reichen weinen* ein. Die Vorliebe für die Armen ist ausgeprägt. („Die Armen sind immer gut", „sie sind arm und wir sind auch arm"). Die Kinder sind auch überzeugt, daß im Falle der Not geholfen wird. („Aus allen Ländern kommen dann Lastwagen mit humanitärer Hilfe.") Was die Unterstützung für politische Führer betrifft, so kommt der Lokalheros Jelzin naturgemäß am besten weg. („Jelzin schreibt Bücher, sogar Kinderbücher, und Gorbatschow macht überhaupt nichts; er spricht nur auf dem Kongreß, liest Zeitungen und läßt alles verbieten." „Er erhöhte die Preise und ging in Pension.") Jelzin und Gorbatschow erscheinen als Antipoden, Jelzin und Lenin als Heroen. („Jelzin war mit Lenin befreundet, als er jung war.") Die Untersuchung zeigt deutlich, daß der Anteil der überkommenen Stereotypen noch sehr hoch ist.

Eine der ersten Grafitti-Untersuchungen im postsowjeischen Rußland wurde in Moskau durchgeführt, und zwar auf einem öffentlichen Abort gegenüber der Lenin-Bibliothek. Einige Kernsätze aus den Aufzeichnungen:

Raufbold (Streithansl) Jelzin – Du Provokateur! (das ist übrigens ein häufig zu findendes Stereotyp auch in „öffentlichen" Grafittis auf Fabriks- und Hauswänden.)
Journalisten – Pidärasen (Päderasten). Beisatz: „Na, warum denn gleich so grob".
25 Milliarden für das Referendum sind zum Fenster hinausgeworfen worden. Beisätze: „30 – neueste Daten. Zum Teufel damit – schon bezahlt". Zum letzteren: „von Verbrechern".

Es entspinnen sich wahre politische Dialoge: „Hier leben die Rot-Braunen gut." Antwort: „Das hat ein Sch-okrat (*demokrat*)-Jelzinoid geschrieben." Rückantwort: „Die *Pravda* tut in den Augen weh".

Auch Antisemitisches ist beliebt: In den ersten April-Tagen trat das Graffiti „Jelzin-Judas" gehäuft auf. Sehr bald wurden in Jelzins Namen die Buchstaben *v-r-e* eingefügt. (*Jevrej* bedeutet Jude). Die Autoren der Studie fügten ihrem Bericht (*Nezavisimaja Gazeta*, 3. 8. 1993) noch die Aufzeichnung der Losungen bei, die im Sommer 1985 auf dem Festival der Studenten und der Jugend anbefohlen waren. Diese hatten das folgende Aussehen:
1. „Friede im Kosmos!"
2. „Freundschaft – ja!"
3. „Friede für die Kinder!"
4. „Friede für die Kinder der Welt!"
5. „Freundschaft – Friede!"
6. „Nein zur Bombe!"
7. „Nein zur Atomrüstung!"
8. „Ja, Ja, Ja!"
9. „Nein, Nein, Nein!"

Die letzten zwei Losungen erinnern penetrant an die neue *langue de bois*, nämlich an die Losung, die vor allem von den Demokraten sozusagen als Merkvers für das Referendum am 26. April 1993 ausgegeben wurde. („Ja, ja, nein, ja" – als Antwortschema für die vier Fragen des Referendums).

Eine breite Schicht von Bürgern, welche die Tugenden der zivilen Gesellschaft (Toleranz, Zivilcourage, soziales und politisches Engagement, Selbstbestimmung und Gemeinwohlorientierung) verinnerlicht haben und sie auch leben, wird es in Rußland noch lange nicht geben. Genau wie früher wird Freiheit nicht hoch eingeschätzt und Schutz wird beim Kollektiv sowie beim Staat gesucht. Die steigende Unsicherheit hat diese „sowjetischen" Phänomene noch verstärkt: Während in einer Umfrage im Mai 1991 noch 33% der Befragten erklärten, ihr bevorzugtes politisches System sei eines, das mehr Freiheit für die Individuen schafft, waren es im Oktober 1992 nur mehr 19%. Im Mai 1991 war der Wert der Freiheit genau so hoch wie der der sozialen Sicherheit, eineinhalb Jahre später sprachen sich bereits 64% der Befragten für ein System aus, das mehr Sicherheit für die Bürger bietet (Marnie/ Motivans 1993, 84). Ein guter Vorgesetzter muß nicht nur seine Arbeit fachgemäß verrichten (51%), sondern sich auch um seine Untergebenen kümmern (49%). Das Gefühl der Gleichheit im Unglück, das Aufgehen im Kollektiv, ist noch immer sehr stark. Reichtum ist noch immer verdächtig: 65% der Befragten erklären, daß die „Mehrzahl der Personen mit hohem Einkommen dieses auf unehrbare Weise verdienten" (Levada 1993, 82). Die Beschießung des Parlaments am 5. Oktober und der Versuch der Installierung einer autoritär-zentralistischen Regierung mit einem „Parlament in der Westentasche" (*karmannyj parlament*), auch dies ist politisches *Newspeak*, liegen genau in diesem Trend.

Die Suche nach Identität

Die Unsicherheit der Gegenwart bedingt auch Versuche, in der Vergangenheit Identität zu finden. Die plötzliche Popularität einer in sowjetischer Zeit entstandenen Oper über einen Helden der Polenkriege Anfang des 17. Jahrhunderts, Ivan Susanin, illustriert diesen Sachverhalt sehr anschaulich. Ivan Susanin hatte ein polnisches Heer als angeworbener Führer in die Sümpfe gelockt, wo es dann umkam. Gleichzeitig ist dieses Sujet eine Allegorie für das Problem des Weges: Rußland hat immer unter einer ausgeprägten Wegelosigkeit gelitten, sowohl im rein topographischen als auch im psychologischen Sinne. Dörfer sind auch heute noch während des Tauwetters oder bei starkem Regen abgeschnitten, und politisch weiß man nicht, wo der Weg hinführt. Die Rückkehr zur „wahren" Geschichte Rußlands fordert daher Alexander Solženicin, der vor kurzem in Trojce-Lykovo in der Nähe von Moskau eine Datscha erworben hat (ironischerweise war es die frühere Staatsdatscha von Lazar Kaganovitsch, die dieser von Stalin als Anerkennung für die gewaltsame Kollektivierung der Ukraine bekommen hatte). Solženicin will nicht einfach die Wiederkehr des Russischen Imperiums. Rußlands Stärke soll seiner Vorstellung nach aus den russischen dörflichen Traditionen erwachsen. Er wendet sich gegen die Eurasische Konzeption; Rußland sollte sich aus den eroberten und kolonisierten Räumen zurückziehen. Rußland soll mit der Ukraine, Weißrußland und dem von Russen besiedelten nördlichen Teil Kasachstans einen Staat bilden. Nur so könnte seiner Meinung nach der friedliche Charakter der Russen freigesetzt werden. Den westlichen Einfluß sieht er für Rußland als verderblich an; von *Coca Cola* bis zur westlichen Demokratie sei alles für Rußland ungeeignet. Er will einen starken Führer; das Parlament soll ernannt werden und nur beratende Funktionen haben. Moralische Imperative sollen vor Rechtsnormen gehen; die (orthodoxe) Religion den Staat und die Gesellschaft bestimmen. Vieles davon entspricht weitverbreiteten Anschauungen und Affekten. Insbesondere aber für die jüngeren Generationen ist Solženicin, mit seinen Forderungen nach moralischer Reinheit und Abschluß von der Welt, ein Kuriosum und wenig glaubhaft, hat er doch selbst lange Zeit in den USA gelebt.

Ausblick

Die neue Politsprache dient der sprachlichen Bewältigung der Probleme einer Umbruchs- und Übergangszeit. Durch die Pluralisierung der Machtzentren ist Vielfalt und Flexibilität an Stelle der starren Nicht-Hinterfragbarkeit der *langue de bois* getreten. Die an Peter den Großen gemahnenden Versuche, eine neue *langue de bois* demokratisch-westlich-marktwirtschaftlicher Art per Dekret durchzusetzen, werden höchstwahrscheinlich am Interesse der Massenmedien am Pluralismus scheitern. Die neue Politsprache wird sich in der neuen Sozialstruktur der postsowjetischen Gesellschaft zu bewähren haben. Die grundlegende Struktur der sowjetischen Gesellschaft war nach einem plastischen Bild des Soziologen Levada (1993) der Dualismus zwischen *Scharaschka* (die rüstungswichtigen Sonderforschungseinrichtungen, welche alle nur erdenklichen Privilegien genossen) und den *Kolchosen* (in welchen die meisten Bürger fern vom Leistungsprinzip Sicherheit bei garantierter Mindestversorgung genossen). Heute hat sich dieser Dualismus monetarisiert; die postsowjetische Gesellschaft zerfällt noch immer in zwei grundlegende Welten. Die *Kolchosen* (große Staatsbetriebe) werden noch lange existieren müssen, und die kapitalistischen Enklaven (Joint ventures, Banken, Außenhandelsfirmen) leben, ähnlich wie früher die *Scharaschkas* von den Privilegien, welche ihnen vom Staat eingeräumt werden. Die politische Situation und die Sozialstruktur ist für die Entwicklung tragender demokratischer Eliten nicht günstig. Eine Verankerung der demokratischen *Newspeak* ist daher mittelfristig unwahrscheinlich.

Literatur

Juriij LEVADA, Entre le passé et L'avenir. L'homme soviétique ordinaire. Enquête. Presses de la Fondation nationale des Sciences Politiques, Paris 1993.
Sheila MARNIE, Albert MOTIVANS, Rising Crime Rates: Perceptions and Realities, RFE/RL Research Report vol. 2, No. 20, 14. Mai 1993, 80–85.

Neue Elemente im russischen politischen Diskurs seit Gorbatschow
Renate Rathmayr

1. Einleitung: Vom russischen Newspeak (novojaz) zur Reorganisation der Massenmedien unter Gorbatschow

Bereits zehn Jahre nach der Oktoberrevolution in Rußland wies A. M. Seliščev (1928: 187) auf die rituelle Funktion der politischen Sprache hin: „*Pri processijach, manifestacijach, sestvijach a razvevajuščichsja krasnych i bordovych znamenach nasity lozungi. No suščnost' étich lozungov ne vosprinimaetsja ostro. Éto rečevye znaki, priličestvujuščie dannomu obstojatel'stvu, momentu.*" (Bei Prozessionen, Manifestationen, Demonstrationen sind auf wehenden roten und bordeauxfarbenen Bannern Slogans aufgenäht. Aber der Inhalt dieser Slogans wird nicht ernst genommen. Das sind sprachliche Zeichen, die für die gegebenen Umstände und im gegebenen Augenblick schicklich sind; Übersetzung R. R.) Im Laufe von 75 Jahren Parteiherrschaft hat die inhaltsentleerte rituelle Sprachvarietät des Russischen, die man in Anlehnung an Orwell *Newspeak* (novojaz) nennen kann, nahezu alle Bereiche des öffentlichen Lebens der Menschen erfaßt. Als *totalitäre* Sprache im wahrsten Sinne des Wortes, also als alles umfassende Sprache, strahlte auch der russische Newspeak ins Privatleben aus (vgl. Young 1991, 8) und bestimmte die Spachverwendung zumindest außerhalb der legendären russischen Küche, die allein für offenes Sprechen geeignet war. Totalitäre Sprache ist eine bis an die Zähne bewaffnete Sprache, hinter deren Trägern die Macht über Leben und Tod der Bürger letztlich auch wegen eines falschen Wortes oder Zitates steht. Faye (1977, 1, 498) bezeichnet die totalitäre Sprache als Sprache, die dazu fähig ist, „mit einem Repertoire begrenzter Begriffe einen so unbegrenzten Prozeß wie die Geschichte zu erzeugen" und fähig ist, „‚akzeptable' Felder für die Handlung zu produzieren, *die zum Krieg führt*" (Hervorhebung im Original).

Von außen betrachtet entbehrt die rituelle Sprachfunktion trotz ihrer existenzbedrohenden Potenz[1] natürlich nicht der Komik, besonders, wenn sie nur zur mehr oder weniger harmlosen Erfüllung bürokratischer Ansprüche benützt wird. A. Galič hat das in dem Gedicht über den Auftritt von Klim Petrovič auf dem Meeting zur Verteidigung des Friedens unüberbietbar karikiert.[2] Klim Petrovič wird als obligatorischer Vertreter der Arbeiterklasse mit der Parteilimousine zur Versammlung geführt und soll dort eine für ihn vorbereitete Rede gegen den zionistischen Imperialismus und für den Frieden vortragen. Erst als er zum zweiten Mal vorträgt: „als Frau und Mutter sage ich", wird er stutzig, schaut erschrocken in die Runde, doch niemandem war etwas aufgefallen, sodaß er seine – offenbar vertauschte – Rede zu Ende liest, und mit den üblichen Komplimenten für seine „äußerst wahrhaftige Darstellung der Situation" (*očen' verno osvetil položenie*) und allseitigem Applaus bedankt wird.[3]

Ein totalitärer Staat bedroht seine Bürger mit Entlassung, Gefängnis, Ausweisung und Schlimmerem, hat also wirksamere Mittel als die Sprache, um seine Bürger zu einem ihm gefälligen Verhalten zu veranlassen. Deshalb kann er die Sprache auf die rituelle Funktion reduzieren, die mit ihren Allquantoren, den Polarisierungen zwischen dem Eigenen und dem Fremden (*svoe : čužoe; my : oni*), den unausgesprochenen spezifischen Implikaturen etc. wie nachgewiesen wurde[4], bestens zur Erhaltung bestehender monolithischer Machtverhältnisse geeignet ist. Schon Stalin hat allerdings gewußt, daß man, um die Massen zu absoluten Höchstleistungen zu mobilisieren, authentische spontane Rede braucht, und bei Kriegsbeginn, am 6. November 1941, seine Mitbürger ohne Newspeak mit *brat'ja i sestry* (Brüder und Schwestern) angesprochen[5].

Totalitäre Sprache ist nicht prinzipiell inhaltsleer, aber von Chruščevs Rede am 20. Parteitag (1956) einmal abgesehen, waren die wesentlichen politischen Inhalte des Sowjetsystems oft genug „zwischen den Zeilen" versteckt, und über die politische Zukunft mußte aus Klammerbemerkungen hinter den Redezitaten der Angehörigen des Zentralkomitees geschlossen werden, zum Beispiel „stürmischer Applaus", „anhaltender stürmischer Applaus" „anhaltender stürmischer Applaus, alle erheben sich von ihren Plätzen".

Ein demokratisches System kann sich den Verzicht auf die propositionalen Inhalte zumindest nicht in diesem Maße leisten und ist weitgehend darauf angewiesen, die Bürger durch Worte für eine politische Linie zu gewinnen, insbesondere wenn die Basis für die demokratischen Formen erst gewonnen werden muß. – Und auch wenn Gorbatschow primär eine Beschleunigung der Wirtschaft und weniger eine Demokratisierung wollte, hat er von Anfang an begriffen, daß er zur Durchsetzung seiner Reformen, eine Neuorganisation des Pressewesens braucht.

Nach Gorbatschows Amtsantritt 1985 haben sich die Rahmenbedingungen für die Produktion politischer Texte grundlegend verändert: Der Zeitungsmarkt wurde liberalisiert, und es entstand eine Fülle privater beziehungsweise genossenschaftlicher Zeitungen und Broschüren verschiedenster ideologischer Ausrichtungen. Die Texte wurden durch Gorbatschows Politik der Glasnost aus der Bevormundung durch die Zensur entlassen: „*cenzura massovoj informacii ne dopuskaetsja*" (Die Zensur der Massenmedien ist unzulässig) heißt es im Artikel eins des Pressegesetzes, das am 1. 8. 90 in Kraft trat (*Literaturnaja gazeta* 28/90, 9). Sie sind freigegeben für die Phantasie und Intuition der Autoren, die nicht mehr dazu verdammt sind, den von der Zensur einmal sanktionierten Text wortwörtlich zu wiederholen, sondern plötzlich als Individuen wichtig geworden sind. Baranov (1993) bezeichnet die Perestroika gar als „historische Epoche des In-Erscheinung-Tretens neuer politischer Subjekte". Und in den Slogans oder Losungen (*lozungi*) zum 1. Mai 1988 wird erstmalig zur Unterstützung tatkräftiger, schöpferischer, suchender initiativer Leute aufgerufen, zwar noch zum Aufbau des Sozialismus, aber die Begrüßung von individueller Initiative ist ein absolutes Novum:

Tovarisi! Vsemerno podderživajte ljudej tvorčeskich, iščusčich, iniciativnych, ne bojaščichsja trudnostej vo imja dostiženija celej socializma! (P 17. 4. 88, 1; Genossen! Unterstützt tatkräftig schöpferische und suchende Leute, Leute mit Initiative, die um die Erreichung der Ziele des Sozialismus keine Schwierigkeiten scheuen!) [6]

2. Methode

Ziel des vorliegenden Beitrages ist eine Beschreibung der Veränderungen des politischen Diskurses seit Gorbatschows Amtsantritt, wobei ich mich aus Platzgründen auf die Beschreibung der neuen Phänomene beschränke. Dies impliziert auch, daß die politische Sprache der Reformgegner und ihrer Medien nicht berücksichtigt wird.

Das Neue am politischen Diskurs seit Gorbatschow umfaßt alle Bereiche, die zur kompetenten Sprachbeherrschung gehören, ich möchte es deshalb anhand meines Modells in Form dreier konzentrischer Kreise darstellen. Von außen nach innen sind dies das enzyklopädische – oder Weltwissen, das Sprachverwendungswissen oder die linguistische Pragmatik und das rein sprachliche Wissen, also Grammatik und Lexik (Vgl. Rathmayr 1991a). Anhand exemplarischer Beispiele versuche ich die wesentlichen Entwicklungslinien aufzuzeigen, wobei angesichts der Komplexität der Materie manche Detailaspekte übergangen werden müssen.

Als empirisches Material, auf dessen Grundlage die folgenden Beobachtungen gewonnen wurden, dienen in erster Linie die weitgehend reformorientierten Printmedien, auf die im folgenden mit den beigegebenen Abkürzungen Bezug genommen wird: „*Nezavisimaja gazeta*" (NG), „*Literaturnaja gazeta*" (LG), „*Moskovskie Novosti*" (MN), „*Novoe vremja*"(NV), „*Ogonek*" (O), „*Ékonomika i žizn'*" (Éž), „*Pravda*" (P), „*Izvestija*" (I), „*Kommersant*" (K), „*Strana i mir*" (SM), „*Ékonomičeskaja gazeta*" (ÉG), außerdem Radiosendungen des Ersten Moskauer Radioprogramms sowie Fernsehsendungen des Zentralen Moskauer Programms und des Senders Ostankino. Die russischen Beispiele und Zitate habe ich durchwegs übersetzt, wobei das transliterierte Original nur in jenen Fällen beigegeben ist, wo es besonders angebracht erscheint.[7]

3. Neugestaltung des enzyklopädischen Wissens

Das enzyklopädische Wissen der Sowjetzeit war eindeutig standardisiert und in allgemeinen Enzyklopädien, ideologischen Lexika (zum Beispiel: *Politékonomičeskij slovar'*, Moskva ²1972), Handbüchern für Politagitatoren ebenso einheitlich dargestellt wie in den Schulbüchern und Zeitungen. Zur Verbreitung der jeweils gültigen Interpretation aktueller Ereignisse wurden in allen Betrieben und Institutionen regelmäßig Versammlungen abgehalten, sodaß man als Ausländer etwa nach der Ausweisung Solženicyns von allen Gesprächspartnern (außer Dissidenten) die gleiche Einschätzung zu hören bekam. Alles, was mit Kapitalismus und Marktwirtschaft zusammenhing, hatte eine negative Konnotation und positive Begriffe fanden sich nur im Dunstkreis der marxistisch-leninistischen Ideologie. Der Wandel einzelner ideologischer Begriffe ist im Wörterbuch des Neuen Denkens „*50/50. Slovar' Novogo Myšlenija*" (1989) für einige Begriffe nachgezeichnet.[8] Dem Begriff *Konkurrenz*, zum Beispiel sind gut fünf Seiten gewidmet (ebd. 289–294) und die Veränderung ist folgendermaßen auf den Punkt gebracht: *Konkurencija, kak i „predprinimatel'stvo", rannee otoždestvljavšajasja so vsemi jazvami kapitalizma, polučaet segodnja v Sovetskom Sojuze položitel'nuju ocenku.* (Die Konkurrenz, die ebenso wie das „Unternehmertum" früher mit allen Übeln des Kapitalismus gleichgesetzt wurde, erfährt heute in der Sowjetunion eine positive Bewertung.)

Aus den Medien gewinnt man den Eindruck, als müßte man die Umwertungen der Perestroika nicht begründen und als bestünde gleichsam eine

Übereinkunft über die Kehrtwendung in der Bewertung der Welt: Ohne argumentative Begründung ist „westlich", kapitalistisch, marktwirtschaftlich, Profit etc. auf einmal am positiven Pol der axiologischen Skala angesiedelt. Auf einige Einschränkungen werde ich im Rahmen der Umwertungen in der Lexik eingehen (siehe 5. 2.). Diese abrupte Umwertung hängt zweifellos mit dem der russischen Kultur eigenen Hang zu Extremen zusammen, wo man sich immer „entweder oder", niemals „sowohl als auch" entschied. Eine solche dichotomische Ansicht vertritt auch der Wirtschaftswissenschaftler und Schriftsteller N. Šmelev, der explizit sagt, daß es nur normale und abnormale ökonomische und politische Systeme gibt, ebenso wie es nur eine Gesellschaft des gesunden Menschenverstandes und eine Narrenhaus-Gesellschaft gibt. „Etwas anderes gibt es nicht." (*Dlja menja mir delitsja na normal'nuju i anormal'nuju političeskie sistemy. Sobstvenno, i ėkonomika byvaet normal'noj i anormal'noj. Est' obščestvo zdravogo smysla i est' obščestvo sumasšedšego doma. Drugogo ne dano;* NV 1/1993, 18).

Ausgeprägte Einseitigkeit dieser Art provoziert natürlich die Gegenseite, und die am Beginn der Perestroika überschäumende Selbstbezichtigung bei gleichzeitiger Verherrlichung des Westens droht nunmehr bereits in manchen Kreisen zum anderen Extrem, nämlich der neuerlichen Verteufelung des Westens, überzukippen. Im politischen Diskurs der Reformer hat, wie sich Karaulov (1992, 9) ausdrückt, „in gewissem Sinne das Pendel der Umwertungen jetzt in die Gegenrichtung zu der Richtung ausgeschlagen, die in Rußland und der UdSSR stattfand, als man (in den 20er Jahren) über das weißgardistische Gesindel, die bourgeoise Bande und Meute, über die Söldner der Entente und des Weltkapitalismus sprach". („*V izvestnom smysle majatnik pereocenki značenij kačnulsja v storonu, protivopoložnuju toj, kotoraja imela mesto v Rossii i SSSR, kogda govorili (v XX-ch godach) o belovgardejskoj svoloči buržuaznoj klike i svore, naemnikach Antanty i mirovogo kapitala . . .*"). Es sei daran erinnert, daß es in der russischen Geschichte schon mehrmals den Versuch gab, Umwälzungen einerseits durch Anknüpfen an die eigene Vergangenheit und das eigene Volkstum (Slawophile), andererseits an den Westen (Westler mit der prototypischen Gestalt von Stolz in Gončarovs Roman *Oblomov*) herbeizuführen (Vgl. Thiergen 1990). Diese Auseinandersetzung zwischen Slawophilen und Westlern (*slavjanofily i zapadniki*) wurde in den Medien der Perestroika ebenfalls wieder aufgenommen (LG 32 und 33/90).

Aber es ändert sich nicht nur die Behandlung ideologisch relevanter Themen, auch die Themen selbst haben sich gewandelt: In den Jahren des Sowjetsystems hatte man sich daran gewöhnt, in den Medien über das eigene Land und die „Bruderländer" nur Jubelmeldungen zu lesen, es waren immer höchstens einzelne (*nekotorye*/ einige; *nekij*/ ein gewisser; *kto-to*/ jemand), die negativ aus der Reihe tanzten. In den Medien, die auf der Perestroikalinie liegen, ist diese einheitliche Berichterstattung über die Leistungen des politischen und ökonomischen Systems und seine Überlegenheit schonungsloser Kritik gewichen und die Bewältigung der eigenen Vergangenheit insbesondere durch die Berichterstattung über die Greuel der Stalinzeit wird zumindest intensiv in Angriff genommen.[9] Aber auch aus den Berichten über das Alltagsleben ist die positive Lackschicht verschwunden: man liest von Unfällen, hoher Kriminalität und Drogenkonsum.

Das für die Bewältigung des Alltags notwendige Wissen unterliegt ebenfalls Veränderungen, wofür ich nur einige wenige Beispiele geben kann: Die öffentlichen Verkehrsmittel hatten seit der Revolution denselben Preis, nun werden sie so rasant teurer, daß man in Moskau spezielle Automaten für Jetons anstelle von Geldmünzen aufstellen mußte, Einkaufen zu gehen war im sowjetischen Rußland immer eine mit Suchen und Schlangestehen verbundene Prozedur, nun aber kommt die Notwendigkeit des Preisvergleichs hinzu, das Restaurant-Skript hat sich ebenfalls geändert, denn es gilt zum Beispiel zu klären, mit welcher Währung zu bezahlen ist. Schließlich wurde Anfang November 1993 der bargeldlose Zahlungsverkehr zum Beispiel für den Erwerb eines Ausreisevisums eingeführt, was ebenfalls die Auseinandersetzung mit neuen Wissensgebieten erfordert.

4. Veränderungen der Sprachverwendung

Die Veränderungen der Sprachverwendung spiegeln die Öffnung gegenüber den nichtkommunistischen Ländern besonders deutlich wider und könnten als Verwestlichung, Europäisierung oder Amerikanisierung bezeichnet werden. Besonders deutlich zeigt sich dies daran, daß man als *normal'no* (normal) nunmehr westliche Zustände bezeichnet, also nicht den Ist-, sondern den Sollzustand, zum Beispiel: Die stehende Wendung *My tože chotim žit' normal'no* (Wir wollen auch normal leben) oder die schon oben erwähnte Einteilung in normale und nicht normale politische und ökonomische Systeme von N. Šmelev (NV 1/93, 18; zu *normal'no* siehe auch Rathmayr 1993).[10]

Sogar die Anredeformen sind vom Wandel betroffen: *tovarišč* hat zunehmend ausgespielt, man versucht es mit *gospodin/gospoža*, *sudar'/sudarynja* und anderen Äquivalenten für Herr, Frau. Allerdings läuft dieser Prozeß fast friktionsreicher ab, als die Umwertung von Marktwirtschaft und Kapitalismus.

Am ersten Kongreß der Volksdeputierten spielte sich zu dieser Thematik ein kurioser Wortwechsel zwischen Gorbatschow, der sich offenbar verhört hatte, und einem Abgeordneten ab:

Gorbatschow: *Tovarišč S., Vy vse taki zaberite „gospodina" nazad. My vse slyšali* . . . (Genosse S., nehmen Sie doch „Herr" zurück, wir haben es alle gehört . . .)
Der Abgeordnete S.: *Ja skazal: „Graždanin Prezident"*. (Ich habe gesagt: „Bürger Präsident".)
Der Saal: *Graždanin* . . . (Bürger . . .)
Gorbatschow: *Vse, izvinjajus'* . . . (Gut, ich entschuldige mich)
(zit. nach Vinogradov 2/93, 55)

Darüber hinaus äußern sich die fremden Einflüsse vor allem in einer Diversifizierung und Individualisierung der Rede des einzelnen, in den verwischten Grenzen zwischen den Registern und aufgeweichten Normen sowie in neu übernommenem nonverbalen Verhalten.

4. 1. Diversifizierung und Individualisierung

Im politischen Diskurs des Sowjetimperiums verschwand der konkrete Redner oder Autor eines geschriebenen politischen Textes hinter der gleichschaltenden Zensur, der politische Text selbst hatte sakrosankten Status wie ein mittelalterlicher Text, durfte nur wörtlich zitiert werden und war in allen Punkten durch die obersten Zensurbehörden abgesegnet, sodaß der Textproduzent als solcher gar nicht in Erscheinung trat (vgl. Weiss 1986, 263).

Für die neue Subjektivität war Gorbatschow selbst ein gutes Beispiel, denn im Unterschied zu seinen Vorgängern zitierte er kein vages *my* (wir) oder allgemein bekannte Wahrheiten (*izvestno, čto* . . ., es ist bekannt, daß . . .; vgl. Seriot 1985, 327ff), sondern vorwiegend sich selbst, seine eigenen Reden, sein Nachdenken, seine Korrespondenz, seine Reisen: *Ja dolgo sam nad étimi voprosami razmyšljal. Moja točka zrenija sostoit vot v čem* . . . (Ich habe lange selbst über diese Probleme nachgedacht. Mein Standpunkt besteht in folgendem . . .; P 125/90, 2–3)[11]. Die Berufung auf den quasi sakrosankten mythisch besetzten Marxismus-Leninismus als hinreichende Legitimation für alles und jedes hat der Berufung auf die Realität und das Leben Platz gemacht: Zu den Lieblingswörtern Gorbatschows und seiner engsten Anhänger zählten dementsprechend *žizn'* (Leben) und *dejstvitel'no* (wirklich). Ist es nicht das Leben selbst (. . . *prodiktovana samoj žiznju*, vom Leben selbst diktiert; Éž 17/90, 19), so zumindest die Zeit, die eine bestimmte Vorgangsweise diktiert: *Vremja trebuet ot nas* (Die Zeit verlangt von uns . . .; MN 19/90, 12). Sein Ausspruch „Wer zu spät kommt, den bestraft das Leben" wurde zum geflügelten Wort. In der Sprache Gorbatschows kann man, im Gegensatz zum Propagandaslogan (*lozung propagandy*) seiner Vorgänger, einen „Slogan des Handelns" entdecken (*lozung dejstvija*, vgl. Lasorsa Siedina 1990).

Autoren, Chefredakteure und Herausgeber der Zeitungen und Zeitschriften bestimmen ab sofort die Linie des Blattes: *političeskie simpatii glavnogo redaktora počti vsegda opredeljajut i političeskoe lico gazety* (die politischen Sympathien des Chefredakteurs bestimmen fast immer das politische Profil der Zeitung; MN 14/90, 2). Ein und dasselbe Ereignis wird von verschiedenen Autoren und in verschiedenen Zeitungen unterschiedlich kommentiert, sodaß das Interesse an politischen Inhalten einen wahren Boom erfährt. Die ersten Parlamentsdebatten schauten sich im Fernsehen 1989 so viele Leute an[12], daß man die Übertragungen auf die Abendstunden verlegen mußte, weil keiner mehr seine Arbeit verrichtete. – Die Enttäuschung über die realen Lebensverhältnisse hat in der Zwischenzeit freilich zu so großer Politikverdrossenheit geführt, daß Jelzin im Herbst 1993 besorgt sein muß, ob die Leute am 12. Dezember überhaupt zur Abstimmung gehen werden.

Zur Diversifizierung gehört auch die Erweiterung des Textsorteninventars: Wahlaufrufe, Aufrufe zu Volksabstimmungen und insbesondere zum Referendum, Werbetexte im westlichen Stil, zahlreiche neue Gesetze, die erstmals wirklich der Öffentlichkeit zugänglich gemacht werden und die gleiche Gültigkeit wie in einem Rechtsstaat haben sollen. Im Fernsehen schließlich, das um eine Flut kritischer Sendungen bereichert wurde, entwikkeln einzelne Sprecherinnen und Sprecher ihren persönlichen Stil, mit dem sie eine ganze Sendereihe prägen, zum Beispiel Evgenij Kiselev die Nachrichtenüberblickssendung „*Itogi*" (Bilanz) und schon vor ihm Aleksandr Nevzorov das Informationsprogramm „*600 sekund*" (600 Sekunden).

Innerhalb der Texte hat sich das Vertextungsmuster geändert, wobei kontroverse Erörterungen und um Lösungen ringende Argumentationen die einheitlich euphorische Präsentation fertiger Lösungen ersetzen.[13]

4. 2. Verwischung der Grenzen zwischen den Registern und Aufweichung der Normen

Die Standardsprachen des 20. Jahrhunderts sind unter anderem durch das Eindringen der Fachsprachen in die Alltagssprachen und die Ausbreitung der Normen der gesprochenen Standardsprache auch in früher schriftsprachlich geprägten Bereichen gekennzeichnet. Für das Russische waren politisch-ideologische und wirtschaftliche Themen in der Sowjetzeit, unabhängig davon, ob sie schriftlich oder mündlich abgehandelt wurden, die Domäne der geschriebenen Standardsprache. Politikerreden waren schriftliche

Texte, die im wörtlichen Sinne vorgelesen wurden (Vgl. Sirjaev 1993, 54). Gorbatschow war der erste russische Parteiführer, der sich einer Pressekonferenz stellte und im November 1985 in Genf über eine Stunde lang auf die Fragen der Journalisten aus dem Stegreif antwortete.

Die Ausbreitung der Gültigkeit der Normen der gesprochenen Sprache (*razgovornaja reč'*) auch auf die Themenbereiche Politik und Wirtschaft im öffentlichen Diskurs[14] zeigt sich nunmehr nicht nur in freier öffentlicher Rede, sondern auch in der Wiedergabe von gesprochener Sprache in Zeitschriften in weitgehend unredigierter Form, also unter Beibehaltung von Partikeln, syntaktischen Brüchen, Selbstkorrekturen und ähnlichem in Interviews.

Die plötzliche Entstehung der öffentlichen spontanen politischen Rede wird von zahlreichen Normverstößen begleitet, die in der sprach- und normbewußten Öffentlichkeit nicht widerspruchslos hingenommen werden. In dem Artikel „*My govorim – tusovka, podrazumevaem – s'ezd*" (NG 12/91, 13) zum Beispiel vergleicht die Moskauer Sprachwissenschaftlerin Galina Skljarevskaja, die Leiterin der Wörterbuchabteilung des Linguistischen Forschungsinstitutes der Akademie der Wissenschaften, den Zustand des öffentlichen Diskurses mit der Sprache zwei- bis dreijähriger Kinder, mit dem entscheidenden Unterschied, daß kein Erwachsener zum Korrigieren da ist. Es werden unzulässige Analogiebildungen gemacht: zu *obeskreščennaja cerkov'* (eine entkreuzte Kirche) *obesčeščennaja* (*lišennaja česti*; entehrt), ganz so wie Kinder *skefirilos' moloko* (die Milch kefirte sich) sagen. Auch Jargons und Prostorečie, ein außerhalb der Standardsprache liegender Stadtdialekt, dringen jetzt in ganz anderem Ausmaß als üblicherweise in die Allgemeinsprache ein. Dies geht, nach Meinung der Autorin, so weit, daß man nicht von einer *Demokratisierung*, sondern von einer *Lumpenisierung* der Sprache reden sollte: *No v nekotorych slučajach lučše govorit' ne o demokratizacii a o ljumpenizacii jazyka*. Im Detail beklagt sie die Übernahme von ca. 300 Ausdrücken aus dem Jargon der Kriminellen. Die Sorge, daß die Übernahme von Elementen aus der Gaunersprache zur Übernahme des gesamten dahinterstehenden „schrecklichen" Weltbildes (*užasnaja kartina mira*) führen würde, ist vielleicht etwas übertrieben, aber sicherlich hat die Autorin recht, wenn sie solche Elemente lieber in der vertraulichen Rede miteinander bekannter Gesprächspartner, nicht jedoch in der öffentlichen Rede sieht. Abgesehen von Sobčak und Lichačev, die nach dem Urteil von Skljarevskaja „wunderbar" reden, sei die Ausdrucksweise vieler Abgeordneter „schauerlich" und gehörte eher an den Biertisch als ins Parlament.

Neben der Mischung der Register werden semantische Fehler registriert. So werden manche modischen Fremdwörter einfach „falsch" verwendet, zum Beispiel *konsensus* (Konsens) im Sinne von *sich einigen*, während die eigentliche Bedeutung das allgemeine Einverständnis in strittigen Fragen auf internationalen Konferenzen ist: *konsensus meždu det'mi i roditeljami* (Konsens zwischen Kindern und Eltern), *učitelja dostigli konsensusa s učenikami* (die Lehrer haben einen Konsens mit den Schülern erreicht). Aus der leichtfertigen Verwendung dieses Wortes resultiert die Ableitung eines Adverbs *konsensusom*, was dann zu skurrilen Äußerungen wie *na konferencii konsensusom bylo prinjato rešenie* . . . (auf der Konferenz wurde konsensmäßig der Beschluß gefaßt . . ., in: Nachrichtensendung *Vremja*, zit. nach NG 12/91, 13).

Eine besondere Fundgrube für Normverstöße sind die Parlamentsdebatten, da die Abgeordneten, ohne über Erfahrung mit der mündlichen öffentlichen Rede zu verfügen, auf der Rednertribüne einfach ihre alltägliche Redeweise verwendeten. Širjaev (1993, 53) bezeichnet im Rahmen des Projektes zur Erforschung der Parlamentsdebatten am Institut für Russische Sprache der Akademie der Wissenschaften in Moskau das durchschnittliche Sprachbeherrschungsniveau der Abgeordneten als unzulässig niedrig. Um hier Abhilfe zu schaffen, frequentieren Abgeordnete Rhetorikkurse, und der russische Ministerrat hat ein Lehrprogramm „zur Verbesserung der Qualität der mündlichen Sprache" eingeführt. [15]

In den Vorabdrucken aus dem in Vorbereitung befindlichem Buch „*Kul'tura parlamentskoj reči*" (Sprachkultur im Parlament)[16] wird vor allem die große Zahl an Fehlern angeprangert, von falschen Betonungen, für die schon Gorbatschow berühmt war (*novoe myslenie* – das neue Denken, statt *myslenie*), *načat'* (beginnen, anfangen statt *načat'*) über die falsche Verwendung von fachsprachlichen Termini bis zur unangemessenen Verwendung von Elementen des *Prostorečie*. Die Vorsitzenden werden nicht müde, die Redner für ihre Ausdrucksweise zu kritisieren, so zum Beispiel:

Prizyvaju vas k porjadku; Prošu vas ne upotrebljat' stol' rezkich i oskorbitel'nych vyraženij otnositel'no otdel'nych lic; Gospodin orator, ja dolžen vam zametit', čto podobnye vyraženija s étoj kafedry ne dopustimy; Orator, prošu vas byt' ostorožnee v vyraženijach; Stol' rezkoe osuždenie zaprosa ne možet byt' dopuščeno. (Ich rufe Sie zur Ordnung; Ich bitte Sie, keine so scharfen und beleidigenden Ausdrücke bezüglich einzelner Personen zu gebrauchen; Herr Redner, ich muß bemerken, daß eine derartige Ausdrucksweise an diesem Ort nicht zulässig ist; Redner, ich bitte Sie, Ihre Worte sorgfältiger zu wählen; Eine so scharfe Verurteilung der Anfrage kann nicht zugelassen werden; vgl. Graudina 1993, 57).

In der außerordentlichen Sitzung des Rates der Volksdeputierten am 3. Dezember 1990 erntete der Sprecher einen Verweis des Vorsitzenden für die Verwendung des Ausdrucks *moročit' golovu* (jemanden an der Nase herumführen, jemandem blauen Dunst vormachen): Ich kritisiere den Abgeordneten für den „nichtparlamentarischen" Ausdruck „*moročit' golovu.*" (zit. nach Graudina 1993, 57).

Unangemessene sprachliche Formulierungen werden auch innerhalb des Parlaments selbst kritisiert. Am vierten Kongreß der Volksdeputierten etwa provozierte ein Abgeordneter mit seiner Wortmeldung „Ich möchte sagen, daß Boris Nikolaevič sich nicht von seiner Autorität beim Volk verführen lassen soll. Man betrügt Sie ganz offen, weil Millionen derer, die am 12. Juni des Vorjahres für Sie gestimmt haben, Sie zum gegenwärtigen Zeitpunkt verfluchen, denn niemand hat damit gerechnet, daß derartiger Betrug herrschen würde." zunächst einen Ordnungsruf des Vorsitzenden: „Das gehört sich nicht. Ich möchte bitten, solche Ausdrücke nicht zu gebrauchen. Und überhaupt müssen alle die Würde des Präsidenten unterstützen, diese Position hat auch der Kongreß vertreten." Nachdem der Abgeordnete, ohne sich zu mäßigen, in seinen Angriffen fortfährt, und die Regierung der „Beraubung" des Volkes mit Hilfe der Inflation beschuldigt, meldet sich ein anderer Abgeordneter, der die Befassung der Ethikkommission und eine Entschuldigung beim Präsidenten fordert (zit. nach Širjaev 1993, 52f.).

4.3. Übernahme nonverbalen Verhaltens

Der Trend, das nonverbale Verhalten zu „verwestlichen", zeigt sich nicht nur in westlicher Kleidung und Autos, sondern auch in einer lässigeren und spontaneren Form des öffentlichen Auftretens, vor allem bei jüngeren Wirtschaftstreibenden. Gorbatschow hatte schon auf seiner ersten Pressekonferenz nicht die eisern-versteinerte Miene und Null-Gestik seiner Vorgänger, sondern stellte eine freundliche Miene zur Schau[17]. Außerdem ließ er nach dem Muster der amerikanischen Präsidenten seine Frau in der Öffentlichkeit auftreten und vollzog auch damit eine Aufhebung der in der russischen Tradition sehr klaren Trennung zwischen privater und dienstlicher Sphäre. Der Vergleich russischer Fernsehnachrichten der letzten Jahre zeigt eine sukzessive Annäherung an den bei uns üblichen Stil der Nachrichtenpräsentation: die Sprecher improvisieren gelegentlich, sie verwenden umgangssprachliche Ausdrücke, und vor allem beginnen sie, unabhängig vom Inhalt der von ihnen vorgetragenen Nachrichten, gelegentlich zu lächeln.

Dies ist insofern bemerkenswert, als das grundlose Lächeln und Lachen mit einer ernsthaften Dienstauffassung im kommunistischen Rußland nicht vereinbar war. Weder auf einem Paßfoto, das ja für einen ernsthaften Zweck bestimmt ist, noch bei der Ausübung dienstlicher Verpflichtungen wäre man auf die Idee gekommen zu lächeln. Lächeln hat in der russischen Kultur einen anderen Stellenwert als in der österreichischen, deutschen oder amerikanischen. Wenn es einen Grund dafür gibt, lächeln und lachen Angehörige der russischen Kultur sehr viel, sie sind sehr emotional (Vgl. Wierzbicka 1992, 395–406), grundloses Lächeln aber gilt zumindest als unangebracht, oft sogar als Ausdruck von Debilität oder Frivolität, wofür Sternin (1992, 57) einige Redensarten als Beweis anführt: *Čemu ulybat'sja-to? žizn' trudnaja. Nečemu ulybat'sja!* (Worüber sollte man denn lachen? Das Leben ist schwer, kein Grund zum Lachen!) Eine derbe alte Redensart sagt: *Smech bez pričiny – priznak durčiny* (Grundloses Lachen ist eine Zeichen für Dummheit).

Auch hier sind Änderungen im Gange, und man schult in den Business- und Managerschulen die angehenden Ökonomen und Ökonominnen explizit darauf ein, ein freundliches Lächeln aufzusetzen. Die schon von Peter dem Großen gemachte Erkenntnis, daß zum Ansehen im Westen gutes, im Sinne von westliches, Benehmen gehört (vgl. Scheidegger 1980, 143), feiert fröhliche Urständ.

5. Veränderungen in der Lexik

Die Neubewertung der Wirklichkeit spiegelt sich in erster Linie im Wortschatz wider. Die Veränderungen in der russischen Lexik können in drei Hauptstrategien eingeteilt werden: Wieder- oder Neubelebungen, Umwertungen und Neubildungen. Diese verbalen Strategien der Perestroika entsprechen der Dichotomie zwischen Eigenem (*svoe*) und Fremdem (*čužoe*): Wieder- oder Neubelebungen knüpfen an die eigene vorrevolutionäre Vergangenheit an, und Umwertungen und Neubildungen orientieren sich vorwiegend am Westen. Im folgenden bringe ich nur jeweils ein bis zwei Beispiele für die einzelnen Kategorien, die ausführlich in *Rathmayr* (1991b) behandelt sind.

5. 1. Wiederbelebungen

Alte, mit der Revolution aus dem Gebrauch gekommene Lexik wird wieder verwendet. Dies gilt im Bereich der Wirtschaft zum Beispiel für „*kommersant*" (Kaufmann, Ökonom), was mit der Revolution wegen der kapitalistischen Konnotation aus dem Sprachgebrauch verschwand und jetzt in Form der gleichnamigen Tages- und Wochenzeitung, durch die Schreibung mit hartem Zeichen am Schluß, sogar explizit an der vorrevolutionären Vergangenheit anknüpft.[18]

Schlüsselwörter für das Anknüpfen an die Vergangenheit sind Wörter wie *vozroždenie* (Wiedergeburt, Wiedebelebung), *vosstanovlenie* (Wiedererrichtung) und so weiter. Manche Begriffe aus der Politik und der nationalen Vergangenheit, wie etwa *duma* (Duma, altes Parlament) finden sich auch wieder auf den Seiten der Presse. Religion und christliche Werte wie etwa *miloserdie* (Erbarmen) schließlich dienen ebenfalls der Bereicherung des aktuellen Wortschatzes, wobei das russische Wort für *Gott*, *Bog*, neuerdings wieder groß geschrieben wird.

5. 2. Umwertungen

Jedes Wort ist auf der axiologischen Skala zwischen *gut* und *schlecht* angesiedelt und mit bestimmten Konnotationen verbunden. Diese Wertungen orientieren sich an einer ausgesprochenen oder unausgesprochenen Norm und sind kulturspezifisch geprägt.[19] Bei der Besprechung der Wandlungen im enzyklopädischen Wissen wurde schon auf die Umkehrung der Vorzeichen bezüglich westlicher politischer und marktwirtschaftlicher Konzepte hingewiesen. Dieses Phänomen äußert sich an einzelnen Lexemen wie *pribyl'* (Profit), *predprinimatel'* (Unternehmer) etc.

Bezüglich der ansatzlosen Umwertung bestehen nur einige wenige Einschränkungen: *rynok* (Markt) ist nur über den Umweg *socialističeskij rynok* (sozialistischer Markt) salonfähig geworden, und erst seit dem Juli-Plenum 1987 akzeptabel. Hier wurde ein Kompromiß zwischen dem sich spontan entwickelnden und dem planmäßig regulierten Markt angestrebt (Vgl. MN 30/87, 8). Die größten Schwierigkeiten macht zweifellos der Begriff des Privateigentums, *častnaja sobstvennost'*, statt dessen wurden *sobstvennost' graždan* (Eigentum der Bürger) und andere Umschreibungen als Zwischenstufe verwendet. Die Probleme mit diesem Begriff kommen besonders schön in der folgenden Zeitungsüberschrift zum Ausdruck, wobei *Svoboda i Sobstvennost'* (*Freiheit und Eigentum*) in lateinischer Schrift geschrieben sind, um die Fremdheit zu betonen. Der Untertitel „*Éti slova dolžny nakonec-to vmeste zazvučat' po-russki*" (Diese Wörter müssen endlich gemeinsam auf russisch erklingen; NG 114/1993, 2) ist cyrillisch geschrieben.

Von der Umwertung sind Begriffe verschiedener konnotativer Kategorien erfaßt, zum Beispiel Umwertung von neutral westlich auf positiv sowjetisch beziehungsweise russisch (zum Beispiel: *mér*/Bürgermeister, *fermer*/Bauer), Umwertung von negativ westlich auf negativ sowjetisch beziehungsweise russisch (zum Beispiel: *fašizm*/Faschismus, *mafija*/Mafia), Umwertung von negativ westlich auf positiv sowjetisch beziehungsweise russisch (zum Beispiel: *predprinimatel'stvo*/Unternehmertum, *konkurencija*/Konkurrenz), Umwertung von angeblich sowjetisch real vorhanden auf positiv sowjetisch beziehungsweise russisch noch zu realisieren (zum Beispiel: *demokratičeskij*/demokratisch[20], Umwertung von negativ sowjetisch auf positiv sowjetisch beziehungsweise russisch (zum Beispiel: *dissidenty*/Dissidenten; *inakomyslie*/Andersdenken), Umwertung von mystisch-positiv zu vage bis ironisch negativ (zum Beispiel: *socialisitičeskij*/sozialistisch).

5. 3. Übernahme von Fremdwörtern und russische Neubildungen

Die Übernahme von Fremdwörtern, in erster Linie Anglizismen und Amerikanismen, hat solche Ausmaße angenommen, daß sogar Zeitungen wie die *Harold Tribune* (19. 10. 1992, 16) unter dem Titel „*Buksy' and the New Russian 'Imidzh*" darauf Bezug nehmen[21] und die Russen sich darüber teilweise selbst lustig machen, so etwa in der ironischen Bemerkung, es sei alles damit getan, die Schule von „*Obsčeobrazovatel'naja skola*" (allgemeinbildende Schule) in „*Kolledž*" umzubenennen (NV 15/1992, 47). Die russische Sprache ist bekanntlich besonders fremdwörterfreundlich und puristische Aktivitäten, die es nur zu bestimmten Zeiten gegeben hat, haben niemals Ausmaße wie bei den Tschechen oder Serben erreicht (vgl. Keipert 1978, 285). Was sich heute auf den Gebieten der Wirtschaftswissenschaften, des Rechtswesens und der politischen Organisation abspielt, ist den zahlreichen Übersetzungen wissenschaftlicher Literatur zur Zeit Peters des Großen vergleichbar, die ebenfalls überwiegend von der Übernahme fremdsprachlicher Termini gekennzeichnet waren (vgl. Christians 1983, 44).

Die neuen Wörter gelangen vorwiegend aus den entsprechenden Fachsprachen in den allgemeinen Sprachgebrauch, zum Beispiel: *marketing, menedžment, biznesmén, sponsor* aber auch nach westlichem Muster gebildete Kalques, zum Beispiel die euphemistische Umschreibung *vysvoboždenie rabočich* (Freisetzung von Arbeitern). Bei den neuen Fremdwörtern stellt sich die Frage der Schreibung: Im Russischen ist es üblich, Fremdwörter so zu schreiben, daß die Aussprache nach den Regeln der russischen Phonetik der Aussprache in der Herkunftssprache möglichst nahe kommt. Dies führt begreiflicherweise zu Mehrfachschreibungen wie etwa *pablik-rilejšns/pablik-rilejšens/pablik-rilejšenz*.[22]

Prognosen über die Langlebigkeit einzelner Wörter sind schwer zu machen, und wie das Beispiel Karcevskijs (zit. nach Karaulov 1992, 7) zeigt, kann man sich dabei sehr täuschen: Dieser hatte 1923 gesagt, daß aus dem Bereich der Neubildungen im Zusammenhang mit der Entwicklung der Luftfahrt, das Wort *letčik* (Flieger) das Fremdwort *aviator* verdrängt hat, wohingegen sich *samolet* (Flugzeug, wörtlich Selbstflieger) gegenüber *aéroplan* nicht durchsetzen konnte. Im heutigen Russisch verwendet man gerade *samolet*, während aéroplan nur einen ganz bestimmten Flugzeugtyp bezeichnet.

Neue rein russische Wortbildungen betreffen vor allem die mit der ideologischen Wende verbundenen Begriffe, die durch Vorsetzen der Präfixe *raz-* und *de-* in ihr Gegenteil verkehrt werden, zum Beispiel: *rassovečivanie* (Entsowjetisierung), *dekollektivizacija* (Entkollektivierung).

6. Veränderungen in der Grammatik: Strukturelle Sprachveränderungen?

Die grammatische Struktur einer Sprache ist ihr harter Kern und damit Veränderungen am schwersten zugänglich. So braucht es nicht zu verwundern, daß auch die Perestroika noch zu keinen Veränderungen des Sprachsystems geführt hat. Die Dominanz des Futurums und modaler Verbalkonstruktionen auch in sogenannten Tatsachenberichten hat nichts mit einer Veränderung der Grammatik zu tun, sondern hängt damit zusammen, daß die ersehnten Veränderungen eben in der Zukunft liegen und auf die Frage nach dem Istzustand lieber mit einem Verweis auf den erwarteten Sollzustand geantwortet wird. Immerhin fällt syntaktische Diversifizierung und der Ersatz monolithischer paratraktischer Ketten durch komplizierte hypotaktische Konstruktionen auf, was der weniger plakativen Darstellung der politischen und ökonomischen Inhalte entspricht.

Ernst zu nehmen ist auch die zunehmende Verwendung der lateinischen Schrift und zwar nicht nur in Werbetexten westlicher Firmen (Volvo, Sony[23]; Parker), was ja einleuchtet, da es um den Marketingeffekt der Westmarke geht, sondern auch als Überschrift des FS-Programms (RTV) und überhaupt besonders in Zeitungsüberschriften (*Time Share polučit propisku v Rossii* (Time share bekommt Aufenthaltserlaubnis in Rußland; NG 21. 5. 93, 6), seltener auch im Inneren der Texte (zum Beispiel im zitierten Text über Time share in der NG). Bemerkenswert ist an diesem Beispiel auch, daß mit der Schrift die englische Schreibung übernommen wird, und nicht, wie ansonsten in cyrillischer Schrift, phonetisch *tajm šer* geschrieben wird. Derartige Parallelschreibungen gibt es allerdings, so etwa neben lateinisch geschriebenem „*Haute couture*" (MN 10/93, V12) das phonetisch transkribierte „*ot kutjur*" (NG 34/93, 1).

Das Beispiel der Verfremdung des Begriffes *sobstvennost'* (Eigentum) durch die lateinische Schreibung wurde unter 5. 2. schon erörtert, hier möchte ich noch auf die stufenweise Veränderung der Bezeichnung und Schreibung westlicher Realien eingehen. Der deutsche Bundeskanzler wurde früher in cyrillischer Schrift als *federal'nyj kancler FRG* (wörtl. föderaler Kanzler der BRD) bezeichnet, nun findet man, ebenfalls in cyrillischer Schrift: *bundeskancler* (MN 50/92, 13), oder auch cyrillisch geschrieben *Bundestag* (NG45/1993, 4). Die nächste Stufe wird die lateinische Schreibung der Wörter Bundeskanzler, Bundestag etc. sein. Bei diesen lateinischen Schreibungen kommt es gelegentlich auch zu Stilblüten, etwa in der Überschrift „*Dva proekta avstrijskoj OMW*" (Zwei Projekte der ÖMV; MN 17. 1. 93/B10), in der nur OMW lateinisch geschrieben ist (statt ÖMV).

Die Zunahme der Verwendung der Lateinschrift hat sicherlich ganz praktische Gründe wie Mode und Ausnützen der neuen technischen Möglichkeiten. Sie deutet aber auch auf mögliche strukturelle Sprachveränderungen hin. In der NG (192/1993, 8) ist ein ernst gemeinter (*vpolne ser'ezno*) Artikel mit der lateinisch geschriebenen Überschrift „*Skoree vsego – latinica*" (Höchstwahrscheinlich die Lateinschrift) erschienen, in dem allen Ernstes die Möglichkeit, die russische Sprache generell in Lateinschrift zu schreiben, erwogen wird. Der Trend zur Lateinschrift wird immerhin so ernst genommen, daß es bereits in verschiedenen Städten[24] ein Verbot rein lateinisch geschriebener Werbetexte gibt.

7. Resümee: Publizistischer Stil für politische Inhalte

Der neue politische Pluralismus äußert sich in der gleichzeitigen Existenz reformorientierter und reformfeindlicher Medien, wobei hier nur die Sprache der ersteren beschrieben wurde. Ist die Sprache dieser Medien der alte Newspeak, ein neuer Newspeak, oder haben wir es mit einer anderen Varietät der russischen Standardsprache zu tun?

Die Analyse des russischen politischen Diskurses der letzten acht Jahre führt zu dem Ergebnis, daß es sich bei der Sprache politischer Texte der Gorbatschow- und Jelzin-Ära nicht mehr um Newspeak im Orwellschen Sinne handelt, sondern um publizistischen Stil, so wie er auch in anderen westeuropäischen Ländern für politische Inhalte Verwendung findet. Der einzelne Autor entwickelt seinen persönlichen Stil, der aus der Verbannung in Feuilleton und andere unpolitische Rubriken befreit und auch den ersten Seiten der Zeitungen eröffnet wurde.

Freilich enthalten auch die neuen politischen Texte Klischees und Redner wie Autoren verwenden semantisch leere Begriffe wie zum Beispiel *vopros* (Frage), *problema* (Problem), *rabota* (Arbeit) und *zadača* (Aufgabe), die auch in der Vorperestroika-Zeit als universale Stellvertreter fungierten (vgl. Vinogradov 3/93, 36f.). Dennoch dominieren die Neuerungen im Bereich des enzyklopädischen Wissens, der Sprachverwendung bis hin zu Lexik und Grammatik. Der kreative und kindlich-spontane Sprachgebrauch ist mit Normabweichungen und Vermischungen der Register verbundenen, die teilweise erheblichen Widerstand auslösen und im Parlament ebenso wie in den Medien metasprachlich aufgearbeitet werden.

Die teilweise Wiedereinführung der Zensur und das Verbot mehrerer Zeitungen nach dem „Oktoberputsch" 1993 haben gezeigt, daß die alten Newspeak-Strukturen auf Abruf bereitstehen, dennoch wird man die Diversifizierung und Individualisierung der Behandlung politischer Inhalte nur schwer wieder rückgängig machen können. Dies insbesondere, weil die Reformer tatsächlich eine Veränderung im Denken und Handeln der Menschen anstreben. Sprechen ist, abgesehen von den echten Performativa, wie *Hiermit erkläre ich meinen Rücktritt*, immer nur symbolisches Handeln, Sprechen ist weder Terror noch Demokratie, aber eine bestimmte Redeweise kann die Entstehung und das Fortbestehen des einen oder anderen Systems nachhaltig begünstigen.

Anmerkungen

1 Abgesehen von den Straflagern und Schauprozessen muß man auch an die vielen wissenschaftlichen Arbeiten denken, die nicht veröffentlicht werden durften, wie zum Beispiel die linguistischen Dissertationen, die ein Zitat von Mel'čuk enthielten!
2 „*O tom, kak Klim Petrovič vystupal na mitinge v zasčitu mira*", in: A. GALIČ, *General'naja repeticija*, Moskva 1991, 52–54.
3 Bei MALZEV (1981:212) wird diese „Rede" der Textsorte „Fensterreden" zugeordnet.
4 Vgl. SERIOT (1985), WEISS (1986).
5 Ich danke Elisabeth Markstein für den Hinweis.
6 Zitiert nach Johann SATTLER, „Entlarvt die subversive imperialistische Propaganda!" Die Mai-Slogans der KPdSU im Zeitraum von 1956–1991, ungedr. phil. Dipl. Innsbruck 1994.
7 Für die Konvertierung meines Beitrages vom Programm MS-Word 5.0 für Macintosh in Winword danke ich Charlotte Khan.
8 Der in Israel lebende russische Linguist MOSKOVIČ bringt in England 1994 ein *Slovar' novogo russkogo političeskogo jazyka* heraus, das weniger ausführlich sein wird, aber wesentlich mehr Begriffe enthalten soll.

9 Vgl. im August beziehungsweise Oktober 1993 die Entschuldigungen JELZINS für Katyn und die Mißhandlungen der japanischen Kriegsgefangenen.
10 Ich danke H. Heinrich für den Hinweis auf das parallele Weiterbestehen der alten Verwendungsweise, etwa in der Bemerkung einer Verkäuferin, daß es keine Spezialwurst, nur mehr eine *normal'naja* (normale Wurst) gebe.
11 Zu GORBATSCHOWS Redeweise siehe auch FREIDHOF 1991, Lasorsa SIEDINA 1988, 1990.
12 Vgl.: „*Vsja strana, ves' mir uslyšali deputatskie reči*" (Das ganze Land, die ganze Welt haben die Reden der Deputierten gehört; ŠIRJAEV 1993, 53).
13 Zum Beispiel werden in dem Artikel „*Čto zaimstvovat' ot zapada, k kakomu rynku my idem?*" (Was sollen wir vom Westen übernehmen, auf welchen Markt gehen wir zu?) fünf verschiedene Wege zur Marktwirtschaft aufgezeigt (ĖZ 19/90, 4).
14 Zur „Demokratisierung des Wortes" und der Ausbreitung der gespochenen Sprache im öffentlichen Bereich siehe CHELL'BERG 1990, 192.
15 Vgl. M. KITAJGORODSKAJA, in: *Der Standard*, 25. 7. 1992.
16 In: „*Kul'tura reči*", Hefte 1–4, 1993.
17 JELZIN wirkt im Vergleich zu GORBATSCHOW weniger locker, weniger „westlich".
18 Das harte Zeichen am Wortende wurde mit der Rechtschreibreform von 1918 abgeschafft.
19 Vgl. das *Wörterbuch assoziativer Normen (Slovar' associativnych norm russkogo jazyka)*1977 und die kontrastive Erhebung von Assoziationen bei österreichischen Studenten (MARKSTEIN 1989).
20 Die Sowjetunion hatte sich bekanntlich als demokratischesten aller Staaten bezeichnet, nunmehr gilt es die Demokratie einzuführen (*sperva sdelat' real'nost'ju . . . gosudarstvennuju vlast', zatem, . . . gosudarstvennuju vlast' demokratičeskoj*; zuerst muß eine staatliche Macht geschaffen und dann diese staatliche Macht demokratisiert werden; MN 11/90, 6), was logisch impliziert, daß es noch keine demokratischen Verhältnisse gibt.
21 In geringerem Maße, aber immerhin, werden auch einige Wörter aus dem Russischen in die westeuropäischen Sprachen übernommen, insbesondere Perestroika und Glasnost'. Dies gleich als „*leksičeskij barter* " (lexikalisches Bartergeschäft; NG 30. 3. 93, 7) zu bezeichnen, ist wohl etwas übertrieben.
22 Das Beispiel wurde von Ruth BERG im Rahmen der Arbeit an unserem *Fachwörterbuch Marktwirtschaft Deutsch-Russisch mit Glossar Russisch-Deutsch* (Klett 1993) gefunden.
23 Sony wird daneben auch oft transkribiert: „*SONI stremitsja v Rossiju*" (Sony strebt nach Rußland: ĖG 59/92, 2).
24 Zum Beispiel in Moskau (vgl. *Komsomlo'skaja Pravda* 50/93, 1).

Literatur

A. N. BARANOV, Ju. N. KARAULOV, Russkaja političeskaja metafora, Moskva 1991 (Materialy k slovarju).

A. N. BARANOV, Jazykovye igry vremen perestrojki (fenomen političeskogo lozunga), (unveröffentlichtes Manuskript).

A. N. BARANOV, E. G. KAZAKEVIČ, Parlamentskie debaty: tradicii i novacii, Moskva 1991 (Nauka ubeždat': ritorika 10/91).

Elena CHELL'BERG, Ustnoe i pis'mennoe slovo v russkoj kul'ture, in: Scando-Slavica 36, Munksgaard, Copenhagen 1990, 185–193.

Dagmar CHRISTIANS, Die Sprachrubrik der Literaturnaja gazeta von 1964–1978. Dokumentation und Auswertung, München 1983.

Jean-Pierre FAYE, Totalitäre Sprachen: Kritik der narrativen Vernunft, Kritik der narrativen Ökonomie, Bd. 1 und 2, Frankfurt 1977.

Gerd FREIDHOF, Evaluierungen in der politischen Rede Gorbačevs, in: Festschrift für Erwin Wedel zum 65. Geburtstag, München 1991, 35–55.

Aleksandr GALIČ, „O tom, kak Klim Petrovič vystupal na mitinge v zaščitu mira", in: Aleksandr GALIČ, General'naja repeticija, Moskva 1991, 52–54.

L. K. GRAUDINA, Parlamentskie precedenty, in: Kul'tura reči 1, 1993, 55–60.

Ju. N. KARAULOV, O russkom jazyke zarubež'ja, in: Voprosy jazykoznanija 6, 1992, 5–18.

Helmut KEIPERT, Puristische Tendenzen in der russischen Sprachpflege der Gegenwart, in: Osteuropa 4, München 1978, 285–309.

Claudia LASORSA SIEDINA, Il discorso politico di M. S. Gorbačev, in: Linguistica Selecta I, Rom 1990, 33–84.

Claudia LASORSA SIEDINA, Il discorso politico di M. S. Gorbačev, in: Problemi di Morfosintassi nelle lingue slave, Bologna 1988, 281–311.

Jurij MALZEV, Freie russische Literatur 1955–80, Frankfurt/Main 1981.

Elisabeth MARKSTEIN, Ist les gleich Wald?, in: Russistik 1, 1989, 58–72.

Renate RATHMAYR, (1991a) Sprache – Fachsprache – Kultur. Zur Uferlosigkeit fließender Sprachbeherrschung, in: Zielsprache Russisch 2/ 1991, 37–46.

Renate RATHMAYR, (1991b) Von Kommersant bis džast-in-tajm: Wiederbelebungen, Umwertungen und Neubildungen im Wortschatz der Perstroika, in: Slavistische Linguistik 1990, hg. von K. HARTENSTEIN und H. JACHNOW, München 1991, 190–232, (= Slavistische Beiträge 274).

Renate RATHMAYR, Čto u nas normal'no? – Was ist bei uns normal? Wandlungen in der Perestroikalexik, in: Sprache, Kultur, Identität. Selbst- und Fremdwahrnehmungen Ost- und Westeuropa, hg. von A. ERTELT-VIEHT, Frankfurt/Main, Berlin etc. 1993, 31–54.

Johann SATTLER, „Entlarvt die subversive imperialistische Propaganda!" Die Mai-Slogans der KPdSU im Zeitraum von 1956–1991, ungedr. phil. Dipl. Innsbruck 1994.

Gabriele SCHEIDEGGER, Studien zu den Briefstellern des 18. Jahrhunderts und zur „Europäisierung" des russischen Briefstils, Bern, Frankfurt/Main, Las Vegas 1980, (= Slavica helvetica 14).

A. M. SELISČEV, Jazyk revoljucionnoj épochi. Iz nabljudenij nad russkom jazykom poslednich let (1917–1926), Moskva 1928.

P. SERIOT, Analyse du discours politique soviétique, Paris 1985.

I. A. STERNIN, Ulybka v russkom obščenii, in: Russkij jazyk za rubežom 2, 1992, 54–57.

E. N. SIRJAEV, Počemu aktual'na tema o kul'ture parlamentskoj reči?, in: Kul'tura reči 1, 1993, 52–54.

P. THIERGEN, Oblomowerei, Perestrojka und Franz Xaver Kroetz, in: Zielsprache Russisch 1, 1990,1–6.

S. I. VINOGRADOV, Slovo v parlamentskoj reči i kul'tura obščenija, in: Kul'tura reči 2–4,1993, 50–55; 36–41; 36–44.

D. WEISS, Was ist neu am „Newspeak"? Reflexionen zur Sprache der Politik in der Sowjetunion, in: Slavistische Linguistik 1985, hg. von Renate RATHMAYR, München 1986, 247–325.

Anna WIERZBICKA: Semantics, Culture, and Cognition. Universal Human Concepts in Culture-Specific Configurations, New York–Oxford 1992.

John Wesley YOUNG, Totalitarian Language. Orwell's Newspeak and its Nazi and Communist Antecedents, Charlottesville, London 1991.

50/50 Opyt slovarja novogo myslenija, hg. von Ju. AFANAS'EV und M. FERRO, Moskau 1989.

PONS Fachwörterbuch Marktwirtschaft Deutsch-Russisch mit Glossar Russisch-Deutsch, hg. von Renate RATHMAYR, Stuttgart–Dresden 1993.

Politékonomičeskij slovar', Moskva ^{2}1972.

Slovar' associativnych norm russkogo jazyka, hg. von A. A. LEONT'EV, Moskva 1977.

Le Discours nationaliste: Langue de bois ou de fer-blanc?
Daniela Papadima

L'étude se propose d'analyser le discours nationaliste roumain de l'époque posttotalitaire tel qu'on le retrouve dans des publications comme *România Mare, Europa, Românul, Naţiunea*, etc. L'analyse se fonde sur un texte paru dans l'hebdomadaire *România Mare*, 1991, et cherche à en examiner certains traits caractéristiques sur le plan rhétorique et stylistique. En ce qui concerne les rapports de ce type de discours nationaliste avec le discours officiel de l'époque communiste, on constate des ressemblances, non seulement par rapport à la période précédente, (période située approximativement entre 1965–1989 et marquée par une tendance vers le vide sémantique ainsi qu'un haut degré d'entropie informationnelle), mais aussi à la première période du communisme, (1945–1965; marquage rhétorique très fort, tonus affectif poussé, remplacement des notions abstraites par des images métaphoriques).

Après la chute du communisme, on a pu constater l'apparition de quelques phénomènes communs aux pays de l'ex-traité de Varsovie. Les dirigeants des anciens régimes sont éloignés – pacifiquement ou non – du pouvoir, les partis communistes changent de firme et de slogans et deviennent social-démocrates, enfin, le communisme, en tant que doctrine et solution politique, semble définitivement compromis. Après quelques mois de déroute, un grand nombre d'idéologues et d'activistes qui composaient l'énorme appareil de la propagande communiste se regroupent dans des partis d'orientation nationaliste. Dans ce nouveau contexte politique, la Roumanie ne représente pas du tout une exception. On fonde des partis nouveaux, nationalistes, *Partidul România Mare* (Le Parti La Grande Roumanie), *Partidul Unităţii Naţionale a Românilor* (Le Parti de l'Unité Nationale des Roumains), des publications affiliées à ces partis ou qui se prétendent „indépendentes", mais qui partagent la même idéologie: *România Mare* (La Grande Roumanie), *Europa* (L'Europe), *Românul* (Le Roumain), *Naţiunea* (La Nation) etc. Les leaders et les membres de ces partis et de ces publications sont, en grande mesure, les anciennes éminences grises de la propagande totalitaire. Cette nouvelle orientation se caractérise par un nationalisme agressif et une attitude hostile envers les minorités religieuses (les Juifs) et ethniques (les Hongrois), de sorte que „le danger juif" et „la menace hongroise" deviennent des sujets préférés.

C'est ainsi qu'est apparu un type de discours articulé d'une manière spécifique et très bien orienté vers le récepteur. Il est intensément diffusé par les medias (les publications en question mais aussi la radiotélévision). L'analyse du discours nationaliste peut examiner trois aspects principaux:
1. son efficacité, c'est à dire son effet perlocutionnaire
2. sa configuration structurelle et ses stratégies pragmatiques
3. ses modèles et ses sources au niveau du langage.

Je ne vais pas m'occuper dans cet article du premier problème, d'intérêt plutôt sociologique ou politologique. Analysant un texte de la presse, je vais essayer de mettre en évidence les traits spécifiques du discours nationaliste roumain actuel; en même temps d'y trouver quelques indices du point de vue génétique concernant les rapports de ce type de discours avec les formes antérieures du discours officiel, de l'époque communiste.

En ce qui concerne le discours officiel de l'époque communiste en Roumanie, je vais faire une esquisse des mutations survenues dans le langage en contact avec la dictature. On peut considérer ces mutations sur le plan de la diachronie, mais aussi sur celui de la synchronie.

a. Sur l'échelle diachronique, il y a une première période (approx. 1945–1965) qui correspond, *grosso modo*, à la conquête et à l'affermissement du pouvoir. Elle est suivie par l'époque du contrôle absolu des mécanismes politiques (approx. 1965–1989).

Le discours politique connaît, dans les deux périodes, une continuité incontestable, à laquelle contribue son appui idéologique resté relativement inchangé. Cependant, on peut observer des différences sensibles concernant la distribution et la fréquence des éléments communs. Ainsi, pour l'époque des années '50, la fonction dominatrice était d'ordre persuasif, puisqu'on désirait la mobilisation des masses à l'appui du nouvel ordre politique. Cela a eu comme conséquence une forte charge émotionnelle du discours. En même temps, cette affectivité se propage à l'intérieur d'un système marqué par des oppositions et des antagonismes. Sous des formes très variées, on fait triompher le principe unique de la lutte des classes à l'intérieur, celui de l'antagonisme politique, à l'extérieur. C'est le règne d'un discours antithétique, manichéen qui touche presque tous les niveaux de l'organisation textuelle, des macrostructures sémantiques jusqu'à la sélection lexicale. Un élément de marque est, dans ce contexte, l'emploi intense et varié de l'invective.

En revanche, dans la deuxième période, la fonction persuasive perd de importance au fur et à mesure que la crédibilité politique s'affaiblit. Le discours politique commence à assumer progressivement une fonction rituelle, en exprimant et en exigeant la stabilité dont le pouvoir a besoin. Stabilité, d'ailleurs, qui, dans l'optique du discours politique, représente le point de départ d'un essor perpétuel de la société roumaine. L'usage des invectives se restreint et, en même temps, l'importance du discours solennel s'accroît. Le cliché prédomine de façon beaucoup plus sensible que dans l'époque précédente, en enregistrant en même temps des changements fonctionnels. Il n'est plus question d'organiser le discours autour de quelques slogans ou de termes-clé; désormais on emploie un répertoire de stéréotypes capable d'assurer le déroulement mécanique du discours, sans tenir compte du message à exprimer. Cette tendance, toujours plus forte, à éviter une référence précise à la réalité thématisée par le discours se manifeste, d'une part, par l'abus d'euphémismes, d'autre part, par l'élimination des déictiques. De la même façon, la simulation de l'acte de communication a comme effet l'omission des instances communicationnelles. Les formules impersonnelles dominent plus que jamais, également au niveau pragmatique (relation émetteur-récepteur) et sémantique (le manque d'actants „définis").

b. Si l'on considère les faits sur un plan synchronique, on trouve des productions parallèles au discours politique officiel mais qui, implicitement, allaient s'intégrer dans le système de la propagande totalitaire. Elles constituent le niveau caché, „nuancé" du matériel officiel: articles dans les journaux du Parti communiste, reportages, interviews, même des soi-disantes productions artistiques.

Entre le discours officiel et le matériel de propagande vont s'établir de subtils rapports (causalité, concurrence). La langue officielle est occultée, canonisée, codifiée. Les articles, les reportages etc. sont rédigés d'une manière, pour ainsi dire, plus personnelle (parfois ils sont signés par leurs auteurs) et ils connaissent une variété relative. Il y avait des cas où tel fragment hermétique émané du pouvoir était „traduit" par l'intermédiaire d'un article de fond dont l'auteur s'érigeait en commentateur officiel et avisé. Il y avait également des situations dans lesquelles une certaine „pudibonderie" (au fond, des raisons politiques ou idéologiques) imposait des restrictions au discours officiel. C'était alors aux groupes de propagande – réunis autour des hebdomadaires *Săptămîna* (La Semaine) et *Luceafărul* (L'Etoile du Soir) – que revenait, dans la deuxième période, la tâche d'aborder ces sujets-tabou, sujets que le pouvoir ne pouvait pas exprimer publiquement. De tels sujets étaient: l'hostilité envers les minorités (notamment la minorité hongroise et juive) mais aussi l'antioccidentalisme (à une époque où la politique extérieure roumaine affirmait encore son caractère „ouvert"). On pourrait même parler d'une attitude antisoviétique, sujet très délicat, devenu plus aigu lors de l'apparition du *glasnost* et de la *perestroïka*. L'élément commun de ces positions se trouve dans la propagation exacerbée du „patriotisme", dans l'exaltation, dépourvue d'esprit critique, poussée jusqu'au ridicule, des vertus autochtones. Sur le plan de la culture, cette orientation s'est affirmée par l'intermédiaire de deux mouvements d'opinion: le *dacisme* (plutôt la „dacomanie" ayant comme variante la „thracomanie") d'une part, le *protochronisme* (trouver toute sorte de priorités roumaines, même des sources roumaines, dans la culture universelle), d'autre part. Tout cela a rendu possible l'apparition au sein des groupes de *Săptamîna* et de *Luceafărul,* d'un discours particulier, de nature hybride, subordonné au discours officiel, mais pourvu de traits propres (le caractère allusif, l'agressivité du langage, la variété lexicale et phraséologique, le penchant vers les registres archaïques et populaires de la langue).

Dans l'étude du langage des sociétés totalitaires, on véhicule souvent des formules génériques afin d'identifier *une* variété linguistique propre à ce contexte politique. Des dénominations telles *langue de bois, novlangue, newspeak*, etc. me semblent trop générales pour pouvoir dissocier les types variés de discours officiel ou „para-officiel" qui se sont succédés pendant l'époque communiste, jusqu'au discours nationaliste posttotalitaire. Le point d'interrogation du titre de mon article a une signification principalement méthodologique.

Le texte choisi pour cette analyse s'intitule „*Oaspeți abuzivi*" (Hôtes abusifs), article paru en 1991 dans l'hebdomadaire *România Mare* (La Grande Roumanie). L'article aborde un seul thème, annoncé dès le titre. Il s'agit de l'aversion éprouvée à l'égard de l'envahisseur étranger auquel on identifie la minorité hongroise. Le nom de l'envahisseur n'est dévoilé qu'à la fin (v. le texte cité dans l'annexe, ligne 67), procédé qui relève d'une technique visant à garder le suspense. Cette méthode peut tromper l'ignorant en matière de politique nationale. Cependant, pour le lecteur „avisé", ce suspense établit des rapports spécifiques entre l'auteur et le récepteur. Tous les deux connaissent le nom de l'ennemi et s'entraînent dans un jeu de décodage du genre „je sais que tu sais que je sais de qui il s'agit". Le nom de l'agresseur se laisse camoufler à l'aide de surnoms („hôtes", „envahisseurs", „hordes", „voisins", „visiteurs"), de formules périphrastiques („hôtes abusifs", „hordes sauvages", „chers visiteurs") ou simplement des pronoms personnels, démonstratifs et indéfinis („ils", „celui-ci", „quelques-uns"). Finalement, la simple nomination de l'agent maléfique fonctionne comme la rupture d'un tabou linguistique par laquelle le texte se donne un air mythique.

A première vue, il y a peu de repères dans notre texte qui y indiquent des similitudes, ou du moins des rapports indirects avec le discours officiel communiste. Au niveau lexical, respectivement stylistique, les différences sont remarquables. Le lexique se compose d'un mélange de termes et d'expressions provenant de divers registres: langage colloquial, parfois trivial, par exemple „bienveillants", „vile", „se calmer", „entêtement", „carcanas", „moche", „lui vole la terre", „s'empare de sa femme", „ils battent nos oreilles"; termes appartenant au lexique scientifique, comme „données crédibles", „fond immémorial", „conquérir", „actualisée", „autochtones", „droits inaliénables"; termes qu'on retrouve dans le jargon politique contemporain, p. ex. „xénophobie", „négociations", „contestataires". Le texte semble prendre une allure très personelle. Il y a des références auctorielles qui permettent une interprétation individualisée, en contraste avec le caractère impersonnel de la deuxième période du discours communiste. Notons la première personne du pronom personnel (v. 6, 7, 20, 53), l'accent sur des possessifs (v. 28), des interrogations et des exclamations rhétoriques (v. 22–23, 44, 65–66, 69–70, 71–73).

En apparence, la structure argumentative du texte ne réserve pas de surprises à l'analyste. Il y a des paragraphes narratifs (v. 33–43, 47–52,) des connecteurs pragmatiques qui offrent l'image d'une évolution logique du discours. L'imprécation finale joue le rôle d'une conclusion.

Pourtant, l'organisation du texte se construit sur une opposition fondamentale, rappelant le manichéisme de la première phase du langage communiste. Le monde est divisé en deux camps adversaires et irréconciliables: le Roumain, l'indigène, l'habitant légitime de ces terres et le Hongrois, l'étranger, l'envahisseur. Les deux adversaires mènent une guerre millénaire et inégale. Paradoxalement, si l'on se rappelle la fonction traditionnelle d'un cliché familier – le Roumain comme symbole de l'héroïsme, du courage –, les termes de l'opposition sont changés. Le Roumain est „stupidement généreux" et plutôt résigné dans son pacifisme (v. 7–10, 35–37, 40–42). Il subit passivement l'agression de l'étranger. Toute tentative de révolte contre ce *fatum* historique sera sévèrement punie par des instances internationales, prêtes toujours à favoriser l'adversaire. En revanche, l'étranger semble avoir tous les atouts: intelligence virile, force, dynamisme, ruse, persévérance. Une composante diabolique s'y ajoute. Bref, nous avons affaire à une opposition qui fait penser à la parabole d'Abel et Caïn. Le sens de l'antinomie inhérente au texte se précise par la référence à une grille implicite d'interprétations préalables.

Dans le discours communiste „classique", l'émetteur est marqué par la non-spécificité. Cependant, le récepteur est également imprécis, il se confond même avec l'émetteur. Il serait utile de préciser dans le cas du discours nationaliste quelles sont les stratégies rhétoriques développées par l'émetteur, afin d'imposer une autre grille d'interprétations. Autrement dit, pour imposer une autre réalité du texte. Les stratégies discursives vont accorder à l'émetteur simultanément de la force et de l'autorité. L'opposition fondamentale nous/eux n'est pas proclamée dès le commencement. Elle est dissimulée par l'intermédiaire de quelques procédés destinés à simuler l'objectivité auctorielle. Jusqu'à un certain moment de la progression argumentative, on constate l'alternance du pluriel inclusif (nous) avec la première personne du singulier (personne du narrateur): „à ce que je sais", „je ne vais pas me hasarder", „ce n'est pas mon affaire". L'émetteur simule le rationalisme scientifique, les précautions méthodologiques. Il joue le topos de l'humilité (pour ces stratégies v. 6–7, 20–21, 28–30).

On peut parler dans le cas du texte présent d'un type de discours dirigé qui aboutit dans la séquence finale à une espèce d'ironie mêlée de menaces (v. 71–73). L'effet obtenu est, plus ou moins, celui de la haine entourée de connotations positives. Les traits stylistiques, respectivement rhétoriques les plus marquants qui caractérisent l'organisation textuelle sont la tautologie, la pseudo-dialectique, le pathétique et l'équivoque. Il faut bien mentionner que la tautologie et la pseudo-dialectique représentent des caractéristiques implicites et involontaires, alors que le pathos et l'équivoque sont employés sciemment et en bonne connaissance de cause.

La tautologie est une figure significative du texte. A chaque paragraphe, on retrouve le même tableau, réitéré à l'infini , comme un mécanisme déréglé, d'une agression perpétuelle (v. 9–15, 16–19, 33–38, 44–49, 62–65). Cet effet obtenu par l'emploi de la tautologie rappelle la fonction incantatoire de la „langue de bois".

Quant à la pseudo-dialectique, elle imite la pensée en mouvement, l'enchaînement des idées. Il y a une macro-dialectique qui ordonne la composition toute entière et une micro-dialectique (v. 53–56) où la construction syntaxique est totalement absurde parce qu'elle propose une progression inexistente.

Le pathétique, surtout en alternance avec le style scientoïde, règne surtout au niveau des instances impliquées dans la communication. En proposant une „vérité" avec un chargement émotionnel particulier, le pathos met l'accent sur la persuasion comme valeur perlocutionnaire dans le processus communicationnel. La relation empathique est projétée dans le pluriel général inclusif („nous", „notre maison", „notre pays" comme sujet d'un martyre historique). Le rhétorisme devient une forme de dissimulation de la relation émetteur-récepteur qui se transforme dans un rapport incitateur-incité, manipulateur-manipulé.

Sur le plan référenciel, l'auteur compte sur l'équivoque sémantique du mot „histoire", pour dissimuler les ambiguïtés de son discours. Cette équivoque a son correspondant dans le plurisémantisme du terme „histoire". On trouve donc dans le texte des termes et des structures appartenant au langage de l'historiographie (v. 24–26, 49) et d'autres structures qui désignent l'histoire non comme objet d'étude scientifique, mais comme expérience millénaire. Tandis que les documents peuvent être truqués et les chartes jaunies à la flamme des bougies, l'expérience millénaire représente la seule stabilité (v. 11–12, 26–30). L'historiographie est bien dépréciée par rapport à cette manière de comprendre l'histoire. On peut signaler ici une tentative d'accréditer une construction mythique au détriment d'une démarche scientifique. Cela mène à une dangereuse confusion de plans. L'image-cliché des premières invasions barbares „la nourriture sous la selle des chevaux" est projétée à l'infini sur les siècles qui ont suivi, jusqu'à notre époque. Le stéréotype du paisible Roumain qui n'a jamais mené des guerres afin de conquerir des terres étrangères appartient également à ce type de connaissance mythographique. L'emploi répétitif des clichés (quelques-uns provenant des manuels d'école élémentaire – ce qui n'est pas un détail à négliger) rend possible l'énonciation des sentences catégoriques (v. 18–19). L'équivoque est produite par la double articulation stylistique. Il y a deux registres lexicaux, chacun correspondant à un niveau sémantique du terme „histoire". Pour l'histoire perçue comme mythe, on recourt à des termes „indigènes", pour la science historiographique on préfère les néologismes ou les syntagmes néologiques. Le régistre néologique est mis avec insistance dans un contexte négatif (v. 30–32) ou il est ironisé. Par exemple, l'idée d'adresser des protestations à la Société des Nations, institution qui n'existe plus, mais remplace ici, dans une perspective ironique, l'Organisation des Nations Unies (v. 47–49). De cette manière, tout ce qui appartient au niveau conceptuel du langage est discrédité, ridiculisé, tandis que le terme concret, l'expression violente, le langage imagé sont valorisés avec force et insistance.

Les déterminants temporels sont, eux aussi, équivoques. Ils simulent l'historicité mais leur fonction sémantique consiste à introduire le vague temporel (v. 3, 9, 10, 11–12, 17, 30–31, 34–35, 36, 40, 50, 63). La confusion des plans temporels soutenue stylistiquement par l'alternance mot ancien / néologisme induit une histoire statique, figée, itérative, confrontée à une seule fatalité: l'agression de l'étranger. Cela peut expliquer l'emploi d'images telles que celle de l'envahisseur à peine arrivé du fin fond des steppes asiatiques, qui proteste à la Société des Nations, ou celle d'Adam et d'Eve qui parlent le hongrois. Les critères d'appréciation, la motivation historique ou sociale sont totalement absents.

En guise de conclusion. Il y a des traits marquants qui rapprochent le discours nationaliste du type de discours communiste propre à la première période de la dictature. Ces traits sont:
– le fort marquage rhétorique
– le tonus affectif poussé
– le concret des images et le penchant à la luxuriance fabulatoire.
Il y a, d'autre part, des similarités avec le discours de la deuxième période communiste:
– la tendance au vide sémantique (tautologie, réitération, associations mécaniques)
– le haut degré d'entropie.
On trouve, aussi cependant, des traits communs susceptibles d'être attribués à une „langue de bois" générique: l'emploi des techniques rhétoriques aboutissant à une manipulation diversioniste, l'imaginaire réduit à des stéréotypies, l'opacité référencielle.

La désémantisation du discours nationaliste se perçoit mieux au niveau de l'ensemble des textes qu'au niveau d'un texte isolé. Le discours nationaliste ne se propose pas d'épuiser un problème mais de réitérer un message. La réitération du message correspond à la formule orthodoxe de la „langue de bois". Elle affirme perpétuellement le pouvoir du pouvoir.

Mais, dans l'absence de l'idéologie unique, dominatrice, le discours nationaliste n'a que la résonance du fer-blanc.

Annexe

1 Oaspeți abuzivi (Hôtes abusifs)
2
3 Depuis que nous sommes au monde, les Roumains ont une réputation
4 de gens accueillants, bienveillants et sans la vile xénophobie

bien connue chez d'autres. La terre est généreuse, les gens
hospitaliers. A ce que je sais, le Valaque est paisible, homme de
négociations et avec cela je n'ai pas tout dit. Il n'a pas mené
des guerres afin de conquérir des terres étrangères. Au contraire.
Nous avons été envahis par des hordes venues plus tard sur ces
lieux millénairs. Mais les hôtes ont toujours dépassé la mesure.
Notre histoire parle mieux que moi de nos ennuis, plus ou moins
récents, ennuis que nous avons eus avec les envahisseurs qui, sans
vergogne, ont trouvé de l'abri ici sans être invités, soutenant
que c'était eux qui avaient découvert l'Amérique en Transylvanie
et à d'autres endroits.
La nourriture sous les selles des chevaux, des hordes sauvages
sont apparues à notre horizon à peu près chaque siècle. Ces
hordes-là ont trouvé dans nos contrées une civilisation ancienne
et infiniment plus valeureuse que leurs rudiments.
  Comme je ne suis pas historien, je ne vais pas me hasarder à
évoquer des données crédibles, établies au fil du temps.
L'histoire de l'hôte indésirable doit être toujours actualisée, car
celui qui te chasse de ta propre maison ne veut jamais se calmer!
L'histoire peut être facilement changée, surtout de nos temps,
lorsqu'on peut tout falsifier: des documents, des chartes jaunies
à la flamme d'une bougie, et tant d'autres choses. Ce qui ne peut
pas être contrefait c'est le fond immémorial: la langue, l'habit,
les habitudes. Ce n'est pas mon affaire de donner ici une leçon,
car tout est déjà prouvé, mais l'entêtement millénaire de
quelques-uns ne nous laisse pas de paix. Avec une persévérance
diabolique, à chaque génération apparaissent des contestataires
qui imaginent sans preuves un passé fardé.
Ces „Chers visiteurs", venus des steppes de l'Asie sur des carcanas,
s'installent donc ici sans nous demander l'accord. Après quelque
temps, ils deviennent des autochtones, pour les nommer ainsi. Le
Roumain accepte le voisin qui, peu après, lui vole la terre,
s'empare de sa femme et oblige son enfant d'apprendre une langue
moche. Les millénaires ne comptent plus, rien d'ailleurs ne compte
plus. La bêche enfoncée dans la terre du Roumain, l'hôte abusif
  déclare qu'il se trouve ici depuis toujours. Et puisque les
documents de propriété sont une invention récente et peuvent être
falsifiés, le sentimental indigène est un peu mis à la porte.
L'hôte indésirable qui parle la langue des chevaux exige que notre

Roumain s'exprime de la même façon. Que veux-je dire? Stupidement généreux, l'indigène feint de ne pas se rendre compte que son voisin, à peine descendu des steppes lointaines, a envie de sa femme, de sa terre, de sa fortune. Et si le brave homme prend la bêche et frappe son envahisseur, celui-ci va protester à la Société des Nations. Il y apporte des preuves, des sceaux, démontrant que, depuis que sa mère l'a mis au monde, lui et les siens ont élevé ici des cochons et des vaches et que c'est à lui que revient cette terre convoitée. Ce n'est pas leur mépris vis-à-vis de nous qui m'indigne, mais leur persévérance d'hôtes sans histoire, sans civilisation, une cohue venue du fond de l'enfer afin de rendre notre vie amère, dans notre propre maison. Comme nous ne sommes pas xénophobes, au lieu de cesser de discuter avec ces visiteurs, nous nous faisons seuls du mal, en nous laissant traîner dans des procès interminables ou dans des compromis qui, en fin de compte, ne nous regardent pas. Ni les tas de documents historiques, ni les repères géographiques, ni la langue ne disent rien à ces gens. Ils battent nos oreilles en soutenant que, depuis qu'ils étaient sortis du ventre maternel, c'est ici qu'ils ont vécu et qu'il est impossible qu'une autre nation ait été souveraine de ces terres. A bas nos vestiges de Rome, à bas notre histoire si riche en preuves, à bas la langue latine! En Transylvanie, le Hongrois trayait les vaches même avant Jésus. Leurs droits sur ces contrées sont, par conséquent, inaliénables. Si vous ne le saviez pas, Adam et Eve disaient „Ighen" et „Ciocolom"! Chers visiteurs, chers visiteurs, mais restez au diable chez vous, car, un beau jour, vous ne trouverez même plus votre adresse et cela n'est pas du tout bien!
(Eugen BARBU, *România Mare* („La Grande Roumanie"), no. 40, 1. Traduction linéaire, afin de conserver le mieux possible l'identité linguistique, sémantique et stylistique de l'original)

Bibliographie sélective

Sorin ANTOHI, Limba, discurs, societate: proba limbii de lemn, étude introductive, in: Françoise THOM, Limba de lemn, București 1993 (voir ci-dessous).
Valeria GUȚU ROMALO, Le statut fonctionnel de la langue de bois, in: *Journal of the American Romanian Academy of Arts and Sciences*, Nr. 16–17/1992, 190–199.
Carmen PINEIRA et Maurice TOURNIER, De quel bois se chauffe-t-on? Origines et contextes de l'expression „langue de bois",in: *Mots/Langues de bois?*, Nr. 21/1989, 5–19.
Patrick SERIOT, Langue de bois, langue de l'autre et langue de soi. La quête du parler vrai en Europe socialiste dans les années 1980, in: *Mots/Langues de bois?*, Nr. 21/1989, 50–65.
Françoise THOM, La langue de bois, Juillard, Paris 1987.
Rodica ZAFIU, La variante roumaine de la langue de bois – esquisse diachronique, in: *Journal of the American Romanian Academy of Arts and Sciences*, Nr. 16–17/1992, 210–219.

Kategorisierung und Diskriminierung. Antisemitismus als Gruppensprache
Monika Kovács

Die dem Systemwechsel folgenden politisch-ideologischen Veränderungen brachten das vorerst verhaltene, später schon offene Erscheinen antisemitischer Haltungen mit sich. Das Erscheinen des offenen Antisemitismus wurde durch den „gemäßigten", das heißt den versteckten Antisemitismus vorbereitet, und zwar derart, daß er in der Öffentlichkeit schrittweise jenes Tabusystem auflöste, welches das Ventilieren antisemitischer Ansichten illegitim und daher unmöglich gemacht hatte.

Die Ursachen für die Herausbildung dieses Tabusystems sind in den soziologischen Folgen des ungarischen Holocaust zu suchen (zur Assimilation siehe Karády 1985, Kovács A. 1988, Gerô 1992). Das traditionsverbundene, wenig assimilierte ländliche Judentum wurde in den Konzentrationslagern ermordet. Auch in der Hauptstadt hatten die Assimiliertesten die größten Überlebenschancen. Nach dem Holocaust gab es für diese assimilierte Schicht weder sprachlich noch konfessionell noch kulturell einen Rückweg zu einer Existenz als „jüdische Minderheit"[1], obwohl die erlebten Verfolgungen natürlich auch den Erfolg der Assimilationanstrengungen in Frage stellten (Kovács A. 1985). Das Wir-Gefühl der Überlebenden wurde so durch das gemeinsame Erlebnis der Bedrohung und Angst bestimmt, was an sich wiederum keine Basis für eine positive Selbstdefinition ermöglichte. Die jüdische Abstammung wurde in der Öffentlichkeit zu einem Tabu, was durch die Gleichheitsfiktion der offiziellen Ideologie noch verstärkt wurde (siehe Karády 1992).

Die Tabuisierung des Judentums war auch im „Interesse" jener, die zum Holocaust des ungarischen Judentums beigetragen hatten, da dadurch auch die Frage der Verantwortung nach 1948 im gesellschaftlichen Leben Ungarns keine Öffentlichkeit erfuhr. Der Grundpfeiler des sich auf das Judentum beziehenden Tabusystems war jener umgangssprachlich fixierte Status quo, daß es sich einfach nicht gehört, jemanden „als Juden zu beschimpfen". Als „Juden beschimpfen" kann man nur jemanden, der über keine positive – und bekennende – jüdische Identität verfügt. Einen Rabbiner „als Juden zu

beschimpfen" ist sinnlos. In der „Beschimpfung als Jude" wird, auf der Basis der Abstammung, das Ungarntum der betroffenen Person in Frage gestellt.
In den achtziger Jahren zerfiel dieses Tabu. Einerseits begannen mehr und mehr Wissenschaftler zur Geschichte, Soziologie und Psychologie des ungarischen Judentums zu arbeiten. Andererseits begann man in kleinen Zirkeln, die Möglichkeit eines Bekenntnisses jüdischer Identität zu diskutieren (zum Unterschied zwischen ethnischer Identität und Minderheitenidentität siehe Kovács A. 1992). Zum endgültigen Verschwinden des Tabus führten schließlich die hochkommenden antisemitischen Äußerungen nach dem Systemwechsel. Die Reaktion Péter Esterházys auf den Artikel von Csoóri ist ein Zeichen der Aufsagung dieses Tabus: „Für mich ist das einfach ‚zsidózás' (Judenschimpfen). Und es kann auf der Welt nicht so viele vermeintliche oder wirkliche schurkische Juden geben, als daß so etwas geschehen dürfe."[2]

Der Bruch des Tabus erscheint in zwei Kontexten. Einerseits in einem toleranten Kontext, in dem das Feststellen der jüdischen Herkunft einer Person nicht als Abwertung, sondern als Akzeptanz eines spezifischen Zuges der persönlichen Identität, im Sinne ihres persönlichen „Andersseins", erfolgt. Dieses „Anderssein" ist eines unter denen, die die Menschen auf vielfältige Weise voneinander unterscheiden. In diesem Kontext zieht die jüdische Abstammung das Ungarntum einer Person nicht in Zweifel, sondern dieses bildet vielmehr den „gemeinsamen Nenner" vieler Arten von Ungarn. Diese Situation können wir in der Formel definieren: Ungar + Anderer. Im antisemitischen Kontext hingegen zieht die jüdische Abstammung einer Person deren Ungarntum sehr wohl in Zweifel. Diese Konstellation findet in die gegenüberstellende Formel: „Ungar – Jude" Eingang und bringt zum Ausdruck, daß die betreffende Person sich aufgrund ihres Judentums vom Ungarntum unterscheidet. In diesem Kontext erscheint die „vollkommene" Assimilierung als unmögliches Anliegen, stellt die der ungarischen Juden in Frage, und kann auf diese Art zu einer Quelle von Diskriminierungen werden. Nach meiner Hypothese kommt in diesem Kontext die Absicht zu unterscheiden auch in den sprachlichen Mitteln zum Ausdruck. Durch Dichotomisierung entstehen die sich gegenüberstehenden Kategorien „Ungarntum" und „Judentum".

Die implizierte Bedeutung

In meinem Beitrag werde ich mich mit der argumentativen Strategie der Dichotomisierung und Diskriminierung beschäftigen, sowie mit der Frage, wie in der öffentlichen Diskussion antisemitisch unterlegte Äußerungen dekodiert werden.

In der Beschäftigung mit Fragen des Antisemitismus in der ungarischen Öffentlichkeit können wir häufig feststellen, daß Argumentieren unmöglich wird. Dies hat natürlich sowohl gefühlsmäßige als auch politische Gründe, meines Dafürhaltens jedoch ist dabei der kodierte Charakter antisemitischer Kommunikation von ebenso großer Bedeutung. Das frühere Tabusystem hat jene Sprache geschaffen, die die Formulierung antisemitischer Botschaften zuläßt und gleichzeitig die Verleugnung von deren antisemitischer Absicht ermöglicht.

Die antisemitischen Inhalte werden außerdem über Implikationen und Konnotationen transportiert. Der Verschleierung der persönlichen Verantwortung dient auch, daß der antisemitische Inhalt oft im Gewand historischer Texte erscheint, gibt doch der „Historiker" lediglich „Fakten" wieder, ist er doch für „die Geschichte" nicht verantwortlich. In einer Analyse von Texten aus der letzten Wahlkampagne hat István Síklaki aufgezeigt, daß sich der Stil der Texte, je nachdem inwieweit der Sprecher für den Inhalt der Äußerungen Verantwortung übernimmt, wesentlich unterscheidet. Er beschreibt folgende Mechanismen der verschleierten oder begrenzten Verantwortungsübernahme:
a) Die allgemeine Aussage (undefiniertes Subjekt, der Sprecher schreibt die Behauptung überhaupt niemandem zu, häufige Verwendung des Hilfszeitwortes „müssen"),
b) die Aussage wird jemand anderem, der den Sprecher nicht beauftragt hat, zugeschrieben (zum Beispiel dem ungarischen Volk),
c) vage Zuschreibung (zum Beispiel „nicht wenige") und ähnliches (Síklaki 1992).
In ähnlicher Weise dienen, meiner Meinung nach, die in den antisemitisch unterlegten Texten geführte Diskussion um geschichtliche „Fakten" und die im weiteren Verlauf dieser Studie behandelte Wir-Sprache der Verschleierung von Verantwortung.

Die traditionelle strukturale Herangehensweise an sprachliche Produkte analysiert weder Implikationen und Konnotationen, diese werden vielmehr als außerhalb jeglichen Textes stehende Phänomene behandelt. Wenn wir hingegen Texte des politischen und öffentlichen Diskurses untersuchen, können wir, ohne die „zwischen den Zeilen" verborgenen Informationen zu berücksichtigen, die Rezeption der Zuhörer nicht rekonstruieren. Ausgehend von der Sprechakt-Theorie haben Van Dijk und Kintsch (Van Dijk, Kintsch 1983) ein komplexes Modell der Produktion von Sprechakten ausgearbeitet, in welchem das Verstehen nicht einem einfachen reproduktiven Ablauf entspricht, sondern vielmehr einem fundamental bedeutungsgebenden und konstruierenden Prozeß. Jenen Faktor, der sich auf die Absichten und Motive der kommunizierenden Teile bezieht, bezeichnen sie als pragmatische Annahme. Ihrer Meinung nach gehört dazu auch eine möglichst genaue Dekodierung der Absichten. Im Zuge der Bedeutungsschöpfung rechnet der Sprecher sowohl mit der Kommunikation als auch mit einem gemeinsamen Wissenshintergrund, den der Zuhörer in bezug auf das Thema mit dem Sprecher teilt. Er setzt voraus, daß der Zuhörer bezüglich des Themas über gewisse Meinungen und Haltungen verfügt und daß sein semantisches Gedächtnis jenen Kontext beinhaltet, auf den sich der Text bezieht. Aus dem semantischen Gedächtnis kann auch jenes weltbezogene Wissen aufgerufen werden, welches man ebenso als Kultur bezeichnen kann. Unter diesen kulturellen Inhalten sind in erster Linie aus der Kollektivität stammende, gemeinsame Haltungen zu verstehen, welche den Mitgliedern einer Kultur bekannt sind, auch wenn diese nicht von allen gleichermaßen Akzeptanz erfahren. (Duijker 1959, Pléh 1983)

Für die Kommunikation antisemitischer Inhalte ist charakteristisch, daß sie die sich aus dem Sprachgebrauch ergebenden Mechanismen ausnützt, sich auf kulturell bekannte Haltungen bezieht und gleichzeitig mit den Annahmen der Zuhörer rechnet. Gleichzeitig aber bestreitet sie jegliche Verantwortung für die durch den Sprecher getätigte Aussage und deren implizierte Bedeutung und wälzt diese auf den Zuhörer in seiner Rolle als Dekodierender ab. Harder und Kock beschreiben jene Kommunikation, im Zuge derer der Sprecher mit dem Vorhandensein von Vorannahmen der Zuhörer rechnet und diese ausnützt (ungeachtet der Tatsache, ob diese vom Zuhörer als wahr akzeptiert werden), als den sprachlichen Mechanismus der Manipulation. (Harder und Kock 1976) Der Zuhörer ist hierbei bereits schon durch den Umstand des Verstehens als auch durch das Erkennen eines verschlüsselten Antisemitismus zu einer Art von Komplizentum gezwungen. Das vermehrte Erscheinen verschlüsselter antisemitischer Inhalte bereitet deren Verstehen vor und aktiviert Vorurteile: die früher nur suggerierte implizite Bedeutung wird derart zur expliziten Aussage.

Die sprachwissenschaftliche und logische Literatur (zu den „Vorannahmen" siehe Kiefer 1980, 1983) unterscheidet drei Formen der impliziten Bedeutungen: Unter Präsupposition versteht man in der Literatur jene nicht offen geäußerten Aussagen, die der Sprecher beim Zuhörer als bekannt annimmt. Die Präsuppositionen sind ohne Kenntnis des Kontextes mittels grammatischer und logischer Hilfsmittel aus dem Satz ableitbar, weil die Struktur der Syntax und bestimmte modifizierende Elemente Hinweise auf das Vorhandensein von Vorannahmen geben. (Quasthoff 1973) In einem Satz wie „... und jetzt, da auf den Sesseln der Minister und anderer Führer nicht mehr nur Juden sitzen ..."[3] impliziert das „nicht mehr nur", beispielsweise sowohl die Annahme, daß bis jetzt nur Juden in führenden Positionen gewesen wären, als auch den Hinweis, daß ein Teil der heutigen Führungspersönlichkeiten ebenfalls Juden seien. Die Präsuppositionen sind insofern nicht zu bestreiten, als sich durch die Widerlegung der Aussage nichts an dem Vorhandensein der Präsupposition ändern würde.

Der zweite Typus implizierter Bedeutungen läßt sich über die Kenntnis des Kontextes ableiten: Es handelt sich hierbei um die Sprechakt-Bedeutung, die an die semantische Struktur geknüpft ist, und deren Aufnahme einem Verstehen der Sprecherabsicht gleichkommt. (So kann zum Beispiel der Satz: „Wohin gehst du?" als Frage, Mißbilligung oder Verbot gedeutet werden.) Die Bedeutung des Sprechaktes ist nicht eindeutig festzulegen und kann daher bestritten werden.

Der dritte Typus bezieht sich auf suggerierte Bedeutungen, wie wir sie bereits im Modell von Van Dijk und Kintsch gesehen haben und deren Kodierung aufgrund pragmatischer Prinzipien erfolgt. Ein solches pragmatisches Prinzip stellt beispielsweise das gemeinsame Wissen der Kommunizierenden über die Kommunikation dar sowie das Wissen um die Vollständigkeit der mitgeteilten Information.(Kiefer 1980, 1983) Pragmatische Implikationen sind in jedem Fall negier- und abstreitbar.

In der kodierten antisemitischen Kommunikation kann der Zuhörer die Botschaft in Kenntnis des Kontextes im weiteren Sinne sowie durch das Einbeziehen pragmatischer Implikationen verstehen. Wenn er natürlich diese Implikationen gar nicht kennt, so kann er auch nicht verstehen, was der Sprecher „zwischen den Zeilen" suggeriert.

Implizierte Bedeutung in der Csoóri-Diskussion

Im folgenden werde ich anhand einer Podiumsdiskussion zeigen, wie der Kodierungs- und Dekodierungsablauf funktioniert. Im September 1990 publizierte S. Csoóri [4] unter dem Titel *Nappali Hold* (Tagesmond) einen Essay in der Zeitschrift *Hitel,* wodurch in der Folge der Antisemitismus für einige Zeit zum zentralen Thema in der öffentlichen Diskussion Ungarns wurde. In den dreizehn Antwortartikeln, die in Reaktion auf Csoóris Essay erschienen, wurden entweder wortwörtlich oder dem Inhalt nach folgende zwei Sätze wiedergegeben:

> Mit der Räterepublik, der Horthy-Epoche, insbesondere aber der Unheilsepoche (1944), hat die Möglichkeit des geistig-seelischen Zusammenwachsens aufgehört zu existieren... wie heutzutage immer deutlicher spürbar wird, zeigen sich Anstrengungen zu einer umgekehrten Assimilation im Land: das freidenkerische ungarische Judentum möchte das Ungarntum stilistisch als auch ideell „assimilieren". Zu diesem Zweck gelang es den Juden, ein parlamentarisches Sprungbrett zu zimmern, wie dies bisher noch nie möglich war.[5]

Die Autoren fanden also, daß das, was diese Sätze besagen, in einem solchem Ausmaß illegitim ist, daß sie in zitierter Form buchstäblich „für sich selbst sprechen". Csoóris Text verletzt zum einen offensichtlich den früheren Status quo, weil seine Darstellung nicht nur die Möglichkeit einer Assimilation der Juden ausschließt, sondern geradezu die Gefahr einer Bedrohung des „Ungarntums" durch das „Judentum" heraufbeschwört. Zum anderen hat der Csoóri-Text auch deshalb eine derartige Entrüstung hervorgerufen, weil der Autor erstens eine antisemitische Kategorisierung in einem politischen Kontext vornimmt, indem er in der Phrase „freidenkerisches ungarisches Judentum" Freidenkertum und jüdische Abstammung miteinander in Verbindung bringt, und schließlich, weil er letzteres in einen politischen Kontext stellt und in politischer Absicht veröffentlicht.

Die Dichotomisierung, also das Voneinander-Trennen und Gegenüberstellen von „Judentum" und „Ungarntum" beschränkt sich dabei nicht nur auf die oben angeführten, offen diskriminierenden Sätze, sondern diese stellen vielmehr eine grundlegende argumentative Strategie dar, die sowohl in Csoóris Artikel und in den für ihn Partei ergreifenden Reaktionen erscheint, als auch in der sprachlichen Struktur der Texte laufend zum Ausdruck kommt.

Pál Wald hat in einer Analyse eben dieser Presse-Diskussion aufgezeigt, daß den Texten der beiden Gruppen unterschiedliche Funktionen zukommen. Während dem Ungarntum mehrheitlich die Rolle des Objektes, das heißt des passiven und gefährdeten Teils zukommt, erscheint das „Judentum" in der Rolle des Subjekts und wird als aktiv, das heißt bedrohend dargestellt (Wald, Vortrag September 1992).

Ruth Wodak und ihre Mitarbeiter haben die in der österreichischen Presse einsetzende Diskussion um die Nazivergangenheit Kurt Waldheims anläßlich seiner Kandidatur für die Präsidentschaftswahlen mit qualitativen sprachwissenschaftlichen Methoden analysiert. So wie die Csoóri-Diskussion in Ungarn, bot die Waldheim-Diskussion in Österreich Gelegenheit, nach vierzig Jahren das Tabu zu brechen und antisemitische Äußerungen wieder in die öffentliche Diskussion einzubringen. Ruth Wodak zeigt auf, daß die grundlegende Argumentationsstrategie der Waldheim-Verteidiger ebenfalls über die Strategie einer dichotomisierenden Gruppendefinition, das heißt über die Gegenüberstellung einer „Wir-Gruppe" und einer Gruppe der „Anderen" verlief.

Die sprachlichen Mittel dieser Strategie zeigten sich in der Verwendung der Mehrzahl, dem Sprechen im Namen der Gruppe sowie in einer inhaltlichen Dichotomisierung (Wodak u. a. 1989). Es ist auffällig, daß auch in der Csoóri-Diskussion ähnliche sprachliche Strategien in Erscheinung traten.

Die wichtigsten Mittel der Dichotomisierung

Die Verwendung der ersten und dritten Person Mehrzahl stellt wohl die deutlichste Ausdrucksform der Dichotomisierung dar: „Es leben, warum sollten sie auch nicht, viele im Land, die die altewigen ungarischen Klagen nicht mehr hören wollen ... wobei deren Gründe aber noch immer nicht aus dem Kreis unserer ungelösten Probleme verschwunden sind."[6]

Die Dichotomie kann sich auf indirekte inhaltliche Zeichen stützen: „... das freidenkerische ungarische Judentum möchte das Ungarntum stilistisch und ideell assimilieren."[7]; „... die Mehrheit, die sich zu den als ‚volks-national' zu bezeichnenden Wertvorstellungen bekennt ... kann in der jüdischen Minderheit Angst und Aggression provozieren".[8]

Letztendlich führt die Dichotomisierung häufig zu verallgemeinernden Gruppenbezeichnung: „... die zwischen dem Ungarntum und dem Judentum zu entdeckenden möglichen Unterschiede ..."[9]; „... der Selbstverteidigungstrieb des Ungarntums ..."[10]

Durch verallgemeinernde Bezeichnungen soll dem Leser einerseits eine Existenz vor Augen geführt werden; andererseits wird versucht, ihn in einen bestimmten begrifflichen Rahmen zu zwängen. So wird auf der Ebene des Textes zu einer Tatsache, was vorher nicht explizit vorhanden war.

Bestimmte Strategien zielen auf die Erweckung einer Solidarität mit der „Wir-Gruppe". Die Akzeptanz der Dichotomisierung soll gefördert werden, indem man eine Solidarität mit der „Wir-Gruppe" zu wecken versucht. Als

Mittel dazu dient die Erzeugung eines Gefühls der Bedrohung: „... egal, wie oft das Wiedererstehen der abgewerteten Nation zur Sprache kam, immer gab es jemand, der ausrief: Achtung Antisemitismus!"[11]; „... gewisse Kreise des Judentums, die die wichtigen Positionen des staatlichen Lebens regieren, betreiben einen ungarnfeindlichen Kriegszug."[12]; „... die alles übertönende, lärmende Stimme der Minderheit (‚sein Gekrächze') infiziert und tötet den restlichen Glauben und Optimismus in den tatendurstigen Menschen."[13]

Ein anderes Mittel zur Aktivierung der Gruppensolidarität besteht in der Wahl einer Person, die zunächst eine ganze Gruppe symbolisch vertreten soll und deren Kritik in der Folge als Angriff auf die gesamte Gruppe gewertet wird.

... sie Csoóri-sieren ... sie haben das Land mit Lügen überzogen und viele in Schrecken versetzt, die sich siegessicher im Land umblickten: „Nun, laßt sehen, wer ist der Ungar, der auch jetzt noch nicht seine Augen niederschlägt, wenn wir jetzt den Ersten unter ihnen, ihren kleinen Heiland niederprügeln" ... wahrlich, ein Volk wurde geschändet auf Kosten des Volkes ... [er ist] einer unserer bedeutendsten Dichter und Denker ...[14]

Die Strategie der Brandmarkung der diskriminierten Gruppe

Die Abwertung anderer Gruppen dient der Aufwertung der eigenen Gruppe und somit der Stärkung des Zusammengehörigkeitsgefühls. Die Abwertung und Brandmarkung distanziert damit die durch die Dichotomisierung geschaffene „Außen-Gruppe" noch weiter von der „Wir-Gruppe". Eine Strategie der Stigmatisierung, die gleichzeitig auch als Rechtfertigung dient, ist das Vertauschen der Opfer- und Aggressorenrollen: „... damit in den Augen der Welt dem wehrlosen Ungarntum das Schandmal des Antisemitismus aufgebrannt werde. Das ist in der Tat eine ‚Ritualmord-Klage' und so verschwören sich Europas neue Juden gegen das Ungarntum."[15]

Hierbei ist zu beachten, daß der Autor die Bedeutung des Begriffes „Ritualmord" umkehrt und gleichzeitig die Konnotation des Ausdruckes in den Text einbringt. Er versucht, das durch den Antisemitismus hervorgerufene Schuldbewußtsein auf die Juden zu übertragen.

Eine weitere Strategie der Brandmarkung besteht in der Verschmelzung der Kategorien „Jude" und „Kommunist": „... die Träger der bolschewistischen Ideale, inbesondere ihre Funktionäre seit 1919, kamen in unserer Heimat in überwiegendem Ausmaß aus dem Judentum."[16]; „Wir können nicht abstreiten, daß Ende der vierziger, Anfang der fünfziger Jahre, es [das Judentum] sich verständlicherweise in der Masse eher in Richtung Marxismus und zur kommunistischen Ideologie hin assimilierte als zum Geist der bodenständigen Nation".[17]

Diese Argumentation ist entstellt und verdreht, jedoch aus der Perspektive des angestrebten Zieles entspringt sie einer funktionellen Kategorie: ein typischer Vertreter der Kategorie „Judentum" ist der Kommunist, ein typischer Vertreter des „Ungarntums" der Antikommunist. Wir haben hier ein typisches Beispiel des Mechanismus der Sündenbock-Schaffung vor uns.

Ebenfalls mit dem Ziel der Brandmarkung tauchen die als obskur zu bezeichenden antisemitischen Postulate auf: der Machthunger und die Unersättlichkeit der Juden, der Vorwurf des Zusammenhaltens der Juden und der Vorwurf des Internationalismus-Kosmopolitismus: „... im Stillen streben sie die Judeokratie an, laut wird aber jedermann als Antisemit beschimpft, der gegen ihr eigenmächtiges Vorgehen die Stimme zu erheben wagt."[18]; „... das internationale jüdische Selbstbewußtsein besitzt eine rückwirkende Kraft, welches bei jenen eine die Heimat ersetzende Rolle übernommen hat, die kein einziges Land als ihre Heimat empfinden."[19]; „... in den Genen des Judentums findet sich der gleiche Internationalismus."[20]; „... wir verzichten ... auf den gelben Kosmopolitismus."[21]; „... nach dem jüdischen Hochmut folgt die jüdische Empfindlichkeit."[22]

Die Relativierung des Holocaust

Jene, die die Grausamkeiten des Holocaust bagatellisieren und relativieren, versuchen damit, einen Abbau jener Spannungen herbeizuführen, die durch den Kontrast zwischen dem Holocaust und dem Ventilieren antisemitischer Ansichten entstehen. Ein Mittel dieses Spannungsabbaus ist die sprachliche Banalisierung, die in der Verwendung von Euphemismen zum Ausdruck kommt: „In unserer heimischen Filmproduktion findet dieses Thema jährlich mindestens einmal Eingang. Wöchentlich erscheint ein Buch zu diesem Themenkreis."[23]

Die in den obigen Sätzen verwendeten Ausdrücke „Thema" und „Themenkreis" ersetzen den Begriff „Holocaust" und haben zum Ziel, jene Spannungen abzubauen, die durch die Tragödie des Holocaust ausgelöst wurden. Sie bringen die Ansicht einiger zum Ausdruck, nach der man sich „zu viel" daran erinnern würde.

Ähnliches bezweckt das Hinwegdiskutieren der „Einzigartigkeit" des Holocaust oder das Beharren auf der nicht feststellbaren Zahl der Opfer: „... zur Periode des Untergangs des Judentums gesellen sich noch andere Höllen des zwanzigsten Jahrhunderts."[24]; „... die aus den Mischehen stammenden Halbjuden, Viertel- oder Dreivierteljuden machen eine genaue Zählung sowie statistische Erfassung der Opfer der Judenverfolgung von vornherein unmöglich."[25]

Die Dekodierung antisemitischer Botschaften

Die Autoren, die auf Csoóris Essay antworteten, haben die oben erwähnten Strategien nicht nur dekodiert, sondern sie haben die Botschaften auch beim Namen genannt, da sie sie für illegitim halten. Die Absichten der Dichotomisierung erkennend, haben sie diese zurückgewiesen: „... wir müssen jenen als Antisemiten brandmarken, der auf der Basis egal welcher angeblich bekannter Tatsachen selbst bestimmen will, wer in seiner Umgebung Ungar und wer Jude sei, und der dieses Urteil auch dem Andern aufzwingen will, noch dazu in einer Art und Weise, daß er dadurch seine als Juden bewerteten Mitbürger aus der Gemeinschaft des Ungarntums ausgrenzt."[26]; „... ‚Judentum': so etwas existiert – abgesehen vom statistischen Begriffswörterbuch – natürlich nicht, ... ich dulde es nicht, daß man mich nach den Gefängnisjahrzehnten des Totalitarismus als dem ‚Judentum' zugehörig definiert, egal ob das von seiten der Juden oder von Nichtjuden festgestellt wird."[27] Imre Kertész weist in obigen Sätzen die Tabuverletzung in beiderlei Kontexten zurück.

Die Autoren, die auf Csoóris Essay reagiert haben, erkannten auch, daß das eigentliche Ziel dieser Argumentation in einer Konfrontation liegt, die das Gefühl der Bedrohung wecken soll: „Hältst du die Opposition für jüdisch und gleichzeitig im Hinblick auf das Ungarntum für eine Gefahr? Weißt du nicht, daß in der parlamentarischen Demokratie die Opposition ein Gegner ist und nicht ein Feind?"[28]

Weiters wehrten sich die Autoren gegen die Absicht der inhaltlichen Dichotomisierung, wie sie beispielsweise in der Verschmelzung der beiden Kategorien „jüdisch" und „liberal" zum Ausdruck kommt: „Darf sich S. Csoóri so weit gehen lassen, daß er die gegnerische Partei als eine im wesentlichen ‚jüdische Partei' brandmarkt?"[29]; „Sieht er vielleicht, aus seiner Wagenburg hinausblinzelnd, daß der Liberalismus nicht jüdisch und nicht jeder jüdische Denker liberal ist?"[30]

Die Autoren erkennen sehr wohl jene Strategie, durch welche die Person Csoóris zu einem Symbol erhoben wird und seine Weltanschauung legiti-

miert werden soll: „Von wem wurde Csoóri denn ermächtigt, daß er mit solch unfehlbarer Selbstsicherheit im Namen des Ungarntums spricht?"[31]
Und die Kritiker erkennen die auf eine Umkehr der Agressor- und Opferrolle abzielende Strategie: „Meiner Meinung nach ist es empörend, wenn jemand auf der Basis von Auschwitz einen Keil zwischen Ungarn und Ungarn treiben möchte."[32]; „Das heißt also, daß nun die Überlebenden im Tausche gegen Auschwitz als Buße für die Höllenfahrt schon die Last der ewigen Exkommunikation drückt."[33]

Von der Kommunikation zur Diskriminierung

Im Jahre 1990 herrschte in der Gesellschaft noch weitgehender Konsens darüber, daß die Äußerung antisemitischer Ansichten illegitim sei. Dieser Konsens wurde auch durch jenes allgemein akzeptierte und radikal assimilatorische Prinzip verstärkt, nach dem derjenige, welcher sich zum Ungarntum bekenne, auch Ungar sei[34] und demzufolge die „Judenfrage" nicht existiere. Nach dem Systemwechsel brach das Schweigen rund um die mit dem Judentum verbundenen Fragen auf, und in den einsetzenden „Diskussionen" gelangten antisemitische Meinungen vermehrt an die Öffentlichkeit. Diese Entwicklung ging wahrscheinlich deshalb so rasant vor sich, da der Antisemitismus relativ früh auch auf politischer Ebene in Erscheinung trat.

Die über die antisemitischen Inhalte geführten „Diskussionen", wie eben auch die „Csoóri-Diskussion", sind deswegen hoffnungslos, weil sich das Denken der sich gegenüberstehenden Parteien nicht innerhalb identer Bezugssysteme vollzieht. Diejenigen Personen, die anti-jüdische Ansichten mehr oder minder akzeptieren und andere manipulieren wollen, halten zugleich mit dem gesellschaftlichen Konsens den Antisemitismus persönlich für illegitim. Ihr Ziel ist sowohl die Akzeptanz ihrer Ansichten als auch die Aufhebung des Konsens. Daher ist das ständige Wachhalten des Themas in ihrem Interesse, wodurch sich Gelegenheiten zur Veränderung der Grenzen dieser Legitimität ergeben könnten.

In den vergangenen Jahren zielte ihre Strategie in erster Linie darauf ab, eine „Judenfrage" zu konstruieren und ihre Ansichten zu legitimieren, was unter anderem dadurch geschah, daß sie den antisemitischen und damit illegitimen Charakter ihrer Ansichten bestritten. Die Gegenseite hat sich unterdessen einerseits auf den gesellschaftlichen Konsens bezüglich antisemitischer Haltungen geeinigt und ließ sich andererseits auf „Diskussionen" über dekodierte Behauptungen ein. So entstand die oben erwähnte „Kommunikation": Während die antisemitischen Inhalte in der Form argumentativer Strategien, durch die Absonderung der zwei Gruppen, der Verwendung der „Wir-Sprache" sowie durch implizierte Behauptungen erschienen, wurden die oben genannten Strategien von den Gegnern nicht nur dekodiert und beschrieben, sondern sie versuchten auch, die antisemitischen Unterstellungen zu entkräften.

Die bisherigen umfangreicheren sozialpsychologischen Untersuchungen (siehe Adorno u. a. 1950; Rokeach und Restle 1960; Harvey 1967; Karlins u. a. 1969; Hamilton und Rose 1980 usw.) beweisen, daß Vorurteile durch eine rationale Argumentation nicht zum Verschwinden gebracht werden und daß vorurteilsbehaftete Personen häufig von den ihren Ansichten widersprechenden Argumentationsstrukturen nicht erreicht werden. Die mit der Absicht der „Aussprache" geführte „Diskussion" führt also nur zur Aufrechterhaltung des Themas, während der Konsens über die Illegitimität des Antisemitismus mehr und mehr erlischt. Daraus ergibt sich ein provokativer Standpunkt, der besagt, daß das Tabu der Thematisierung des Antisemitismus trotz aller Verlogenheit nützlicher erschiene als diese Form der „Aussprache".

Aus dem Ungarischen übersetzt von G. Baumgartner

Anmerkungen

1 Diese assimilierte, bürgerliche Schicht wurde einen Monat vor der Annahme der Judengesetze durch das Parlament von Béla ZSOLT folgendermaßen definiert: „Das Gesetz kann das Judentum all unserer bürgerlichen Rechte berauben, seiner wirtschaftlichen Bedeutung und seiner Arbeitsplätze, doch nicht von seinem Zusammengehörigkeitsgefühl mit den ungarischen Massen und den ungarischen Staatsprinzipien, der ungarischen Sprache und seiner Bildung." Béla ZSOLT, Was man nicht nehmen kann!, in: *Ujság*, 18. März 1938, Reprint in: BOZÓKI A.(ed.), A végzetes toll (Die fatale Feder), Budapest 1992, 197.

2 Péter ESTERHÁZY, Kedves Hitel-olvasó (Lieber *Hitel*-Leser), in: *Hitel* 21/1990, 17.

3 István BENEDEK, Nemzetiség és kisebbség (Nationalität und Minderheit), in: *Hitel* 24/1990, 36.

4 Sándor CSOÓRI, renommierter Dichter und Essayist, der Doyen der Schriftstellergruppe der sog. Volkstümler. In der späteren Kádár-Zeit Führer der sog. *Nationalen Opposition*. Nach der Gründung der *Magyar Demokrata Fórum* (Ungarisches Demokratenforum), der Partei, die die Wahlen 1990 gewonnen hat, stellvertretender Vorsitzender der Partei.

5 Sándor CSOÓRI, Nappali Hold (Tagesmond), in: *Hitel*, 5. 9. 1990, 6.
6 Ebenda.
7 Ebenda. Diese Kategorisierung ist eine Wiederbelebung der „*mély magyar*" – „*jött magyar*" („tiefer Ungar" – „zugereister Ungar") von László NÉMETH. NÉMETH war ein berühmter Schriftsteller und prominenter Vertreter des kulturellen Antisemitismus zwischen den zwei Weltkriegen.
8 György V. DOMOKOS, Hol vagytok? (Wo seid ihr?), in: *Hitel* 20/1990, 20.
9 Sándor CSOÓRI, A mélypont (Der Tiefpunkt), in: *Magyar Nemzet*, 6. 10. 1990, 11.
10 Ebenda.
11 Dénes CSENGEY, Búcsú az ördögtôl (2) (Abschied vom Teufel), in: *Magyar Hírlap*, 31. 10. 1990, 5.
12 János FODOR, Kirekesztés vagy kirekesztôdés (Ein Ausschließen oder ein Sich-Ausschließen), in: *Magyar Nemzet*, 11. 11. 1990, Leserbrief.
13 Siehe Anmerkung 7, 21.
14 Dénes CSENGEY, Búcsú az ördögtöl (1) (Abschied von Teufel), in: *Magyar Hírlap*, 30. 10. 1990, 5.
15 Ernö Endrödi SZABÓ, Cui prodest?, in: *Hitel*, 24/1990, 14.
16 Rezsö DÖNDÖ, Holocaust és genocídium (Holocaust und Genozid), in: *Magyar Nemzet*, 15. 10. 1990 (Leserbrief).
17 Siehe Anmerkung 8, 11.
18 Siehe Anmerkung 3.
19 Ebenda.
20 Siehe Anmerkung 15.
21 Ebenda.
22 Siehe Anmerkung 3, 35.
23 Siehe Anmerkung 15.
24 Siehe Anmerkung 8.
25 Siehe Anmerkung 3, 35.
26 Gábor MIHÁLYI, Te is fiam, Brutus? (Auch du mein Sohn, Brutus?), in: *Magyar Hírlap*, 22. 9. 1990, 4.
27 Imre KERTÉSZ, Nem türöm, hogy kirekesszenek (Ich dulde nicht, daß man mich aussondere), in: *Magyar Hírlap*, 25. 9. 1990.
28 Akos KERTÉSZ, Hagyjuk már abba! (Hören wir endlich auf!), in: *Magyar Nemzet*, 29. 9. 1990.
29 Siehe Anmerkung 25.
30 András LÁNYI, A zsidó áfium ellen való orvosság (Eine Medizin gegen des jüdische Opium), in: *Hitel* 22/1990, 17.
31 Siehe Anmerkung 26.
32 Siehe Anmerkung 25.
33 Siehe Anmerkung 27.
34 In der 1983 von György CSEPELI durchgeführten Untersuchung über das Nationalbewußtsein haben 85% der Angehörigen von Intelligenzberufen auf die Frage „Wen sollen wir für einen Ungarn halten?" geantwortet, daß darunter alle zu verstehen seien, die sich als solche bekennen. (CSEPELI 1992, 137)

Literatur

ADORNO, Th. W./FRENKEL-BRUNSWIK, E./LEVINSON, D. J./SANFORD, R. N., The Authoritarian Personality, New York 1950.
CSEPELI, Gy., Nemzet által homályosan (Die trübe Nation), Századvég, Budapest 1992.
VAN DIJK, T. A./KINTSCH, W., Toward a model of strategic discourse processing, in: Strategies of discourse comprehension, New York, Academic Press 1983.
DUIJKER, H. C. J., Les attitudes et les relations interpersonelles, in: Les attitudes. Symposium de l'Association de la psychologie scientifique de langue francaise, Bordeaux 1959, P. U. F. 1961.
GERÖ, A., Liberálisok, antiszemiták és zsidók a modern Magyarország születésekor (Liberale, Antisemiten und Juden zur Zeit der Geburtes des modernen Ungarn), in: KOVÁCS, M. M. u. a. (Hg.), Zsidóság, identitás, történelem, T-Twins, Budapest 1992.
HAMILTON, D. L./ROSE, T. L., Illusory correlation and maintenance of stereotypic beliefs, in: Journal of Personality and Social Psychology, 39, 5.
HARDER, P./KOCK, C., The theory of presupposition failure, in: The theory of presupposition failure, Akademisk Forlag, Copenhagen 1976.
HARVEY, O. J., Conceptual systems and attitude change, in: SHERIF and SHERIF (Hg.), Attitude, Ego-Involvment and Change, John Wiley and Sons Inc., New York 1967.
KARADY, V., Les conversions des Juifs de Budapest après 1945, in: Actes de la Recherche en Sciences Sociales, No. 56, Mars 1985, Paris.
KARADY, V., A Shoah, a rendszerváltás és a zsidó azonosságtudat válsága Magyarországon (Die Shoa, der Zusammenbruch des Kommunismus und die Krise des jüdischen Identitätsbewußtseins in Ungarn), in: KOVÁCS, M. M. u. a. (Hg.), Zsidóság, identitás, történelem, T-Twins, Budapest 1992.
KARLINS, M. /COFFMAN, T. L. /WALTERS, G., On the Fading of Social Stereotypes: Studies in Three Generations of College Students, in: Journal of Personality and Social Psychology, 13, 1, 1969.
KIEFER, F., A nyelvi jelentés két fajtája: az implicit és explicit jelentés (Megjegyzések a hiedelem nyelvi kifejezőeszközeihez) (Zwei Arten der linguistischen Bedeutung: die implizite und explizite Bedeutung.), in: FRANK u. a. (Hg.), Hiedelemrendszer és társadalmi tudat, T. K. Budapest 1980.
KIEFER, F., Az elöfeltevések elmélete (Die Theorie der Implikationen), Akadémiai Kiadó, Budapest 1983.
KOVÁCS, A., The Jewish Question in Contemporary Hungary, in: R. L. BRAHAM, B. VAGO (Hg.), The Holocaust in Hungary forty years later, Columbia U. Press 1985.
KOVÁCS, A., Das Dilemma der Assimilation – zur Genese der Identität ungarischer Juden, in: „Und raus bist Du!" Ethnische Minderheiten in der Politik, hrsg. v. R. BAUBÖCK u. a., Verlag für Gesellschaftskritik, Wien 1988.
KOVÁCS, A., Identitás és etnicitás. Zsidó identitásproblémák a háború utáni Magyarországon (Identität und Ethnizität), in: KOVÁCS, M. M. u. a. (Hg.), Zsidóság, identitás, történelem, T-Twins, Budapest 1992.
PLÉH, Cs., Szemantikai emlékezet, ismeret, hiedelem (Semantische Erinnerung, Wissen, Glaube), in: FRANK, T. u. a. (Hg.), Hiedelemrendszer és társadalmi tudat, TK, Budapest 1980.

QUASTHOFF, U., Theoretische Vorüberlegungen zur linguistischen Beschreibung von Stereotypen, in: Soziales Vorurteil und Kommunikation – Eine sprachwissenschaftliche Analyse des Stereotyps, Frankfurt/Main, 1973.

ROKEACH, M./RESTLE, F., A fundamental distinction between Open and Closed Systems, in: ROKEACH, M (Hg.), The Open and Closed Mind, Basic Books, New York 1960.

SÍKLAKI, I., A felelösségvállalás stilisztikai mintázatai. Az 1990-es magyarországi választások politikai kampányszövegeinek elemzése (Stilistische Muster der Verantwortung), Budapest 1992, Manuskript.

WALD, P., Vortrag an der Tagung der Ungarischen Psychologischen Gesellschaft, Budapest, September 1992.

WODAK, R. u. a., Wir sind alle unschuldige Täter (Endbericht Projekt „Sprache und Vorurteil") Wien 1989.

Streit über AIDS:
Wer herrscht im moralischen Diskurs in Polen[1]
Marek Czyżewski/Andrzej Piotrowski

1. Einführung

Anfang Dezember 1991, aus Anlaß des „AIDS-Welttages", hat das polnische Fernsehen eine Diskussion zwischen einem damals prominenten nationalkatholischen Abgeordneten und dem einflußreichsten polnischen AIDS-Therapeuten veranstaltet. Diese Diskussion fand im Rahmen der bekannten TV-Sendung „Ohne Anästhesie" (im 2. Programm des polnischen Fernsehens) statt und wurde von derem Redakteur moderiert. Die Sendung dauerte, wie üblich, 20 Minuten. Eben dieses Gespräch wurde zum Gegenstand unserer Untersuchung.

Die Untersuchung läßt sich als gesprächsanalytische Einzelfallstudie charakterisieren: die Materialien der Untersuchung waren die Videoaufnahme der oben genannten Fernsehdiskussion und das genaue Transkript des Gesprächs, das mit dem Transkriptionssystem von Gail Jefferson angefertigt wurde. Die Methodologie der Untersuchung war einerseits von der Konversationsanalyse und andererseits von der Interaktionsanalyse Goffmanscher Prägung inspiriert, wobei wir unseren eigenen methodischen Zugang auf die spezifische Eigenschaften des untersuchten Gesprächs zugeschnitten haben.
a) Zunächst haben wir den sequentiellen Ablauf des Gesprächs Schritt für Schritt beschrieben (dieser Teil der Untersuchung kann hier aus Platzgründen nicht präsentiert werden).
b) Dann wurden die für den Ablauf des Gesprächs signifikanten Gesprächsstrukturen (unter anderen, unterschiedliche Formate der Übereinstimmung und Nicht-Übereinstimmung), ihre interaktive Einbettung und ihre Verteilung unter den Gesprächspartnern (zum Beispiel, wer, in welchem interaktivem Kontext und zu welchem Thema „nein", „ja", bzw. „ja, aber" sagt) rekonstruiert.
c) Aufgrund unserer gesprächsanalytischen Rekonstruktion konnten wir eine politisch relevante Frage beantworten, nämlich wie in dem untersuchten Gespräch die Herrschaftsstrukturen diskursiv aufgebaut sind.

d) Die Untersuchung veranlaßt darüber hinaus zu einer allgemeinen Betrachtung der folgenden Fragen:
– Welches sind die wichtigsten Orientierungen in der polnischen öffentlichen Auseinandersetzung über AIDS,
– wie haben sie sich historisch entwickelt,
– welche Orientierung herrscht im moralischen Diskurs in Polen?
Wir schlagen also eine gesprächsanalytische Vorgehensweise zu der Problematik von politischer Kommunikation und Herrschaft vor. Folglich gehört dieser Beitrag zu dem Generalthema der „language of dictatorship". Wir ziehen es vor, von der „Sprache der Herrschaft" zu reden und zwar sowohl aus analytischen als auch moralischen Gründen. Geschichte kennt kaum Diktaturen mit klaren, asymmetrischen Verhältnissen zwischen Herrschern und Beherrschten. Die meisten Herrschaftsstrukturen bedürften einer weitgehenden Unterstützung von seiten relativ breiter Teile der Bevölkerung. Das hitleristische und das stalinistische System waren auf diffusen, nicht bloß asymmetrischen Formen von Befehl und Gehorsam aufgebaut. Zweifellos gab es in diesen Systemen Formen der Unterdrückung, der Ausbeutung und der Vernichtung, es gab aber auch diverse Formen des „Mitmachens". Die Unterstellung, die nazistische oder die kommunistische Wirklichkeit seien eindeutig diktatorisch gewesen, erschwert eine selbstkritische Aufarbeitung der Geschichte. Die Behauptung, die „Wende" habe die osteuropäischen Staaten von einer Diktatur befreit, kann auch den kritischen Blick auf die „neuen" Herrschaftsstrukturen nach der „Wende" verstellen. Die „neuen" Herrschaftsstrukturen beruhen selten auf der Ausübung physischer Gewalt, sondern überwiegend auf „symbolischer Gewalt", das heißt auf einer auferlegten, interaktionell aufgebauten Dominanz bestimmter traditioneller kultureller Muster. Unsere Studie soll eben einen Beitrag zu der Explikation der „neuen" Herrschaftsstrukturen in Polen bieten. Die von uns bevorzugte gesprächsanalytische Vorgehensweise ist besonders dazu geeignet, den wechselseitigen, interaktionellen Aufbau der Herrschaftsstrukturen zu rekonstruieren. Eine solche Analyse bliebe aber abstrakt, wenn die sozialen und die historischen Aspekte der politischen Kommunikation nicht berücksichtigt würden.

Bevor wir im weiteren zu einer allgemeinen Charakterisierung der polnischen Auseinandersetzung über AIDS kommen, möchten wir anfänglich festhalten, daß sich innerhalb dieser Auseinandersetzung zwei entgegengesetzte Positionen unterscheiden lassen. Die eine, die „konservative" Orientierung, sieht die Relevanz von AIDS vor allem in Verbindung mit den sogenannten Risikogruppen. Die andere, die „liberal-reformatorische" Position (beide Bezeichnungen haben wir aus der Publizistik übernommen), schreibt AIDS eine allgemeingesellschaftliche Relevanz zu. Das von uns untersuchte Gespräch war gerade ein Streit zwischen prominenten Repräsentanten dieser zwei Orientierungen. Forschung über politische Problematiken sollte immer auch unter Rekurs auf das eigene sozio-politische Engagement der Forscher betrachtet werden. Unsere Analyse mag davon beeinflußt worden sein, daß unsere eigenen Meinungen sich gegen die „konservative" Position richten und der „liberal-reformatorischen" Position nahekommen.

2. Anatomie des Streites – einige strukturelle Merkmale

2. 1. Kurze Beschreibung des analysierten Gesprächs

Das Gespräch bewegt sich hauptsächlich innerhalb von zwei thematischen Bereichen. Erstens präsentieren die Gesprächsteilnehmer unterschiedliche Meinungen zu der Rolle der polnischen katholischen Kirche. Der AIDS-Therapeut Marek Kotański (im folgenden „K.") wirft dem national-katholischen Abgeordneten Marek Jurek (im folgenden „J.") vor, die katholische Kirche engagiere sich zu wenig für die Prophylaxe von AIDS und für die Unterstützung und Hilfe der Betroffenen. J. repräsentiert das Interesse der Kirche an einer auf „moralischer Wahrheit" basierenden Prophylaxe, die zu einer moralischen Beurteilung der AIDS-Betroffenen veranlassen soll.

Zweitens streiten sich die Gesprächspartner darüber, wie Homosexualität zu verstehen sei. Der national-katholische Abgeordnete (J.) meint, Homosexualität sei einerseits eine Krankheit und andererseits ein Symptom westlicher Dekadenz. Der AIDS-Therapeut (K.) argumentiert, Homosexuelle seien von der Gesellschaft eingeschüchtert und sollten in der Öffentlichkeit als eine soziale Gruppe anerkannt werden. Beide Interaktanten sind nicht nur als prominente Repräsentanten ihrer Positionen, sondern auch als „fighter-type"-Diskutanten bekannt. Der Moderator trug seinerseits auch dazu bei, daß der Streit scharf blieb.

Das Gespräch nahm die Gestalt einer heftigen Auseinandersetzung an. Für diese Feststellung sprechen Belege dreierlei Art:
– formale Eigenschaften der Gesprächsorganisation, wie zum Beispiel intensiver Sprecherwechsel und Merkmale des Kampfes um den Redezug (mehrere Überlappungen, wechselseitige Unterbrechungen),
– einige weitere Merkmale der Gesprächsorganisation, wie zum Beispiel Vielfalt der Formate der Nicht-Übereinstimmung,

– Eigenschaften der Handlungsstrukturen, wie zum Beispiel die Dominanz der Angriff-Gegenangriff-Sequenzen beziehungsweise der Sequenzen vom Angriff und von einem signifikanten Ausbleiben des Gegenangriffs.

2. 2. Zwei Ausschnitte

Das vollständige Transkript der Fernsehdiskussion beinhaltet über 600 Zeilen. Wir haben zwei Ausschnitte aus dem Transkript ausgewählt um den Ablauf des Gesprächs exemplarisch zu veranschaulichen. In den beiden Ausschnitten kommen Gesprächsstrukturen vor, auf die wir im weiteren ausführlicher zurückkommen. Die deutsche Übersetzung versucht den umgangssprachlichen Stil des polnischen Originals soweit wie möglich wiederzugeben. Erläuterungen der Transkriptionssymbole sind an die Transkripte angeschlossen.

2. 2. 1 Ausschnitt A

```
136  J: Und Sie als Psychologe könnten sie heilen.
137                       (.)
138  K: Also (wissen-Sie) ich weiß nicht wovo-wovo: wie wie,
139     also ich könnte sie heilen selbstverständlich (.) aber
140     ich denke mir, daß sie sich selbst zu helfen versuchen.
141     Wenn wir ihnen günstige Bedingungen schaffen würden,
142     damit sie sich in Ruhe treffen und miteinander reden
143     könnten und: es wäre (.) nicht mehr eine
144     schambeladene Angelegenheit von der man nicht spricht
145     oder die man brandmarkt (.) also e: also dann denke ich
146     würden wir vielmehr erreichen als jetzt. Sie-sind-im-
147     Untergrund-zum-Beispiel-sie-haben-Angst.
148                       [ ]
149  J:                   Nein, ich bitte Sie
150     ich denke, daß wissen Sie was. Angst haben zum Beispiel
151     Menschen, die am Freitag fasten wollen (.) Angst haben
152                       [ ]
153  K:                   hmhm,
154  J: die Kinder, die in der Schule sich vor dem Essen
155     bekreuzigen möchten. Und das sind die Tatsachen.
```

Die im Ausschnitt A verwendeten Transkriptionssymbole (adaptiert nach Gail Jefferson):

(.)   kurze Pause (ca. 0,2 Sek)
wissen-sie   schnelles Sprechen
(wissen-Sie) unsichere Transkription

wovo-	Abbruch eines Wortes oder einer Äußerung
wovo:	Dehnung eines Vokals
<u>könnte</u>	Betont
[ ]	Beginn und Ende einer Überlappung
	das heißt des gleichzeitigen Sprechens von zwei Parteien

Ausschnitt A beginnt mit dem Vorschlag von J., K. könnte „sie" (gemeint: Homosexuelle) heilen (Zeile 136). K. antwortet mit einer komplexen Äußerung (Zeilen 138-147), in der er den Vorschlag von J. zurückweist und eine andere Vorgehensweise vorschlägt. K. beendet seine Äußerung mit einer Feststellung, Homosexuelle hätten Angst. J. in seiner Erwiderung (Zeilen 149-155) verneint die Feststellung von K. und nennt andere soziale Gruppen, die seiner Meinung nach Angst haben. Während dieser Äußerung produziert K. ein Hörersignal (Zeile 153).

2.2.2. Ausschnitt B

```
313 J: Also dann müßten wir diesen Menschen sagen, die die
314    Hemmungslosigkeit, die Homosexualität oder
315    Drogenabhängigkeit praktizieren, was da ist. (.) Daß
316    es keine Romantik dabei gibt (.) daß es e: krankhafte
317    Verhaltensweisen sind, bei denen die Gesellschaft
318    diesen Menschen helfen -, =
319 K: = Ja. =
320 J: = e: sollte, aber dies dürfte nicht Grundlage sein
321    für Ansprüche auf öffentlichen Rechte, um so mehr
322    (.) für Aktivitäten zugunsten der Verbreitung ihrer
323    Lebensweise.
324                         (.)
325 K: Ich stimme mit Ihnen überein, aber was sollte man
326    diesen Menschen sagen, die es nicht schaffen können,
327    einer solchen Lebensweise zu folgen.
```

Im Ausschnitt B kommen die gleichen Transkriptionssymbole wie im Ausschnitt A vor (siehe Erläuterungen oben). Das einzige neue Transkriptionssymbol ist „=". Dieses Zeichen bedeutet, daß die daraufffolgenden Äußerungen direkt aneinander angeschlossen sind (Zeilen 318 und 319; Zeilen 319 und 320). Ausschnitt B beginnt mit einer komplexen Äußerung von J., die die „konservative" Position zu den sog. Risikogruppen beinhaltet (Zeilen 313-322). K. schaltet sich während dieser Äußerung kurz ein: er bejaht die von J. bestätigte Bereitschaft „diesen Menschen zu helfen" (Zeile 319). Nach der Äußerung von J. präsentiert K. seine Vorbehalte gegenüber der Position von J.

2. 3. Formate der Übereinstimmung und der Nicht-Übereinstimmung

Die Formate der Übereinstimmung und der Nicht-Übereinstimmung sind methodische Lösungen eines strukturellen, konversationsorganisatorischen Problems, nämlich wie man im Gespräch die Übereinstimmung oder Nicht-Übereinstimmung gegenüber dem jeweiligen Gesprächspartner äußern sollte.[2]

Unterschiedliche Formate werden jeweils mit Beispielen illustriert. Manche Beispiele beziehen sich auf die zitierten Ausschnitte A und B und sind deshalb mit einer Zeilenangabe vermerkt. Beispiele ohne Zeilenangabe kommen aus den anderen Teilen des Transkripts.

2. 3. 1. Das Format der Übereinstimmung

Im Verlauf des Gesprächs gibt es drei Passagen, in denen es zu einer bedingungslosen Übereinstimmung zwischen J. und K. kommt: J. und K. bestätigen die Verantwortung, die sie selbst in der Öffentlichkeit tragen; beide Gesprächspartner bestätigen ausdrücklich die „christlichen Werte" und sie bestätigen die positive Rolle der kirchlichen Lehre der Verantwortung im Sexualleben.

2. 3. 2. Das Format der entschiedenen Nicht-Übereinstimmung

Dieses Format kommt meistens dann zustande, wenn einer der Gesprächsteilnehmer direkt nach der vorangegangenen Äußerung oder sogar während dieser das Wort „nein" oder dessen äquivalent verwendet, häufig mit einer starken Betonung. J. benutzt dieses Format viermal:
– Er lehnt die These von K. ab, Homosexuelle seien eingeschüchtert (vgl. Ausschnitt A, Zeile 149),
– er lehnt die Reformulierung von K. ab, die den von J. eingeführten Begriff der „Verpflichtung, die Wahrheit zu sagen", als die „Wahrheit über die Infizierung" (statt die von J. gemeinte „moralische Wahrheit") verstehen läßt;
– er weist zweimal die Vorwürfe von K. zurück, die katholische Kirche täte zu wenig, um den AIDS-Betroffenen zu helfen.

K. benutzt das Format der entschiedenen Nicht-Übereinstimmung zweimal:
– Er weist den Vorwurf von J. zurück, K. wolle die Meinung von J. „repressieren",
– er lehnt die von J. geäußerte Vermutung, katholische Priester hätten sich an der Demonstration der Solidarität mit den AIDS-Kranken deshalb nicht beteiligt, weil sie geahnt hätten, daß der ehemalige kommunistische Regierungssprecher Jerzy Urban an der Demonstration teilnehmen würde (nach der von K. geäußerten konkurrierenden Vermutung, katholische Priester hätten gedacht, er K., werde bei dieser Demonstration Kondome verteilen).

Die Verwendung des Formats der entschiedenen Nicht-Übereinstimmung war unter beiden Gesprächspartnern nicht gleichmäßig verteilt und betraf in den meisten Fällen die Interpretation der Tatsachen (und nicht der Werte).

2.3.3. Das Format der schwachen Nicht-Übereinstimmung

Dieses Format besteht darin, daß einer der Gesprächspartner die Formulierung seiner, sich von der Position des anderen unterscheidenden Meinung mit einem Refokussierungssignal einleitet (z. B. „aber...", poln. „ale...", „no ale..."; vgl. Ausschnitt A, Zeile 139 und Ausschnitt B, Zeilen 320 und 325). Die schwache Nicht-Übereinstimmung kann auch mit der Hilfe einer „Abschwächung" (z. B., „nicht in diesem Ausmaß", poln. „nie aż tak"; „das ist kaum möglich", poln. „chyba nie") oder mit der Hilfe eines Positionierungssignals („ich denke, daß...", poln. „ja myślę, że...") produziert werden. K. verwendet das Format der schwachen Nicht-Übereinstimmung viermal:
– Wenn J. Homosexualität als eine Krankheit bezeichnet (andererseits, im Ausschnitt B, Zeilen 316–317, kommt eine Stelle vor, wo K. gegen eine solche Behauptung von J. nicht protestiert),
– wenn J. die Risikogruppen als Homosexuelle und Drogenabhängige definiert,
– wenn J. feststellt, die Massenmedien würden Freddie Mercury zum „Helden" und zum „Märtyrer" machen,
– wenn J. im Format der entschiedenen Nicht-Übereinstimmung gegen den Vorwurf von K. argumentiert, die Kirche täte zu wenig.
J. dagegen benutzt dieses Format nur zweimal:
– Wenn K. versucht, das von J. angebrachte Beispiel eines politisch engagierten homosexuellen Journalisten als Ausnahme zu interpretieren,
– wenn K. vorschlägt, er würde das anatomische Modell vom Penis vor der Kamera zeigen und dem Publikum vormachen, wie man das Kondom anlegt, und fragt, ob J. dies als Zivilcourage verstehen würde.

2. 3. 4. Nicht-Übereinstimmung im „Konzessions-Vorbehalt" Format

Dieses Format beinhaltet zwei Teile: eine Konzession (der Sprecher äußert eine partielle oder bedingte Übereinstimmung mit der Position seines Gesprächspartners) und einen Vorbehalt (der Sprecher formuliert seine Nicht-Übereinstimmung mit der Position seines Gesprächspartners). Es kann unterschiedliche sprachliche Realisierungen dieses Formats geben. Travestierte Beispiele sind: „das ja, aber dieses schon nicht unbedingt" oder „dies sollte man schon tun, aber es dürfte nicht die Grundlage für etwas anderes werden". K. und J. haben drei Varianten dieses Formats verwendet:
a) Eine „empirische" Konzession und ein „axiologischer" Vorbehalt: der Sprecher stimmt mit den empirischen Thesen oder praktischen Postulaten des Gesprächspartners überein, äußert aber seine Nicht-Übereinstimmung mit den von ihm vertretenen oder ihm zugeschriebenen grundlegenden moralischen Werten.

Diese Gesprächsstruktur wird von J. in einer komplexen Form im Ausschnitt B verwendet (Zeilen 317–323). J. stimmt dem von K. mehrfach geäußerten Aufruf zur Hilfe für AIDS-Betroffenen zu („empirische" Konzession) (Zeilen 317–320), auch wenn er anfänglich die „Verhaltensweisen" der Risikogruppen als „krankhaft" bezeichnet (Zeilen 317–318). K. protestiert gegen die Behauptung von J. nicht, er bejaht aber eifrig seine „empirische" Konzession. (Zeile 319). J. setzt mit einem „axiologischen" Vorbehalt fort: Bereitschaft zu helfen dürfe nicht die Grundlage sein, die „Lebensweise" der Risikogruppen offiziell zu ratifizieren (Zeilen 320–323).
b) Eine „axiologische" Konzession und ein „empirischer" Vorbehalt: der Sprecher stimmt mit den von dem Gesprächspartner vertretenen oder ihm zugeschriebenen grundlegenden moralischen Werten überein, äußert aber auch seine Nicht-Übereinstimmung mit den empirischen Thesen des Gesprächspartners über Tatsachen oder mit seinen praktischen Handlungspostulaten.

An einer Stelle im Ausschnitt B wird diese Gesprächsstruktur von K. verwendet (Zeilen 325–327). K. stimmt mit der von J. in der vorangegangenen Äußerung geschilderten konservativen „Axiologie" überein („axiologische" Konzession) (Zeile 325).

In seinem „empirischen" Vorbehalt argumentiert K. „pragmatisch": was tun, wenn die Prinzipien nicht realisierbar sind (Zeilen 325–327).
c) Sowohl die Konzession als auch der Vorbehalt haben „empirischen" oder praktischen Charakter, das heißt, beide beziehen sich auf die Tatsachen oder Handlungsweisen. Ein Beispiel: der Sprecher stimmt mit bestimmten Tatsachen überein, die der Gesprächspartner genannt hat, nennt aber andere

Tatsachen oder äußert seine Nicht-Übereinstimmung mit den möglichen Verallgemeinerungen.

Diese Gesprächsstruktur wird im Ausschnitt A von K. verwendet (Zeilen 139–147). Am Anfang des Ausschnittes schlägt J. K. vor, K. könnte als Psychologe Homosexuelle „heilen", woraufhin K. zunächst eine entschiedene Nicht-Übereinstimmung initiiert, diese aber selbst unterbricht (Zeile 138). Auf diese nicht beendete Äußerung kommen wir gleich zurück. Daraufhin sagt K., er könne Homosexuelle heilen, wodurch er schließlich mit der Supposition von J. übereinstimmt, daß Homosexualität eine Krankheit sei („empirische" Konzession) (Zeile 139). In dem darauffolgenden komplexen „empirischen" Vorbehalt (Zeilen 140–147) deutet K. zunächst an, daß Homosexuelle es nicht brauchen, geheilt zu werden („ich denke mir, daß sie sich selbst zu helfen versuchen") (Zeile 140), und argumentiert, daß Homosexuelle zurechtkommen würden, wenn das soziale Klima verändert würde (Zeilen 141–146). K. rechtfertigt seine Argumentation mit der Behauptung, Homosexuelle seien eingeschüchtert (Zeilen 146–147).

Im Verlauf des Gesprächs wird das Format „Konzession-Vorbehalt" in seinen drei Varianten relativ häufig verwendet (15 Fälle; K. – neunmal, J. – sechsmal). Der wichtige Unterschied zwischen den Redeweisen von K. und J. besteht in den unterschiedlichen Tendenzen bei der Verwendung der Variante des Formates.

J. benutzt fast ausschließlich die Variante (a), das heißt, eine Verknüpfung der „empirischen" Konzession und des „axiologichen" Vorbehalts. J. greift die Variante (b), das heißt, „axiologische" Konzession und „empirischer" Vorbehalt, nicht auf. Er verwendet die dritte Variante (c), das heißt, „empirische" Konzession und „empirischer" Vorbehalt, nur einmal. Trotz der früher im Gespräch vertretenen „engen" Auffassung der Risikogruppen (Homosexuelle und Drogenabhängige), erkennt J. weiter im Gespräch die wachsende allgemeine Relevanz von AIDS an wegen des Risikos bei Bluttransfusionen („empirische" Konzession), wirft aber den Massenmedien vor, sie würden falsche Muster des Sexuallebens propagieren („empirischer" Vorbehalt).

K. dagegen verwendet die Variante (a) („empirische" Konzession und „axiologischer" Vorbehalt) überhaupt nicht. Er benutzt fünfmal die Variante (b) („axiologische" Konzession und „empirischer" Vorbehalt). Anders gesagt, K. spricht sich für die von J. deklarierten Werte aus, aber er weist auf die Unvollkommenheiten der menschlichen Natur hin. Die Variante (c) („empirische" Konzession und „empirischer" Vorbehalt) wird von K. viermal verwendet.

2. 3. 5. Zwei weitere Formate

Zwei weitere Formate kommen jeweils nur einmal vor, sind aber aufgrund ihrer interaktiven Funktion wichtig – sie ermöglichen das signifikante Ausbleiben eines Gegenangriffs, anders gesagt, sie machen den Rückzug aus einer offenen Konfrontation möglich:

– Das Format des Rückzugs aus einer entschiedenen Nicht-Übereinstimmung: Hier wollen wir die oben erwähnte nicht vollendete Nicht-Übereinstimmung einordnen, die K. gegenüber dem Vorschlag von J., K. solle die Homosexuelle „heilen", initiiert (Ausschnitt A, Zeile 138).

– Das Distanzierungsformat: wenn J. die „Zivilcourage" eines Gesundheitsministers preist, der Homosexualität als Krankheit bezeichnet hat, sagt K.: „wissen Sie, das ist eine Argumentation die ka- mit der mit der man übereinstimmen oder auch nicht übereinstimmen kann". Mit Hilfe dieser unschlüssigen Äußerung vermeidet K. zunächst eine offene Konfrontation, die er aber danach wieder aufnimmt, indem er J. provokativ fragt, ob er eine Kondom-Vorführung vor der Kamera auch als „Zivilcourage" verstehen würde.

2. 3. 6. Herrschaft in der Interaktion

K. und J. unterscheiden sich nicht voneinander in der Intensität ihrer polemischen Aktivität. Es gibt aber in diesem Streit kein interaktives Gleichgewicht. Im Gegenteil: J. dominiert die Diskussion. Diese Feststellung beruht auf unserer Analyse der Übereinstimmungs- und Nicht-Übereinstimmungsformate, insbesondere der signifikanten Verteilung der Variante des „Konzessions-Vorbehalt"-Formats.

J. kann die von K. beigebrachten Tatsachen nicht infrage stellen („empirische" Konzessionen) , aber er formuliert eindeutig seine fundamentalistische, moralische Perspektive („axiologische" Vorbehalte). K. diskutiert nicht mit der von J. repräsentierten moralischen Perspektive („axiologische" Konzessionen); er neigt dagegen dazu, auf die praktischen Umstände bei der Realisierung einer solchen Perspektive hinzuweisen („empirische" Vorbehalte). Er versucht darüber hinaus mögliche, nicht legitime Verallgemeinerungen der von J. beigebrachten Beispiele zu diskreditieren („empirische" Konzessionen und „empirische" Vorbehalte).

Die Position von J. ist im Gespräch stärker als die von K. aufgebaut: die von ihm repräsentierten axiologischen Prinzipien sind mit den von ihm empfohlenen Handlungen homogen. Beide entsprechen der Idee der christlichen „misericordia". Abweichung von den moralischen Vorschriften der Kirche sind als Verletzung der Gottesgesetze und gleichzeitig als Verletzung der Naturgesetze zu verstehen. Drogenabhängigkeit oder Homosexualität sind sowohl sündhafte Lebensweisen als auch Krankheiten, die geheilt werden sollten. Man sollte dem Nächsten helfen und für ihn sorgen, auch wenn er sündigt. Der Nächste kann und darf aber von uns kein moralisches Recht auf Irren bekommen.

Die Schwäche von K. im Gespräch hängt damit zusammen, daß seine axiologische Perspektive zum Teil nicht ausgedrückt wird und sozusagen im Schatten bleibt. K. wagt es nicht, eine axiologische Auseinandersetzung mit J. zu entwickeln. Die von K. indirekt angedeuteten Unterschiede zwischen K. und J. in der Auffassung der christlichen Werte bleiben unausgesprochen. Die implizite axiologische Position von K. läßt sich als christliche „caritas" bezeichnen, der zufolge unsere Menschlichkeit darin besteht, daß wir den Nächsten bedingungslos lieben und akzeptieren, einschließlich seiner Sündhaftigkeit. Wir alle sind nur unvollkommene Menschen. Unsere Verpflichtung ist nicht so sehr die Verlautbarung einer „moralischen Wahrheit" (wie es J. sich wünscht), sondern vielmehr ein solidarisches „Beisammensein".

Die Position von K. ist nicht homogen. Die von ihm empfohlenen Handlungen gegenüber den AIDS-Betroffenen beziehen sich indirekt auf die Idee der „caritas". Diese Idee wird aber weder formuliert noch mit der Position von J. kontrastiert. Zu einer offenen Debatte über „caritas" als einer möglichen christlichen Haltung gegenüber AIDS-Betroffenen kommt es im Verlauf des Gesprächs nicht, das heißt, einer Haltung, die zur Akzeptanz und Hilfe ohne moralische Brandmarkung als Sünde aufruft. Obwohl die von K. empfohlenen Handlungen eine ebenfalls christlich begründbare Haltung implizieren, verbleibt K. wegen deren Nicht-Thematisierung deshalb de facto bei seiner indirekten Übereinstimmung mit der von J. repräsentierten Perspektive, die unterstellt, christliche Prinzipien und die fundamentalistische Lehre der Kirche seien gleich. Weil K. keinen axiologischen Streit eingeht, kann er dem moralischen Maximalismus von J. nur einen Aufruf zur Hilfe „trotz allem" entgegenstellen, was er auch am Ende des Gesprächs tut. Die moralische Position von J. bekam übrigens nachträglich durch die päpstliche Enzyklika „Veritatis splendor" eine deutliche Bestätigung.

3. Die Auseinandersetzung über AIDS in Polen

K. und J. verkörpern signifikante Positionen im Diskurs über AIDS in Polen. Durch eine intensive Analyse des Gesprächs zwischen K. und J. kann man wichtige Eigenschaften eines Teils der polnischen Auseinandersetzungen über AIDS in vivo rekonstruieren. Wir möchten jetzt den Bezug auf das Gesamtbild dieser Debatte und ihre historische Entwicklung herstellen.

3. 1. Das untersuchte Gespräch und die Positionen im Diskurs über AIDS in Polen

Die von J. repräsentierte Haltung einer „misericordia" macht nur eine Variante der „konservativen" Orientierung aus. Die andere „konservative" Reaktion auf AIDS kann man als „repressive" bezeichnen: große Teile der Bevölkerung und einige extrem konservative national-katholische und nationalistische Publizisten und Politiker neigen zu Repressionen gegenüber den AIDS-Betroffenen (Isolierung und Überwachung). Beide „konservative" Haltungen („misericordia" und die „repressive" Haltung) tendieren dazu, die sogenannten Risikogruppen eng zu definieren und die soziale Relevanz von AIDS einzuschränken. Die „liberale" Orientierung behauptet, AIDS sei ein Problem der ganzen Gesellschaft. Außer der „caritativen" Haltung beinhaltet die „liberale" Orientierung auch eine „Laienversion", die die bedingungslose Hilfe gegenüber den AIDS-Betroffenen auf einer Laienethik stützt.

Die Positionen von K. und J. sowie diese weiteren Grundorientierungen in der Auseinandersetzung über AIDS in Polen lassen sich mit Hilfe der Kategorien des „gutinformierten Bürgers" und des „Vertreters" beschreiben. Diese Kategorien haben sich aus Analysen der Relevanzverschiebungen im öffentlichen Diskurs in Polen ergeben. Die argumentative Struktur, in der man sich als Sprecher der Bevölkerung (oder einer breiteren sozialen Gruppe) und ihres Relevanzsystems präsentiert und sich als beauftragt darstellt, das davon verschiedene Relevanzsystem der (politischen, moralischen, wissenschaftlichen) Elite entsprechend zu modifizieren bezeichnen wir als „Vertreter" (im polnischen Original „nationaler Sprecher"). Der „gut informierte Bürger" (Begriff von Alfred Schütz)[3] hingegen meint in unserer Analyse eine argumentative Struktur, in der man sich als Vertreter des Relevanzsystems einer (politischen, moralischen, wissenschaftlichen) Elite präsentiert und sich als beauftragt darstellt, das Relevanzsystem der Bevölkerung (oder einer breiteren sozialen Gruppe) zu modifizieren. So haben sich zum Beispiel bei der Auseinandersetzung um die Einführung des Religionsunterrichtes an den Schulen die national-katholischen Politiker auf den Willen der Bevölkerung berufen, hingegen argumentierten sie bei der Debatte über das Abtreibungsgesetz, daß man über moralische Werte kein Referendum machen dürfe.

Der „Vertreter" und der „gut informierte Bürger" sind also keine sozialpsychologischen Persönlichkeitstypen. Sie sind aufweisbar in argumentativen Strukturen, die von unterschiedlichen oder gleichen Sprechern – je nach Thema und je nach Situation, manchmal auch im Rahmen derselben komplexen Äußerung – verwendet werden können.[4]

In dem untersuchten Gespräch streiten K. und J. darüber, ob und warum AIDS eine eingeschränkte oder eine allgemeingesellschaftliche Relevanz zugeschrieben werden sollte. In unserer analytischen Terminologie verwenden sowohl K. als auch J. unterschiedliche Versionen der argumentativen Struktur des „gut informierten Bürgers". Das Gespräch zwischen K. und J. ist aber kein Streit zwei miteinander konkurrierender „gut informierter Bürger", weil die axiologische Ressource von K. implizit bleibt. Hypothetisch läßt sich die Strategie von K. folgendermaßen beschreiben: K. verzichtet auf eine offene axiologische Konfrontation mit J., um die Diskussion auf die praktischen Aspekte der AIDS-Problematik zu konzentrieren und auf diesem Gebiet möglichst viele Zugeständnisse von J. als einem inoffiziellen Repräsentanten der katholischen Kirche zu bekommen. Diese Strategie scheitert bei dem Thema der Prophylaxe: K. bietet eine medizinische Prophylaxe (Kondome) an, J. lehnt dies ab und argumentiert für eine moralische Prophylaktik. Die Strategie ist aber erfolgreich, wenn K. von J. verlangt, daß die katholische Kirche sich mehr in der Hilfe für den AIDS-Betroffene engagieren soll.

Trotz aller Unterschiede, können sich K. und J. über die Ebene der Handlungen einigen (man soll helfen) und – trotz der unausgesprochenen Andersartigkeit der axiologischen Perspektive von K. – beziehen sich beide Gesprächspartner auf eine gemeinsame, christliche Tradition. Man kann vermuten, daß die Auseinandersetzung eine andere (wahrscheinlich dramatischere) Wendung genommen hätte, wenn die Gesprächspartner stärker polarisierte Positionen verkörpert hätten, zum Beispiel, wenn ein Repräsentant der „repressiven" Version der „konservativen" Haltung sich mit den Repräsentanten der „caritas"-Variante oder mit der „Laien"-Version der „liberalen" Haltung auseinanderzusetzen gehabt hätte. In einer solchen Situation würde ein „gut informierter Bürger" (axiologische Argumentation in der „liberalen" Orientierung) auf einen „Vertreter" (populistische Argumentation der „repressiven" Position) treffen. Ein solches Gespräch würde sehr wahrscheinlich mehrere gezielte und nicht beabsichtigte Mißverständnisse produzieren. In den polnischen Massenmedien ist eine solche Konfrontation bislang vermieden worden.

3. 2. Das untersuchte Gespräch in der historischen Dimension

Die Fernsehdiskussion zwischen K. und J. kann man als Kennzeichen einer bestimmten Phase der Entwicklung der Auseinandersetzung über AIDS in Polen betrachten. Die erste Phase dieser Entwicklung hat in der ersten Hälfte der achtziger Jahre stattgefunden. Die ersten publizistischen Berichte haben eine Rhetorik der Angst vor einer geheimnisvollen Bedrohung entwickelt. AIDS-Kranke wurden im öffentlichen Diskurs signifikant markiert: sie waren westlich und homosexuell. Dieses Bild wurde 1984 durch den ersten in Polen registrierten Fall einer Erkrankung und des durch die Krankheit verursachten Todes bestätigt: der Betroffene war homosexuell und war nach mehreren Jahren USA-Aufenthalt nach Polen zurückgekehrt. In populären medizinischen Zeitschriften und in Aufklärungsbroschüren hat man zwar versucht, den weit verbreiteten irrationalen Vorstellungen über die angeblich allumfassenden Wege der potentiellen Infektion durch aufklärerische Erläuterungen engegenzutreten, im Einklang mit den damaligen offiziellen statistischen Daten war aber das Bild der Risikogruppen im medizinisch-aufklärerischen Diskurs vor allem mit Homo- und Bisexualität verbunden. Die damals statistisch zutreffende Beobachtung wurde irreführend verallgemeinert und so schnell zu einem Stereotyp, und zwar nicht nur unter Laien, sondern auch unter Ärzten. Als Stereotyp einmal aufgebaut, entzog es sich zunächst allen Wandlungen bezogen auf das sich ändernde Bild der Risikogruppen.

Erst in der zweiten Hälfte der achtziger Jahre hat sich der Schwerpunkt der polnischen Debatte über AIDS verschoben. Drogenabhängige wurden zur zweitgrößten Risikogruppe, was sowohl an den statistischen Daten als auch an der sich wandelnden gesellschaftlichen Wahrnehmung ablesbar war. Dieser Wandel hatte in Polen eine bestimmte Ausprägung, die mit den sozialen Reaktionen auf die Initiativen von Marek Kotański (desselben, der an der untersuchten Fernsehdiskussion teilgenommen hat) verbunden waren. Schon in den siebziger Jahren hat Kotański die ersten therapeutischen Zentren für Drogenabhängige im sogenannten Ostblock organisiert. In den späten achtziger Jahren hat Kotański angefangen, in seinen inzwischen zweiundzwanzig therapeutischen Zentren auch AIDS-Betroffene aufzunehmen. Dies hat in manchen Fällen zu vehementen Protesten der lokalen Bevölkerung geführt. Durch die Medien gingen Bilder von aggressiven Demonstranten, die unumwunden ihre „repressive" Haltung ausdrückten.

AIDS wurde von Teilen der Bevölkerung als Folge „moralischer Permissivität", als Ausdruck von Homo- und Bisexualität oder eben Drogenabhängigkeit interpretiert. Dieses auch in den anderen Ländern bekannte Stereotyp fand in Polen besonders günstige Bedingungen, um sich gegenüber Änderungen als resistent zu erweisen: der traditionelle Teil des polnischen Katholizismus unterstützte das Stereotyp.

Zusammen mit der „Wende" in Polen hat sich die Debatte zwischen „konservativen" und „liberalen" Orientierung im öffentlichen Diskurs intensiviert. Die Fernsehdiskussion zwischen J. und K. ist für diese Zuspitzung charakteristisch. J. versucht eine „zivilisierte" Version der „konservativen" Position darzustellen. Seine Übereinstimmung mit dem Aufruf zur Hilfe an AIDS-Betroffenen bedeutet indirekt seine Distanzierung gegenüber den oben erwähnten Demonstrationen der Feindseligkeit. K. seinerseits versucht eine „axiologische" Verbindung mit der sozio-politisch relevanten „konservativen" Position zu gewährleisten.

Anfang der neunziger Jahre verbreitet sich zunehmend das massenmediale Bild einer „unschuldigen" Infektion durch Bluttransfusion. Anzeichen dieser Vorstellung findet man schon im Gespräch zwischen J. und K. Wenn die massenmediale Wirkung dieses Bildes, wie im Falle größere Blutverseuchungsaffären, genügend stark bleibt, könnte man vermuten, daß es zu einer signifikanten Erweiterung des Bildes der Risikogruppen und zu einer Modifikation der allgemeinen Auseinandersetzung über AIDS kommt. Erst dann könnte möglicherweise auch das antipermissive Stereotyp abgebaut werden.

Zusammenfassung

Zum Schluß kommen wir nochmals auf die Frage zurück, wie in der untersuchten Fernsehdiskussion die Herrschaftsstrukturen diskursiv aufgebaut wurden. Allein die quantitative Verteilung mancher Nicht-Übereinstimmungsformate zeugt davon, daß es J. ist, der im Gespräch dominiert. J. verneint entschieden die Position von K. viermal, wobei K. es gegenüber J. nur zweimal wagt (vgl. 2. 3. 2., Das Format der entschiedenen Nicht-Übereinstimmung). Bei der schwachen Nicht-Übereinstimmung sind die Proportionen umgekehrt: auf diese Art und Weise stellt K. die Position von J. viermal infrage und J. nur zweimal (vgl. 2. 3. 3., Das Format der schwachen Nicht-Übereinstimmung). Andere Formen einer abgeschwächten Nicht-Übereinstimmung – wie das Format des Rückzuges aus einer entschiedenen Nicht-Übereinstimmung und das Distanzierungsformat – werden nur von K. verwendet (vgl. 2. 3. 5., Zwei weitere Formate). Es sollte dabei betont werden, daß dieser Unterschied von den Persönlichkeitsunterschieden zwischen J.

und K. nicht beeinflußt worden sein kann. K. ist als dominierender Leiter seiner therapeutischen Institution und als extrem autoritärer Therapeut der Drogenabhängigen bekannt.

Für unsere Analyse der diskursiv aufgebauten Herrschaftsstrukturen ist die Interpretation der Nicht-Übereinstimmung im „Konzessions-Vorbehalt" Format besonders wichtig (vgl. 2. 3. 4.). Die Verteilung der Varianten dieses Formats ist unter J. und K. asymmetrisch. J. macht gegenüber K. keine „axiologische" Konzession, seine Konzessionen sind ausschließlich „empirisch" und werden regelmäßig mit einem „axiologischen" Vorbehalt verknüpft. K. äußert gegenüber J. keinen „axiologischen" Vorbehalt. Seine Konzessionen gegenüber J. sind sowohl „axiologisch" als auch „empirisch", die Vorbehalte aber nur „empirisch".

Mit anderen Worten, eine alternative „axiologische" Perspektive, eine alternative Rechtfertigung für die „empirischen" Forderungen von K. bleibt unausgesprochen. Dies geschieht wahrscheinlich aus dem strategischen Grund, daß K. möglichst viel von J. auf der „pragmatischen" Ebene erreichen möchte. K. muß die interaktionelle Dominanz von J. akzeptieren, weil dieser über die geltenden „axiologischen" Rechtfertigungen verfügt. Die Strategie von K. ist keine freigewählte. Sie ist durch die Umstände erzwungen: die sozialen Kosten einer möglichen Erklärung der alternativen „axiologischen" Perspektive wären zu groß. K. würde in diesem Fall wahrscheinlich symbolisch gebrandmarkt und sein Einfluß auf die „pragmatische" Ebene würde eher sinken als steigen.

Trotz aller Unterschiede erinnert die Strategie von K. an die Strategie mancher Teile der polnischen antikommunistischen Opposition vor der Wende. Diese argumentierten, daß man für „Sozialismus" sei, aber für einen „reformierten". Die Sanktionen für die offene Erklärung einer alternativen, antikommunistischen Perspektive waren allerdings unvergleichlich höher als die Kosten, die die „axiologischen" Außenseiter von heute zu zahlen hätten. Die formalen Eigenschaften der diskursiv aufgebauten Herrschaftsstrukturen sind sich jedoch in beiden Fällen ähnlich. In beiden Fällen wird die Grenzziehung für oppositionelle Grundorientierungen deutlich.

Anmerkungen

1 Gekürzte und überarbeitete Version einer längeren Studie unter dem gleichen Titel, veröffentlicht (auf polnisch) in: Marek CZYŻEWSKI, K. DUNIN, A. PIOTROWSKI (Hg.), Cudze problemy: O ważności tego, co niewa-ne (Probleme der anderen: Über die Relevanz der Irrelevanz), Warszawa 1991.

2 Wir beziehen uns hier auf das konversationsanalytische Konzept der Interaktionsorganisation: „Ausgangspunkt ist hierbei die Überlegung, daß beobachtbare Geordnetheiten keine Zufallsprodukte bilden, sondern systematisch produzierte Erzeugnisse sind, und zwar Erzeugnisse der methodischen Lösung struktureller Probleme der Interaktionsorganization." (Jörg R. BERGMANN, Ethnomethodologische Konversationsanalyse, in: Peter SCHRÖDER, H. STEGER (Hg.), Dialogforschung. Jahrbuch 1980 des Instituts für deutsche Sprache, Düsseldorf 1981 (Schwann), 21–22). Vergleich auch Emanuel A. SCHEGLOFF, H. SACKS, Opening up Closings, in: Semiotica, 8, 1973, 289–327.

3 Alfred SCHÜTZ, Der gut informierte Bürger, in: Gesammelte Aufsätze, Band 2, Den Haag 1972 (Martinus Nijhoff), 85–101.

4 Marek CZYŻEWSKI, K. DUNIN, A. PIOTROWSKI, Einleitung in: CZYŻEWSKI, DUNIN, PIOTROWSKI (Hg.), Cudze problemy (Probleme der anderen), 5–22.

Danubegate: Strategic or Ignorant Use of Language in a Hungarian Court?[1]
Miklós Kontra

During the Hungarian Communist dictatorship politically sensitive court cases were typically closed trials. The secret trials made possible all kinds of coercion of the defendants and manipulation of the documents; the sentences and court minutes were written by loyal servants of the dictatorship. In a very few cases some films were made: for instance, parts of the secret trial of Imre Nagy, the executed Prime Minister of the 1956 uprising became known around his reburial in 1989. On the whole, however, the real court practices in the dictatorship are extremely hard if not impossible to reconstuct owing to the lack of reliable court reports.

When the Hungarian Military Court tried the case of a former Secret Service Major in 1990, it was meant to be a closed trial. However, the defense attorney was able to achieve a public trial, which made possible the linguistic analysis of Communist court manipulations. Quite unprepared for a public trial, the judge and prosecution were at times disoriented, while journalists, lawyers and linguists could freely observe the events in the courtroom.

1. Danubegate and its context

In the historic year of 1989, during Christmas when vigilance at the Hungarian Secret Service headquarters was surprisingly low, a Secret Service Major helped a televison crew tape top secret documents revealing illegal spying on opposition party leaders.[2] The scandal broke out on January 5, 1990, when opposition party leaders called an international press conference to reveal the documents of government spying. Major József Végvári, the architect of the secret taping, went public on January 19. Four days later the Minister of the Interior (in charge of the secret police) resigned. In February, Végvári was accused on several counts of revealing classified information (e. g. helping videorecord documents, revealing the number of Secret Service employees etc.), but he was found not guilty by the Military Prosecution on the grounds that what he had done had not jeopardized the interests of the Hungarian Republic.

Then in April, a freely elected parliament and the first non-communist government came into office. To everybody's surprise, in the summer Hungary's Supreme Prosecutor brought back the charges against Végvári and two other high-ranking officials of the Ministry of the Interior. The trial took place in the Fall of 1990, and after an appellate trial Végvári was found guilty but his fine was symbolic: a few thousand Forints, the equivalent of less than two months' of his salary.

Thus two politically expedient decisions were made. At the first trial, where the (post)communist or transitory government decided not to find Végvári guilty (although they easily could have) probably because the ruling Socialist Party looked bad enough already. Convicting Végvári would have looked like blaming a scapegoat for their wrongdoing.

The new, freely elected government's decision to find Végvári guilty, but fine him symbolically, amounts to the same decision, albeit made for different reasons. There are strong reasons to believe that the new government arranged for a show-trial, the purpose of which was to send out the message that government officials must not reveal classified information under any circumstances.[3] (While a large number of the secret documents had been destroyed by the end of 1989, others may have been taken by agents and could be turned into sources for political blackmailing. Disclosure of the remaining documents was regarded as potentially dangerous for some actors in the political arena.) On the other hand, the new government could not jail Major Végvári, who was generally regarded as a hero by most Hungarians, without risking large-scale social protest.

The scandal was dubbed *Duna-gate* ‚Danubegate', and it ushered in an era when political scandals in Hungary spread like wildfire, all called some kind of *-gate* (cf. Kontra 1992a).[4]

In his closing speech at the first trial, the Military Prosecutor called it one that had received more media coverage than any other trial in the last 30 years. Danubegate also demonstrated a large number of problems with the (post)communist Hungarian judiciary process, some of which have clearcut relevance to forensic linguistics.

I will illustrate two points briefly, and then I will analyze what may perhaps be interpreted as a case of impudent semantic-syntactic cheating.

I should make it plain right here that I was not involved in the court procedure in any way. I observed events in the courtroom from the audience, and after the case was legally closed, I analyzed some video recordings of the first day of the trial, as well as hundreds of pages of court documents provided to me by the defense attorney.

2. *The crisis of court reporting*

In the USA "Court reporters are charged by law with the duty of making verbatim transcriptions of legal proceedings." (Walker 1990, 203). In Hungary, however, court reporters summarize events in what is called *sufficient detail*, and verbatim records are only taken *for good cause*. What qualifies as good cause is decided by the judge alone.

A few days into the Danubegate trial, the defense moved that the court correct and complete the court record because they were incomplete and false in almost every way possible. To support his case, the defense attorney submitted his own transcript of parts of a videorecording of the first day of trial, among them a 2-minute verbal fight between the defendant, the judge and himself. The defense's transcript differed from the court's minutes in important ways.

Baffled by this unexpected event, the court adjourned for 10 minutes and then ruled that one part of the defense's transcript should replace the original transcript, but the other proposed amendments and corrections could not be accepted. By doing this, the judge revealed surprising ignorance in linguistic matters since professional linguists would have needed a few hours, not 10 minutes, to verify the defense's transcript, which was full of interruptions, cospeech and other troublesome facets of communication. Thus court reporting turned out to be negotiable in Danubegate, but the judge could accept or dismiss anything as he pleased.[5]

3. *The contamination principle at work*

Shuy (1984, 216 f.) called attention to the contamination principle, that is the immense difficulty lawyers experience in establishing who said what to whom, when and why. When audio or video recordings are used as evidence, lawyers are apt to make comments like "the tapes speak for themselves," but oftentimes their assertions are based on overgeneralizations. During the Danubegate trial an interesting case of the contamination effect happened: a play-within-the-play, which could be a textbook example of the dangers of Shuy's principle at work.

At one point in the trial the judge ordered the viewing of a Hungarian Television program in order to establish whether Végvári had revealed classified information by mentioning in public the number of agents employed by the Secret Service. In order to demonstrate why the judge and jury fell victim to the contamination principle, we must describe some events one by one.

Sometime between the unauthorized filming of documents and the first press conference on January 5, 1990, a journalist videotaped an interview with Major Végvári in hiding, in which the Major discussed details of the Secret Service operations, mentioning, among other things, the approximate number of employees of the Service.

When Végvári went public on January 19, this film (entitled *Gate*) was shown at the press conference.

In the evening of the same day Hungarian Television had a live program with Végvári and the spokesman of the Minister of the Interior. On the TV program, discussion flanked the film *Gate*, which was now shown to millions of Hungarian TV-viewers. When the host of the show asked how many agents there were, Végvári avoided the answer but the government spokesman readily supplied the number. Then *Gate* was shown, in which the Major estimated the number of his colleagues to be about 250.

Upon viewing the television program in the courtroom, the judge ruled that Végvári had in fact revealed classified information to the public. What the judge did not do was to establish that *Gate* had been shown at the press conference in its entirety, including the Major's statement about the number of agents. On the Hungarian TV program, the government spokesman revealed the number before *Gate* was shown. Thus, victim to a play-within-the-play, the judge established that the defendant did utter the number in the presence of at least one person (the journalist conducting the videointerview in hiding), but failed to establish who uttered the same number first in the presence of the Hungarian public.

4. Ignorant or strategic use of language?

A crucial argument for convicting and sentencing the defendant in Danubegate was supplied by forensic psychiatrists, who reported the results of their examination of the defendant in November 1990 in the following manner:

Major Végvári suffers from a circular personality disorder which, at times, becomes an illness. This illness of moods is bipolar in which ‚depressive' and ‚manic-like'[6] phases alternate.

At the time of the act he may have been in a state of illness, and he was seriously restricted in his ability to recognize the antisocial consequences of his acts, and in following the right course of behavior. (My own translation, M. K.)

First, as a medical aside, let us note that a person who suffers from the aforementioned circular (or cyclical) personality disorder can become ill, in which case he is mentally restricted; or he can be not ill, in which case he is not mentally restricted. These two states can alternate, but there is no third possibility.

The crucial part of this report, now quoted in the original Hungarian, is shown in (1):

(1) beteg lehetett, és korlátozott volt
    ill may-have-been and restricted was
    ‚He may have been ill, and he was mentally restricted'

Sentence (1) can have two readings in Hungarian, shown as (2) and (3):

(2) beteg volt, és korlátozott volt
    ‚He was ill, and he was mentally restricted'

(3) nem volt beteg, és korlátozott volt
    ‚He was not ill, and he was mentally restricted'

Syntactically both (2) and (3) are well-formed, because the Hungarian conjunction *és* ‚and', in a similar fashion to English *and*, can denote both a purely additive relation, and something like ‚consequently'. Thus the conjunction in (2) can mean both ‚and' and ‚consequently'. Under the ‚additional' interpretation (2) is a good sentence, which denotes a state of affairs quite possible from a medical point of view. On the other hand, (3) can have the following two readings:

(4) nem volt beteg, plusz korlátozott volt
    ‚He was not ill, in addition he was mentally restricted'

(5) nem volt beteg, következésképp korlátozott volt
    ‚He was not ill, consequently he was mentally restricted'

(5) seems absurd to the layman, and denotes a medically impossible state of affairs. (4), on the other hand, may not seem as absurd to the layman as (5). Laymen may perhaps accept that somebody is not ill, yet he is incapable of calculating the consequences of his acts. For this interpretation to be acceptable, however, it is imperative that the reasons be explicitly spelled out why

somebody is mentally restricted if he is not ill. The psychiatrists made no attempt to give any such reasons.

What is a mandatory causal relationship for doctors (*he was ill, consequently he was mentally restricted*), is not necessarily so for laymen. Doctors know that (3) is an impossible reading of (1). Laymen, on the other hand, may suspect what doctors know, but they certainly do not know it. They probably accept (4) as a possible reading of (3) because they are laymen, for which reason they cannot rule it out as denoting an impossible medical state of affairs.

Now let's turn to the medical side of things. The results of psychological tests of the state of personality at some time X cannot be used to describe the state of personality at a prior time Y.[7] Yet, it is exactly that which the Danubegate psychiatrists did: they used test results gained in November 1990 to assert that the defendant was ill in December 1989.

Now let us turn to the judge and see how he used the psychiatrists' expert testimony. In his rather long written judgment,[8] the judge did the following things:

(6) he interpreted the psychiatrists' assumption as a fact,
(7) he disambiguated the conjunction *és* to mean ‚consequently',
(8) later in the judgment he repeated the assumption → fact transformation,
(9) yet later he quoted the psychiatrists correctly,
(10) he accepted the effect (Végvári was restricted mentally) of a cause-and-effect relationship as true without mentioning the cause,
(11) and finally: he established a cause-and-effect relationship using the "cause" which he had created in (6), thus doing something which the psychiatrists did not do.

According to the judge, the defendant was ill during the criminal act and, consequently, he was unable to calculate the consequences of his acts. Guilty, but not necessarily to be sentenced.

The psychiatrists did not state that the defendant was ill, consequently they were unable to claim correctly, from a medical point of view, that he was restricted mentally. Their use of language, however, made it possible for the judge to impose his layman's interpretation on the expert testimony. The ambiguity arose from two sources: the use of the ambiguous conjunction *és* ‚and', and the use of the suffix *-het* ‚may' in (1). In a similar fashion to English, rules of predicate coordination require in Hungarian the use of the modal suffix either in both predicates or in neither one. For instance, one can say that *Dennis may have drunk alcohol and may have been drunk*, but one cannot say that *He may have drunk alcohol and he was drunk*. If Dennis did not drink alcohol, he could not have been drunk. In short, the psychiatrists, by their "sloppy" use of the modal suffix, presented a cause-and-effect relationship to the court, in which they asserted the truth of the effect (Végvári was mentally restricted), without establishing the truth of the cause (V. was in a state of illness during the act).[9]

The question now arises whether the psychiatrists and the judge used language in the laymen's ignorant manner, or conversely, they used it strategically, in order to arrive at a "guilty but unsentenceable" decision. Paragraph 24 of the Hungarian Penal Code about abnormal mental state makes it possible to pronounce somebody guilty and diminish the penalty to nothing. By analyzing the political situation in Hungary in 1989/90 and the various statements of government officials (see, for instance, note 3), one can make a fairly strong case for such a scenario.

Yet I am somewhat hesitant to accept that the Hungarian Military Court acted according to such an agenda. After all, their use of a syntactic-semantic ambiguity, which amounts to nothing less than a claim similar in its absurdity to *A person did not drink alcohol and was drunk*, appears to be too risky. Too blatant linguistic cheating, if you will. The agenda may have been to use overt linguistic cheating in a register (psychiatric jargon) with which laymen, i. e. all participants of the court case except the psychiatrists, cannot possibly claim any familiarity. This kind of strategic use of language may mask blatant linguistic manipulation in a court successfully, and it certainly did during the Danubegate trial in Hungary.

References

KONTRA, Miklós 1991. "Kanadában az ilyen bírót lecsuknák". Beszélgetés J. K. Chambersszel, az University of Toronto nyelvészprofesszorával ["Such a judge would be jailed in Canada". An interview with J. K. Chambers, professor of linguistics at the University of Toronto], in: *Élet és Irodalom*, Vol. XXXV, No. 27 (July 5, 1991), 7.

1992a. Hungarians turned gateniks in 1990, in: *American Speech* 67, 216–222.

1992b. Nyelv és igazságszolgáltatás [Language and law], in: *Hiány* Vol. 3, No. 7, 16–19.

KŐSZEG, Ferenc 1990. "Maguk kiénekelték a sajtot a holló csőréből". Beszélő-beszélgetés Dr. Verebélyi Imrével, a Belügyminisztérium közigazgatási miniszterhelyettesével. [An interview with Dr. Imre Verebélyi, Deputy Minister of the Interior], in: *Beszélő* 29, January 1990, 16–18.

SHUY, Roger W. 1984. Entrapment and the linguistic analysis of tapes, in: *Studies in Language* 8.2, 215–234.

WALKER, Anne Graffam 1990. Language at work in the law. The customs, conventions, and appellate consequences of court reporting, in: Judith N. LEVI & Anne Graffam WALKER (eds.), *Language in the judicial process*, New York & London, Plenum Press.

Notes

1 An earlier version of this paper was read at the *American Dialect Society* annual meeting on December 30, 1992 in New York City. This research has been supported by a Fulbright research grant (16540) at Indiana University in 1992/93, and Országos Tudományos Kutatási Alap 3220.
2 I am indebted to Dr. Miklós RÓTH, the defense attorney in Danubegate, for letting me inspect several documents and for discussing some of the issues; to László KÁLMÁN for adding the crucial argument on the suffix *–het* 'may' to this paper; and to Jeffrey HARLIG for helping to bridge some of the cultural gap between a Hungarian author and an international audience.
3 In an interview published in January 1990 (KÖSZEG 1990, 18), Deputy Minister of the Interior Imre VEREBÉLYI said the following: „In a transition several things can happen. But as we move along the way to a multi-party democracy, the discipline required of civil servants has to be restored. In a constitutional state civil servants must not use any other channels than the official ones and must not directly contact a political party." VEREBÉLYI has kept his job after the collapse of communism and is an under-secretary of state in the Ministry of the Interior as I write this in October, 1993.
4 Almost three years after closing my first survey of *–gate* in Hungarian (KONTRA 1992a), the suffix continues to be used. Several *–gates* have been borrowed from the international media, e. g. the ones related to the British Royal family, and most recently *India-gate*, the name for some alleged economic crime committed by Slovaks trading with India (*Magyar Hírlap*, 29 September, 1993, 3).
5 It is hardly surprising that (post)communist lawyers were irritated by my ex post facto analysis of Danubegate. In July 1991 I published an interview with Jack CHAMBERS (University of Toronto) on forensic linguistics (KONTRA 1991), in which CHAMBERS commented on Danubegate saying that in Canada a judge who manipulated the court minutes the way the Danubegate judge did would be jailed. When the interview was published some Budapest journalists called the Ministry of Justice for comments and their request was turned down. Then in August 1991, I submitted an article to the journal *Magyar Jog* (Hungarian Law). The editor did not accept my paper arguing, among other things, that my discussion of court reporting was valuable but my one-sided (linguistic) approach smacked of ignorance of Hungarian law.
6 Note the use of *manic-like* (= Hungarian *mániform*), rather than *manic*.
7 This is common medical knowledge. The defense submitted to the court an expert psychiatric statement by Dr. Gyula CSÁSZÁR, who had treated the defendant for over half a year. On November 26, 1990 Dr. CSÁSZÁR stated that „the results of current psychological tests of the state of personality are valid only at the time the tests are carried out and cannot be used to describe prior states of personality." The court chose to ignore this statement.
8 All the documentation and a more detailed analysis are found in KONTRA (1992b).
9 Jeffrey HARLIG disagrees with some of my glosses. He suggests that (1) means something like ‚It may be the case that he was ill, and he was mentally restricted'; while (3) could be paraphrased (and translated) as ‚He may have been ill, but we're not too strongly committed to the truth of the statement; and he was mentally restricted'. HARLIG'S alternative readings notwithstanding, the fact remains that the psychiatrists' expert testimony contains a cause-and-effect relationship, in which the truth of the effect is asserted without establishing the truth of the cause.

Passagen Verlag
Eine Auswahl

The Body of Gender
Körper/Geschlechter/
Identitäten
Von Marie-Luise
Angerer

Das Andere Selbst
Habilitation
Von Jean Baudrillard

Jenseits des Diskurses
Literatur und Sprache in
der Postmoderne
Von Albert Berger/Gerda
Elisabeth Moser (Hg.)

Die Freimaurer und ihr
Menschenbild
Über die Philosophie der
Freimaurer
Von Giuliano di
Bernardo

Ghost Writer/Und wenn
sie nicht gestorben sind
Von Barbara Bloom

Alchimie, Postmoderne
und der arme Hölderlin
Drei Studien zur
philosophischen
Hermetik
Von Artur R. Boelderl

Verführungskunst
Politische Fiktion und
ästhetische Legitimation
Von Ralf Bohn

Maschinenzeichen
Von Ecke Bonk

Sprung
Von Dennis Cooper

Dissemination
Von Jacques Derrida

Gestade
Von Jacques Derrida

Randgänge der
Philosophie
Von Jacques Derrida

Die Wahrheit in der
Malerei
Von Jacques Derrida

Wie nicht sprechen
Verneinungen
Von Jacques Derrida

Anlitz - Mord - Gesetz
Figuren des Anderen bei
Gertrud Kolmar und
Emmanuel Levinas
Von Birgit R. Erdle

Transzendenz-"Relation"
Zum Transzendenzbezug
in der Philosophie
Emmanuel Levinas'
Von Reinhold Esterbauer

Aufbruch in neue
Lernwelten
Von Peter Felixberger
(Hg.)

Notwendige Maßnahmen
gegen Fremde?
Genese und Formen von
rassistischen Diskursen
der Differenz
Von Bernd Matouschek,
Ruth Wodak, Franz
Januschek

Sprachenpolitik in
Mittel- und Osteuropa
Von Ruth Wodak, Rudolf
de Cillia (Hg.)

Denn sie wissen nicht,
was sie tun
Genießen als ein
politischer Faktor
Von Slavoj Zizek